法语常用
同义词、近义词辨析

编著：郭玉梅
审校：CAPIAU GILLES et DESTREE LUDIVINE

U0426431

北京大学出版社
PEKING UNIVERSITY PRESS

图书在版编目(CIP)数据

法语常用同义词、近义词辨析/郭玉梅 编著.—北京：北京大学出版社，2013.1

ISBN 978-7-301-21880-8

Ⅰ.①法… Ⅱ.①郭… Ⅲ.①法语—同义词—辨析 Ⅳ.① H323.2

中国版本图书馆CIP数据核字(2013)第002711号

书　　　　名：法语常用同义词、近义词辨析
著作责任者：郭玉梅　编著
责 任 编 辑：初艳红
标 准 书 号：ISBN 978-7-301-21880-8
出 版 发 行：北京大学出版社
地　　　　址：北京市海淀区成府路205号 100871
网　　　　址：http://www.pup.cn　新浪官方微博:@北京大学出版社
电 子 邮 箱：编辑部 pupwaiwen@pup.cn　总编室 zpup@pup.cn
电　　　　话：邮购部 62752015　发行部 62750672　编辑部 62759634
印　 刷 者：北京虎彩文化传播有限公司
经　 销 者：新华书店
　　　　　　787毫米×1092毫米　16本　16印张　340千字
　　　　　　2013年1月第1版　2024年7月第5次印刷
定　　　　价：45.00元

未经许可，不得以任何方式复制或抄袭本书之部分或全部内容。
版权所有，侵权必究
举报电话：010-62752024　电子邮箱：fd@pup.cn
图书如有印装质量问题，请与出版部联系，电话：010-62756370

目 录

第1组	à nouveau/de nouveau	1
第2组	action/activité	2
第3组	apporter/amener	4
第4组	admiratif/admirable	6
第5组	à cause de/grâce à	7
第6组	apparaître/paraître	9
第7组	se hâter/se précipiter	11
第8组	(s')améliorer/(se) perfectionner	13
第9组	ancien/vieux	15
第10组	annoncer/informer	17
第11组	apprendre/étudier	19
第12组	interrompre/rompre	22
第13组	arriver/atteindre/parvenir	25
第14组	(s')augmenter/(s')accroître/(se) développer/(se) multiplier	29
第15组	avant/devant	33
第16组	bénéficier/jouir	35
第17组	baisser/abaisser	37
第18组	avantage/intérêt/profit	39
第19组	caractère/caractéristique	41
第20组	causer/entraîner/provoquer	44
第21组	casser/briser	47
第22组	se charger/s'occuper	48
第23组	choisir/sélectionner	49
第24组	circulation/transport	51
第25组	comme/parce que/puisque/car	52
第26组	complet/total/entier	55
第27组	compliqué/complexe	56
第28组	comparable/comparatif/comparé	58
第29组	concurrence/rivalité	60
第30组	connaître/reconnaître/savoir	62
第31组	nécessaire/indispensable	64
第32组	conseiller/proposer	66
第33组	construire/fonder/créer/établir	68

第34组	content/satisfait/heureux/joyeux/satisfaisant	71
第35组	correct/exact/juste/précis	73
第36组	couper/découper	75
第37组	court/bref/concis	78
第38组	crier/s'écrier	79
第39组	danger/risque/menace	81
第40组	demander/questionner/interroger	83
第41组	demander/réclamer/exiger	84
第42组	protéger/défendre	86
第43组	détruire/démolir	88
第44组	diviser/partager/répartir	90
第45组	éclaircir/éclairer	91
第46组	écouter/entendre	93
第47组	employer/se servir/utiliser	94
第48组	en réalité/en effet/en fait	96
第49组	enquête/sondage	98
第50组	Etat/pays/patrie	99
第51组	étonner/surprendre	101
第52组	évolution/changement	103
第53组	exagérer/dramatiser	105
第54组	examiner/vérifier	106
第55组	expliquer/exprimer	108
第56组	fatigué/fatigant/épuisé	109
第57组	fuir/s'enfuir/s'échapper	111
第58组	garder/conserver/maintenir	113
第59组	gros/gras/obèse	115
第60组	habiter/(se) loger	116
第61组	humide/mouillé	117
第62组	insister/tenir à	118
第63组	instruire/éduquer/enseigner	120
第64组	intérieur/interne	122
第65组	jour/journée	123
第66组	langue/langage	124
第67组	maigre/mince	126
第68组	malin/malicieux/rusé	127
第69组	méprisant/méprisable	129
第70组	mouiller/tremper	130

第 71 组	signe/signal	132
第 72 组	nouveau/neuf	135
第 73 组	obtenir/acquérir	137
第 74 组	organisation/organisme	138
第 75 组	originaire/original	140
第 76 组	personnage/personnalité	142
第 77 组	poser/déposer	144
第 78 组	pressé/occupé	146
第 79 组	prochain/suivant	147
第 80 组	produit/production	148
第 81 组	projet/plan/programme	150
第 82 组	progrès/progression	153
第 83 组	résultat/effet/conséquence	155
第 84 组	spécial/spécialisé	157
第 85 组	sur/au dessus de	159
第 86 组	ton/voix	161
第 87 组	se tromper/avoir tort	162
第 88 组	vague/flou/obscure	164
第 89 组	regarder/voir	166
第 90 组	vrai/véritable/authentique/réel	167
第 91 组	empoisonner/intoxiquer	169
第 92 组	source/ressource	170
第 93 组	sévère/exigeant	172
第 94 组	occasion/chance	174
第 95 组	produire/fabriquer	176
第 96 组	découvrir/inventer	179
第 97 组	faute/erreur	181
第 98 组	compréhension/interprétation	185
第 99 组	rapport/relation	188
第 100 组	révéler/déceler	190
补充练习		193
Unité 1		193
Unité 2		194
Unité 3		195
Unité 4		196
Unité 5		197
Unité 6		198

Unité 7 ·· 199
Unité 8 ·· 201
Unité 9 ·· 202
Unité 10 ··· 204
Unité 11 ··· 205
Unité 12 ··· 206
Unité 13 ··· 207
Unité 14 ··· 209
Unité 15 ··· 210
Unité 16 ··· 211
Unité 17 ··· 212
Unité 18 ··· 213
Unité 19 ··· 214
Unité 20 ··· 215
Unité 21 ··· 216
Unité 22 ··· 217
Unité 23 ··· 219
Unité 24 ··· 220
Unité 25 ··· 221
Unité 26 ··· 223
Unité 27 ··· 224
Unité 28 ··· 225
Unité 29 ··· 226
Unité 30 ··· 228
Unité 31 ··· 229
Unité 32 ··· 231

参考答案 ·· 233
补充练习答案 ··· 246

第1组

à nouveau/de nouveau

à nouveau loc.adv. *Une seconde fois et d'une façon complètement différente, par une tentative différente de la première.*（重新）表示以一种新的方式重新做某事。

1) Ils ont repris à nouveau le problème.（他们重新考虑了这个问题。）
2) Nous avons à nouveau rédigé un rapport au secrétariat.
   （我们又重新给秘书处写了报告）
3) Ce travail est manqué, il faut le refaire à nouveau.（这工作没做好，必须重新做。）

de nouveau loc.adv. *Il indique la répétition=encore une fois, mais toujours de la même façon.*（又一次，再一次）表示以同样的方式再一次做某事，只是单纯的重复

1) Il commit de nouveau la même erreur.（他又出了同样的错误）
2) Il est de nouveau malade.（他又病倒了。）
3) On l'a emprisonné de nouveau.（他又被关进了监狱。）
4) Le voici de nouveau qui frappe à la porte.（他又来敲门了。）

注：现在有些法国人对以上两个词组不做区分，但这只是一种倾向。

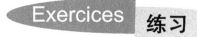 练习

Remplacez les tirets par *à nouveau* ou *de nouveau*.

1) Il le traite _____ de propre à rien.
2) Nous allons _____ examiner cette question.
3) Mais maintenant qu'il s'était approché de Clappique, il entendait sa voix _____. (A. MALRAUX)
4) Il a _____ présenté un projet à son patron.
5) _____, il reçut un coup dans les côtes. (G. Mazeline, les Loups)
6) Il a été critiqué _____.
7) Le peuple algérien se soulève _____ et arrache son indépendance nationale le 5 Juillet 1962.

8) Il revient _____.

9) Il a acheté _____ une montre.

10) Aujourd'hui, celle qui fut la tristement célèbre rivière Lower Fox a repris vie. Les pêcheurs y font _____ de superbes prises.

action/activité

action n.f. *Manifestation matérielle de la volonté humaine dans un domaine déterminé.*（行为，行动）

1) Les motifs de son action restent obscurs.（他行动的动机尚不清楚。）

2) Par une action audacieuse, il a empêché un drame.
   （他勇敢的行动防止了一场悲剧的发生。）

3) L'action du médicament a été très brutale.（药效太强了。）

4) Il a attiré l'attention sur lui par une action d'éclat.（他的英勇事迹引人注目。）

常与之搭配使用的动词：mener, poursuivre, conduire, accomplir, commettre, décrire, conter, raconter, prolonger, exercer, mettre en, entrer en, féliciter pour 等。

常用的修饰形容词：bonne, belle, répréhensible, grandiose, vilaine, absurde 等。

activité n.f. 1. *Ensemble des phénomènes par lesquels se manifestent certaines formes de vie, un processus, un fonctionnement.*（活动）
2. *Vivacité et énergie dans l'action de quelqu'un, le dynamisme.*（精力，活力，积极性）

1) Les activités commerciales entre les deux pays ont connu un grand développement ces dernières années.（两国间的贸易活动近年来得到发展。）

2) Il a repris son activité professionnelle après une longue période de maladie.
   （他在病了很长一段时期后又恢复了工作。）

3) Cette entreprise est en pleine activité.（这个企业充满活力。）

4) Il fait preuve d'une activité débordante dans son travail.
   （他在工作中表现了极大的热情。）

常与之配合使用的动词：encourager, décourager, diriger, décrire, résumer, montrer 等。

常用的修饰形容词：intense, inlassable, fébrile, débordante 等。

辨析： action 指一个人或一个社会团体的"行为，行动"; activité 则多指一个人或一个社会团体在某领域为达到某种目的而展开的某种"活动"。

Exercices 练习

Remplacez les tirets par *action(s)* ou *activité(s)*.

1) Ses multiples _____ ne lui laissent aucun loisir.
2) Les équipes de secours sont déjà en _____ sur les lieux de l'accident.
3) Sur les dessins suivants, vous trouverez en _____ les six personnages que nous avons décrits.
4) La moindre de ses _____ tend vers l'objectif.
5) Quelles sont en ce moment ses principales _____ ?
6) La réflexion doit précéder _____.
7) Les étudiants ont toujours beaucoup d'_____ après la classe.
8) L'espoir est dans _____ décisive de l'Etat.
9) Ce film manque d'_____.
10) Le renchérissement du pétrole, en 1974, provoque un net ralentissement de l'_____ économique, puisque la France importe la totalité de celui qu'elle consomme.
11) L'_____ courageuse des sauveteurs a permis de limiter l'étendue du désastre.
12) Il a commis une mauvaise _____.
13) L'_____ de ce médicament est très rapide.
14) Réfléchissez bien avant de passer à _____.
15) Ce volcan est de nouveau en _____.
16) Elle manifeste beaucoup d'_____ dans son travail.
17) Cette _____ illustre la volonté des auteurs de notre livre de multiplier les sources de déclencheurs.
18) Toutes les _____ de ces deux pages ont été conçues autour de tâches concises qui s'entraînent logiquement.
19) Jouer de la musique est l'_____ préférée des Français
20) L'aspect des rues et de l'_____ qui commençait à régner dans la ville lui fit du bien.

第3组

apporter/amener

apporter v.tr. 1. Porter à, porter avec soi en un lieu.（带来）
2. Mettre à la disposition de qn.（提供，给予）
3. Produire un effet, un résultat.（产生）

1) Je vais vous apporter la semaine prochaine les documents dont vous avez besoin pour vos recherches.（我下周将给您带来您研究工作所需要的资料。）
2) La nouvelle nous a apporté de la joie et du bonheur.
（这则消息给我们带来了欢乐与幸福。）
3) De mon côté, j'y apporterai toutes les facilités possibles.
（我这方面会为此事尽可能的提供方便。）
4) J'espère que ces médicaments vont apporter au malade des soulagements.
（我希望这些药能够缓解病人的疼痛。）

amener v.tr. 1. Faire venir qn avec soi ou venir accompagné par.（带来，领来）
2. Porter, transporter qn, qch vers un lieu.（送到，运到）
3. Pousser, entraîner qn à faire qch.（引导，促使）
4. Avoir pour conséquences.（导致）

1) Puis-je amener un ami à votre soirée?（我能带个朋友来参加您的晚会吗?）
2) C'est la grande soeur qui a amené l'enfant aveugle pour traverser la rue.
（是姐姐带着盲童过了马路。）
3) Je savais très bien que dès le début tu avais l'intention d'amener notre conversation à ce sujet.（我知道从一开始你就想把我们的谈话引向这一主题。）
4) Le vent amène toujours la pluie.（刮风就会下雨。）
5) La grêle amène bien des dégats.（冰雹造成许多损坏。）

辨析： apporter, amener 用法的区别：
1) 在表示"带来"的时候，apporter 强调用施动者自身的力量带过来 (porter avec soi)，而 amener 则强调两者同时"来"的伴随性 (faire venir avec soi ou venir accompagné par)。如：apporter un bébé（把婴儿带来），apporter des fleurs（带花儿来），amener un enfant（把孩子带来），amener un chien（把狗带来），但在俗语中偶尔也见 apporter 与 amener 通用，如：Amenez-moi mes

chaussures!(把鞋子给我拿过来。)但不规范。

2) 在表示"导致，产生"时，apporter 强调产生的积极的作用和结果(produire un effet, un résultat)，如：apporter des soulagements(缓解疼痛)；而 amener 则强调后果(avoir pour conséquences)，一般是消极的。如：amener des dégâts(造成损坏)。

Exercices 练习

Des mots entre parenthèses, choisissez celui qui convient le mieux pour compléter les phrases.

1) Vous _____ (apportez/amenez) tous les matins votre petite soeur à l'école.
2) Un journaliste nous _____ (a amené/a apporté) des informations de la dernière minute.
3) _____ (Amenez/Apportez) -moi votre voiture ici demain et je vais la vérifier.
4) Le voleur _____ (a été amené/a été apporté) en prison.
5) Le juge a demandé qu'on lui _____ (apporte/amène) le prisonnier pour qu'il puisse le questionner.
6) Cet investisseur _____ (apporte/amène) une grande somme pour l'implantation de l'usine.
7) Il succombe(屈服，抵挡不住) alors à une jalousie maladive qui l'_____ (amène/apporte) à croire à l'infidélité de sa maîtresse.
8) L'électricité _____ (a apporté/a amené) de grands changements dans notre mode de vie.
9) Lorsqu'il est venu dîner à la maison, il _____ (a apporté/a amené) des fleurs.
10) Cette canalisation _____ (apporte, amène) l'eau jusqu'à la ville.
11) Asseyez-vous, je vais vous _____ (apporter/amener) du café.
12) J'ai bien peur que ces nuages n'_____ (apportent/amènent) des orages.
13) Il _____ (a apporté/a amené) une grande contribution à l'édification de son pays.
14) A notre prochaine réunion chez Pascal, j'(amenerai/apporterai) des disques.
15) C'est lui qui m'_____ (a amené/a apporté) dans ce restaurant.
16) Ces deux activités doivent _____ (apporter/amener) les élèves à interagir et à échanger leurs opinions.
17) Les jours qui suivirent _____ (apportèrent/amenèrent) un nouveau sujet d'inquiétude: malgré les protections, le caoutchouc du radeau se dégradait très vite.
18) Tout à coup la Thénardier s'écria:
    —Et ce pain? L'as-tu _____ (amené/apporté)?
19) La veille au soir, lorsque le père Madeleine l'_____ (avait amenée/avait apportée)

dans sa maison, la petite dormait sur son épaule en tenant toujours Catherine dans ses bras.

20) À Senan dans la Nièvre, le bureau de poste est plus récent que la mairie. Les vieux y viennent toucher leur pension de vieillesse quand le facteur (ne l'apporte pas/ne l'amène pas) _____ à domicile.

21) A notre prochaine réunion, _____ (amenez/apportez) donc vos amis.

第4组

admiratif/admirable

admiratif adj. *Qui manifeste un sentiment d'admiration.* (赞美的,赞赏的,仰慕的)

1) Cette conclusion fut accompagnée d'un murmure admiratif.
   (这一结论引起场下一片交头接耳的赞叹声。)
2) On entend une exclamation admirative. (传来一片赞叹声。)
3) Les touristes s'arrêtaient, admiratifs, devant ces fresques.
   (游客们在这些壁画前止步流连,赞叹不已。)

admirable adj. *Digne d'admiration.* (令人赞赏的,值得仰慕的)

1) Il a fait preuve d'un courage admirable. (他表现出了令人钦佩的勇气。)
2) Ce tableau est admirable. (这是一幅壮丽的画卷。)
3) C'est une oeuvre admirable qui ne donne prise à aucune critique.
   (这是一幅完美得无可挑剔的作品。)

辨析： admiratif指某人或某物面对着一个客观事物时表现出的"赞美,赞赏,仰慕"；admirable则指某个人或客观事物是"令人赞赏的,值得仰慕的"。

Exercices 练习

Remplacez les tirets par *admirable(s)* ou *admiratif, ve (s)*.

1) Elle a passé sa vie à travailler pour élever seule ses trois enfants, c'est une femme _____.

2) C'est le héros du jour et tous les spectateurs lui adressent un sourire _____.

3) Il levait vers elle des regards _____.

4) Depuis les premiers jours de son mariage jusqu'à ce moment, la baronne avait aimé son mari, comme Joséphine a fini par aimer Napoléon, d'un amour _____, d'un amour maternel, d'un amour lâche.

5) Cet épisode de leur vie commune et secrète, arrivé six mois auparavant, avait fait produire à Wenceslas trois choses: le cachet que gardait Hortense, le groupe mis chez le marchand de curiosités, et une _____ pendule qu'il achevait en ce moment.

6) Devant l'œuvre de Hugo, Baudelaire reste étonné, à la fois _____ et inquiet.

7) Elle doit à cette _____ position une des vues les plus pittoresques de France.

8) Il est toujours _____ pour tout ce qu'elle dit ou ce qu'elle fait.

9) Il adresse des paroles d'un ton _____.

10) Sous ce soleil, le paysage est devenu _____.

11) Il prend toujours un ton _____.

12) Tout ce qu'il fait est _____.

13) Ils témoignèrent leur satisfaction par des gestes _____.

14) Il a tenu, dans cette occasion, une conduite _____.

15) Ce peintre est _____ pour son coloris.

第5组

à cause de/grâce à

à cause de loc.prép. 1. *Fournit l'explication, le motif d'un fait.*（由于，因为）

1) La réunion est reportée à cause de la fête du Nouvel An.
   （由于新年节日会议延期。）(=en raison de)

2) La voiture a dérapé à cause du verglas.（由于路面有薄冰,汽车发生了侧滑。）

2. *Indique souvent la personne ou la chose responsable d'un événement fâcheux.*（归因于，归咎于）

1) C'est à cause de toi que j'ai été puni.（都因为你，我受到了惩罚。）

2) Il n'a pas obtenu son permis de conduire à cause d'une fausse manœuvre.
   （他因操作失误没有拿到驾驶证。）

> **3.** *Indique la personne ou la chose en considération de laquelle on agit.* (考虑到,鉴于)

1) C'est uniquement à cause de vous que je suis venu ici.
(就是为了您,我才来的。)(= pour vous être agréable ou pour avoir le plaisir de vous voir)
2) On le respecte à cause de son âge. (鉴于他的年龄,人们尊敬他。)(=par égard pour)

> **grâce à** loc.prép. *Exprime une valeur causale et implique un résultat heureux.*(多亏了,由于) *(opposée à par suite de, à cause de, par la faute de, du fait de)*

1) J'ai pu réussir grâce à vous. (多亏了您,我才获得了成功。)
2) Grâce à vos conseils, j'ai évité une catastrophe.
(多亏了您的建议,我才避免一场灾难。)

辨析: à cause de 表示不好的或中性的结果,而 grâce à 则表示好的结果。

Exercices 练习

Des mots entre parenthèses, choisissez celui qui convient le mieux pour compléter les phrases.

1) On ne pouvait laisser les fenêtres ouvertes _____ (à cause du/grâce au) bruit. (R. ROLLAND)
2) _____ (A cause de/Grâce à) la sécheresse, les récoltes ont diminué.
3) _____ (A cause de/Grâce à) l'effet de serre (温室效应) et de la diminution de la couche d'ozone (臭氧层), la température de la Terre augmentera de trois degrés dans la première moitié du XXIe siècle.
4) —Mon intérieur est tranquille, _____ (à cause de/grâce à) Dieu. (STENDHAL)
5) Ces pains ronds sont appelés des «couronnes», _____ (à cause de/grâce à) leur forme.
6) _____ (A cause de/Grâce à) vous, il a raté son train.
7) —Serait-ce _____ (à cause de/grâce à) cette envie-là que vous ne venez plus chez Mme Hulot? (BALZAC)
8) Hamilcar, en terminant, déclarait ne pas les craindre, parce qu'il avait gagné des traîtres et que, _____ (à cause de/grâce à) ceux-là, il viendrait à bout, facilement, de tous les autres. (BALZAC)
9) J'ai été autrefois un élève complètement nul en mathématiques. J'ai même redoublé la sixième et la cinquième _____ (à cause de/grâce à) cela.

10) Ma santé se rétablit de jour en jour _____ (à cause des/grâce aux) soins qui me sont prodigués, et à un excellent chirurgien. (SENAC DE MEILHAN)
11) L'industrie se développe _____ (à cause de/grâce à) des capitaux étrangers.
12) _____ (A cause de/Grâce à) ce renseignement, la police a mis la main sur le coupable.

第6组

apparaître/paraître

apparaître v.intr. 1. **apparaître à qn:** *Se présenter sous tel ou tel aspect.*（呈现）

1) Ces chansons du début du siècle nous apparaissent aujourd'hui bien démodées(=sembler, paraître)（这些上个世纪初的歌曲今天已经过时了。）
2) Il apparaît que votre mère est très contente de vous.（看来您的母亲对您很满意。）
3) Il apparaît, d'après l'enquête, que le crime a été commis par un des familiers de la maison.（根据调查，这个案子显然是熟悉这个家的人干的。）

2. *Se montrer brusquement, d'une manière inattendue.*（突然出现）

1) Une voile apparut à l'horizon et rendit l'espoir aux naufragés.
（远处出现了一个帆影，让遇难者感到了生的希望。）
2) Une voiture apparut brusquement à gauche.（左边突然出现了一辆车。）

paraître v.intr. 1. *Se faire voir subitement ou peu à peu (langue soutenue); (syn. en langue usuelle : APPARAITRE).*（突然显现,出现）属于考究的语言范畴,平时常用**apparaître**取代。

1) Le soleil commence à paraître.（太阳出来了。）
2) Un avion parut dans le ciel (syn. : SURGIR).（一架飞机突然出现在天上。）
3) Le conférencier tarde à paraître.（报告人迟迟不出场。）

2. *Se montrer en un endroit où l'on doit faire quelque chose.*（出场,露面）出现在应该出现的地方。

1) Il n'a fait que paraître à son bureau.（他只是在办公室露露面。）
2) Il n'a pas paru à la réunion (syn. : VENIR).（他没有来开会。）

3. (avec un substantif, un adjectif, un participe, une expression comme attribut) Avoir l'apparence de, donner l'impression de.（显得,似乎,好像）

1) Cela me paraît vraisemblable.（这好像是真的。）
2) Il ne paraît pas son âge.（他看上去比他的实际年龄要年轻。）

4. On prétend que, on dit que.（听说,好像,传闻）

1) Il paraît que vous êtes allé en Grèce cet été.（听说您夏天去了希腊。）
2) Il paraît qu'on va augmenter le métro.（传闻地铁票要涨价。）

5. Etre mis en vente dans les librairies.（出版,发行）

1) L'ouvrage est paru en librairie. (syn. :PUBLIER)（这部作品出版了。）
2) Faire paraître les œuvres complètes de BALZAC. (= éditer)（发行巴尔扎克全集。）
3) Le journal vient juste de paraître.（报纸刚刚发行。）

辨析： apparaître 与 paraître 在表达"出现"含义时，apparaître 强调动作的突然性，稍有"令人惊讶"的意思。而 paraître 则只在考究的语言中才表此意，常表示一个"被看得见"的一般性动作。

Exercices 练习

Des mots entre parenthèses, choisissez celui qui convient le mieux pour compléter les phrases.

1) Une édition de ses poésies _____ (est paru/est apparu) l'année dernière.
2) Il _____ (ne paraît/n'apparaît) pas très intelligent.
3) Julien oublia ses vains projets et revint à son rôle naturel; ne pas plaire à une femme si charmante lui _____ (parut/apparut) le plus grand des malheurs. (STENDHAL)
4) Le fantôme（幽灵）de sa mère lui _____ (parut/apparut) et lui fit une révélation; elle devint calme et froide, elle recouvra sa raison.
5) Steinbock, par une forfanterie（夸口,说大话）polonaise, voulut _____ (paraître/apparaître) familier avec cette fée du salon.
6) Tout à coup elle vit _____ (paraître/apparaître) auprès de son lit la clarté d'une lumière et reconnut Elisa.
7) Une idée lui _____ (parut/apparut), mais l'exécution demandait une force de caractère bien supérieure au peu que le pauvre homme en avait.
8) Enfin, malgré ses résolutions, elle se détermina à _____ (paraître/apparaître) au

jardin.

9) —Reste avec moi, lui dit Fouqué, je vois que tu connais M. de Rênal, M. Valenod, le sous-préfet Maugiron, le curé Chélan; tu as compris les finesses du caractère de ces gens-là; te voilà en état de _____ (paraître/apparaître) aux adjudications(判归).

10) Les montagnes sortirent de la brume (雾霭) et _____ (parurent/apparurent) sous le soleil dans leur masse imposante.

11) Comment avez-vous trouvé cet enfant?
—Il _____ (m'est paru/m'est apparu) comme un enfant intelligent, mais ce n'est qu'une première impression.

12) Ces agissements me _____ (paraissent/apparaissent) une pure provocation.

13) Il _____ (paraît/apparaît) préférable que nous partions un jeudi.

14) Un sourire _____ (parut/apparut) sur son visage

15) Valérie, entourée de ces personnages et des trois artistes, bien accompagnée par Lisbeth, _____ (parut/apparut) d'autant plus à Wenceslas comme une femme supérieure, que Claude Vignon lui fit l'éloge de Mme Marneffe en homme épris.

16) Dans les années 1970 _____ (est parue/est apparue) une tendance nouvelle: l'intertextualité(互文性). Elle consiste à introduire, dans le texte d'un ouvrage, des citations ou des pastiches(模仿作品) d'auteurs plus anciens, voire à constituer le texte à partir d'eux. (cf. le livre de Butor, 6.810.000 litres d'eau par seconde, bâti sur un texte de Chateaubriand).

17) Il _____ (paraît/apparaît) surpris de votre question.

18) D'après les différents témoignages, Il _____ (paraît/apparaît) que le défendant n'est pas le coupable.

第7组

se hâter/se précipiter

se hâter v.pr. 1. *Aller plus vite.* (急忙,急于,赶快)

1) Hâtez-vous, le spectacle commence dans quelques minutes (yn.: se dépêcher, contr. : attendre).(快点,演出几分钟之后就要开始了。)

2) Il travaille toujours sans se hâter.(他做事情总是不慌不忙。)

2. *Se hâter de (et l'infin.), ne pas perdre de temps pour.*（急于做,赶快做,不耽搁）

1) Il ne se hâte pas de répondre à votre lettre (syn. : se presser).（他不急于给您回信。）

2) Je me hâte de finir mon travail pour pouvoir regarder la télévision.
（我赶忙结束手里的活以便能够看电视。）

se précipiter v.pr. 1. *(sujet nom de personne) S'élancer brusquement.*（冲向,扑向）

1) Quand il vit son père qui l'attendait, il se précipita dans ses bras.
（他看到正在等他的父亲时,扑到了他的怀抱。）

2) Il s'est précipité à la porte pour l'ouvrir.（他急忙跑过去开门。）

3) Il s'est précipité dans le vide, la tête la première.（他猛然落空,头朝地跌落下来。）

2. *(sujet nom de chose) Prendre un cours rapide.*（加速,加快）

Soudain, les événements se précipitèrent (syn. s'accélérer).（事件突然接踵而来。）

辨析：se hâter 指人时强调不耽搁时间,急忙做某事；se précipiter 指人时表朝着某人或某物奔过去,指物时表两个或两个以上的事物接踵而来的速度快。

Exercices 练习

Des mots entre parenthèses, choisissez celui qui convient le mieux pour compléter les phrases.

1) A peine exprime-t-il un désir, sa mère _____ (se hâte/se précipite) de le satisfaire.

2) A la vue de nos soldats, les réactionnaires (反动派) _____ (se hâtèrent/se précipitèrent) de déposer les armes.

3) Les femmes _____ (se hâtaient/se précipitaient) derrière nous à lier les javelles (庄稼堆). (BOSCO)

4) A une heure du matin, Hortense avait atteint à un tel degré d'angoisse, qu'elle _____ (se hâta/se précipita) vers la porte en reconnaissant Wenceslas à sa manière de sonner. (BALZAC)

5) Il raconte son histoire sans _____ (se hâter/se précipiter).

6) _____ (Hâte-toi/Précipite-toi), tu es en retard.

7) Il ne fut retenu que par la maxime (座右铭,格言) qu'il s'était faite de ne jamais trop _____ (se hâter/se précipiter) en affaires.

8) Pendant plus de deux mille ans, le monde se transforme, les civilisations s'élèvent et s'écroulent, les sociétés _____ (se hâtent/se précipitent) ou languissent, au milieu

de mœurs toujours changeantes. (ZOLA)

9) Un torrent, qui _____ (se hâte/se précipite) de la montagne, traverse Verrières avant de se jeter dans le Doubs. (STENDHAL)

10) Un heureux hasard fit que Julien rencontra M. Valenod auquel il _____ (se hâta/se précipita) de raconter l'augmentation de ses appointements (薪水). (STENDHAL)

11) Julien se cramponne (抓住) au crochet (钩子) de fer destiné à tenir la persienne (百叶窗) ouverte, et, au risque de _____ (se hâter/se précipiter) mille fois, donne une violente secousse à l'échelle, et la déplace un peu. (STENDHAL)

12) L'oncle se sentant fort malade, les fiançailles et le mariage _____ (se hâtèrent/se précipitèrent) dans une bonne humeur factice (假装开心的), chacun jouant un rôle et rivalisant de générosité. (COCTEAU)

13) Comme partout, il _____ (se hâte/se précipite) à la tâche, craignant de manquer de temps, d'être débordé par le travail. (PESQUIDOUX)

14) La duchesse lui avait écrit qu'il serait surpris par le grand air, et qu'à peine hors de sa prison il se trouverait dans l'impossibilité de marcher; dans ce cas il valait mieux pourtant s'exposer à être repris que _____ (se hâter/se précipiter) du haut d'un mur de cent quatre-vingts pieds. (STENDHAL)

15) Craignant, s'il s'approchait, que Dargelos et son groupe l'empêchassent de prévenir, il s'était _____ (hâté/précipité) pour chercher du secours. (COCTEAU)

第8组

(s')améliorer / (se) perfectionner

améliorer v.tr. *Rendre meilleur.* (使改善，使改进)

1) Le régime a amélioré considérablement sa santé.
   （特定的食谱大大地改善了他身体的健康状况。）
2) Ces travaux ont amélioré le sol. （这些工程改善了土地的质量。）
3) Cet événement a bien amélioré ses affaires. （这一事件改善了他的买卖。）

s'améliorer v.pr. *Devenir meilleur.* (有所改善，改进)

1) Sa santé s'améliore de jour en jour. （他的健康状况一天天改善。）
2) Les mœurs se sont améliorées. （风尚有所改进。）
3) Cet enfant s'est fort amélioré. （这个孩子的情况有了很大的改观。）

perfectionner　v.tr. *Rendre meilleur, corriger des défauts, faire faire des progrès.*（使改进，使完善）

1) Perfectionner un ouvrage.（完善一部作品。）
2) Perfectionner son goût par la lecture des oeuvres littéraires.
   （通过阅读文学作品来提高自己的修养。）

(se) perfectionner　signifie *s'améliorer, faire des progrès.*（有所改进，完善）

1) Cet ouvrier s'est perfectionné dans son art.
   （这位工人在自己喜爱的艺术领域深造。）
2) Ce jeune homme s'est bien perfectionné par la fréquentation de la bonne société.
   （这位青年人通过出入上流社会提高自己的气质。）

辨析：améliorer 指在原有某种基础上加以改进、改善；而 perfectionner 则指在已经有很好基础的情况下，使其更加臻于完美、完善。

Exercices 练习

Des mots entre parenthèses, choisissez celui qui convient le mieux pour compléter les phrases.

1) Nicolas souhaite _____ (améliorer/perfectionner) son informatique.
2) Le temps (s'améliore/se perfectionne).
3) L'homme a toujours cherché à _____ (améliorer/perfectionner) son état.
4) Ces modifications _____ (ont amélioré/ont perfectionné) le rendement de l'usine.
5) L'état de sa santé _____ (s'est beaucoup amélioré/s'est beaucoup perfectionné).
6) Il faut encore _____ (améliorer/perfectionner) votre traduction.
7) Il est allé en France pour _____ (améliorer/perfectionner) son français.
8) Il a suivi un stage professionnel, qui l'_____ (a amélioré/a perfectionné).
9) Les conditions matérielles s'étaient un peu _____ (améliorées/perfectionnées).
10) Ce peuple _____ (améliore/perfectionne) ce que les autres ont inventé.
11) Cette machine est ancienne, il faut _____ (l'améliorer/la perfectionner).
12) Ils ont notablement _____ (amélioré/perfectionné) leurs scores.
13) _____ (Améliorez/Perfectionnez) votre orthographe !
14) Victorin Hulot reçut, du malheur acharné sur sa famille, cette dernière façon qui _____ (améliore/perfectionne) ou qui démoralise l'homme.
15) Ces gros travaux _____ (ont beaucoup amélioré/ont beaucoup perfectionné) l'aspect ariéré de mon pays natal.

第9组

ancien/vieux

ancien adj. 1. *Qui existe depuis longtemps.*（古老的，古旧的）

1) Cette loi est fort ancienne.（这项法律很古老。）
2) C'est une ancienne coutume.（这是一个很古老的习俗。）
3) Cette famille est ancienne.（这是一个古老的家族。）

2. *Qui a existé et qui n'existe plus.*（从前的，旧时的，过去的）

1) les moeurs anciennes（旧习俗）
2) les anciens gouvernements（旧政府）
3) étudier les langues anciennes（学习古代语言）

3. *Il se dit également de celui qui n'est plus en charge, qui a cessé d'exercer une profession, etc.*（前任的）

1) un ancien magistrat（前任法官）
2) l'ancien préfet（前任省长）
3) l'ancien maire（前任市长）

vieux adj. 1. *Se dit de certaines choses par comparaison ou par opposition à nouveau.*（老的，陈旧的）

1) la vieille ville（老城）
2) le vieux livres（旧书）
3) lettre de vieille date（很久的书信）

2. *Se dit encore en parlant d'un homme qui fait une profession, un métier, qui mène un certain genre de vie depuis longtemps.*（资格老的，资力深的）

1) vieux magistrat（资深的法官）
2) vieux mapitaine（老船长）
3) vieux soldat（老兵）

3. *Se dit des choses qui sont usées, principalement des habits, des meubles.* （破旧的）

1) vieil habit（破旧的衣服）
2) vieux chapeau（破旧的帽子）
3) vieilles bottes（破旧的靴子）

辨析： ancien 强调时间的久远，并且它所修饰的某物因时间的久远而愈发变得有价值；vieux 则强调"资力深的"或"破旧的"。

Exercices 练习

Remplacez les tirets par ancien(ne) ou vieux (vieille).

1) Je suis très ami avec celui qui a acheté ma (mon) ＿＿＿＿＿＿ maison.
2) Il ne va jamais recevoir ma lettre, je l'ai envoyée à sa (son) ＿＿＿＿＿＿ adresse.
3) L'évêque s'avançait le dernier entre M. Chélan et un autre curé fort ＿＿＿＿＿＿.
4) J'ai une passion pour toutes les langues ＿＿＿＿＿＿, en particulier pour le grec.
5) ＿＿＿＿＿＿ avant l'âge, usé par les excès de tout genre, toutes ses facultés semblent anéanties: sa tête est trop faible pour supporter ou le moindre travail ou la moindre discussion; il parle avec peine, avec effort. (SCRIBE)
6) Max, retraité et ＿＿＿＿＿＿ informaticien, apporte son soutien à Nicolas qui veut perfectionner sa maîtrise de l'informatique.
7) Son bonheur n'eut plus de bornes, lorsque, passant près ＿＿＿＿＿＿ rempart, le bruit de la petite pièce de canon fit sauter son cheval hors du rang.
8) Mais où peut-il prendre de l'argent? Je parie qu'il en demande à ses ＿＿＿＿＿＿ maîtresses, à Mlle Jenny Cadine ou à Josépha.
9) Ma fille va passer ses vacances chez mon ＿＿＿＿＿＿ mari.
10) Je l'entendais rôder, ranger, ouvrir et fermer des placards comme si nous avions été déjà un ＿＿＿＿＿＿ ménage. (BEAUVOIR)
11) Tous ces souvenirs ajoutés les uns aux autres ne formaient plus qu'une masse, mais non sans qu'on pût distinguer entre eux entre les plus ＿＿＿＿＿＿, et ceux plus récents ... (M. PROUST)
12) Tant qu'il est là, il se tient en permanence devant la statue de la madone (圣母像), à la place même de son père et tourne la manivelle (曲柄) de son orgue (管风琴), un orgue sans pareil, un instrument ＿＿＿＿＿＿, démodé, émettant des sons déchirants et criards... (B. CENDRARS)
13) Sur un tourniquet (商店里的旋转陈列架), des cartes postales évoquaient des images du Paris ＿＿＿＿＿＿ et moderne. (P. BOURGET)

14) Voûtée, courbée, chancelante, elle marchait pesamment, soutenue aux aisselles（腋窝）par ses deux _____ serviteurs, aussi voûtés, aussi courbés, aussi chancelants que leur maîtresse. (MIRBEAU)

15) C'est _____ appartement de mon frère Laurent? Il l'a quitté parce qu'il le trouvait trop petit ... (G. DUHAMEL)

16) Il avait un visage de _____ femme tout ridé et des membres grêles (纤弱的). (PEISSON)

17) En tant que membre de la commission, ce dernier s'était mis, tout seul, à nettoyer, à préparer _____ terrain de tennis, choisi pour lieu principal des divertissements champêtres. (G. DUHAMEL)

18) Excusez-moi, madame! Mais mon _____ âge ne me permet pas d'être dans le mouvement. (FEYDEAU)

第10组

annoncer/informer

annoncer v.tr. 1. *Faire connaître.* (通告，报告)

1) annoncer une bonne nouvelle（报告一个好消息）
2) Il est venu nous annoncer le mariage de son frère.（他来告诉我们他兄弟的婚礼。）
3) Il nous annonça que la paix venait d'être signée.
   （他向我们报告和平协议刚刚签定。）

2. *Faire connaître au public par une annonce.* (宣布)

1) annoncer une fête（宣布一个节日）
2) Les journaux annoncent une nouvelle éruption du Vésuve.
   （报纸报道说维苏威火山再一次喷发。）

3. *Faire pressentir ce qui doit arriver, être le signe, la marque de.* (预感，预言，预告，显示)

1) Le baromètre annonce le beau temps.（气压计预测晴天。）
2) La seconde scène de cette comédie en annonce le dénouement.
   （这部戏剧在第二幕时预示了结局。）
3) Cette action annonce un mauvais caractère.（这个行动表明了他的坏脾气。）

4) Les fleurs annoncent les fruits.（开花预示着结果实。）

5) L'hirondelle annonce le retour du printemps.（燕子象征着春天的来临。）

6) Tout semblait annoncer le succès de cette entreprise.
（一切好像都预示着这项工程的成功。）

7) Cela ne nous annonce rien de bon.（这不是什么好的预兆。）

informer v.tr. informer qn de qch, informer qn que +ind. *Instruire de quelque chose.*
（通知某人某事，告知某人某事）

1) informer les juges de la vérité du fait（把事实的真相告知法官）

2) À cet égard, je suis bien informé.（我对此很知情。）

3) Vous êtes mal informé.（您不知情。）

4) Il fut informé que sa demande était reçue.（他被告知其请求得到接受。）

s'informer de qch *signifie s'enquérir d'une chose, s'informer de l'exactitude du fait.*
（打听，询问）

1) Je m'en suis informé auprès de tous ceux que je connaissais.
（我向所有我认识的人打听消息。）

2) S'informer de la santé de quelqu'un.（询问某人的健康状况）

辨析：1. annoncer 和 informer 的句形结构不同。

2. annoncer 通常指公开宣布的某个尚未公开宣布的消息，例如：annoncer une mauvaise nouvelle（报告一个坏消息）。而 informer 是一个正式用词，侧重于使别人了解某事。

Exercices 练习

Des mots entre parenthèses, choisissez celui qui convient le mieux pour compléter les phrases.

1) Le lac se trouve à 6 kilomètres d'ici, _____ (avait annoncé/avait informé) Dale une heure plus tôt, après avoir garé leur break et entamé la randonnée.

2) Vendredi, dans une interview au Figaro, il a officiellement confirmé ce que Libération _____ (avait annoncé/avait informé) le 11 décembre : Noël Forgeard, le patron d'Airbus, remplacera, au plus tard en avril 2005.

3) On l'_____ (a annoncé/a informé) de ce fait.

4) je vous _____ (annonce/informe) que votre demande est acceptée.

5) L'aurore _____ (annonce/informe) le soleil.

6) La secrétaire _____ (a annoncé/a informé) deux visiteurs.

7) Quelque âme charitable _____ (annonça/informa), sans doute, M. de Rênal des longues visites que sa femme faisait à la prison de Julien.

8) Il _____ (annonce/informe) son père du départ de sa soeur.

9) —Ah! Je voudrais t'_____ (annoncer/informer) une bonne nouvelle ! Je vais me marier.
   —Félicitations!

10) Il _____ (annonce/s'informe) de la santé de son père.

11) Je vous _____ (annonce/informe) une chose qui vous surprendra.

12) Le valet de chambre vint _____ (annoncer/informer) à l'avocat sa cliente, Mme de Saint-Estève.

13) _____ (Annoncez-moi/Informez-moi) régulièrement de tout ce que vous aurez appris.

14) La moisson _____ (s'annonce/s'informe) fructueuse.

15) On _____ (a annoncé/a informé) les locataires des travaux à venir.

16) Elle m'_____ (a annoncé/a informé) qu'elle viendra s'il fait beau.

17) Nous _____ (nous sommes annoncé/nous sommes informés) des heures d'ouverture de votre magasin.

18) Veuillez nous _____ (annoncer/informer) de la suite.

19) Je ne _____ (m'annonce/m'informe) point de ce qu'il peut être.

20) Il n'_____ (annonce/informe) jamais que des choses désagréables.

apprendre/étudier

apprendre v.tr. 1. *Acquérir une connaissance.* (学习知识)

1) apprendre les mathématiques, la géographie, etc. (学习数学,学习地理等)

2) pprendre à lire, à écrire (学习读书、写字)

3) Il apprit l'art de la guerre sous ce grand capitaine. (他跟着这位大将军学习打仗。)

4) apprendre les usages de la bonne société (学习社交礼仪)

2. *Il signifie aussi contracter une disposition, une habitude.*（学会，养成……习惯）

1) J'ai appris de vous à modérer mes désirs.（我跟您学会了控制自己的欲望。）
2) N'apprendrez-vous jamais à vous taire?（您怎么就学不会闭嘴巴呢?）

3. *Il signifie également connaître par une information.*（获悉,得知）

1) Quelle nouvelle avez-vous apprise?（您得到了什么新消息?）
2) J'apprends que vous devez partir ce soir.（我得知您今晚出发。）
3) Ils s'apprirent réciproquement tout ce qu'ils avaient fait depuis leur séparation.
   （他们互相告知自他们分别后所做的一切。）
4) Un malheur s'apprend plus vite qu'une bonne nouvelle.
   （一个不幸的消息比好消息传播得更快。）

4. *Il signifie encore retenir dans sa mémoire.*（记住,背诵）

1) apprendre quelque chose par coeur（背诵）
2) Les vers s'apprennent plus facilement que la prose.（诗歌比散文更容易背诵。）

5. *Il signifie aussi enseigner, donner quelque connaissance à une personne, faire savoir.*（教,传授,告知）

1) Le maître qui lui a appris le dessin.（老师教他画画。）
2) On m'apprend qu'il se marie.（人家告诉我说他要结婚。）

étudier v. intr. 1. *Appliquer son esprit, travailler pour acquérir une connaissance.*（学习）

1) Il étudie nuit et jour.（他夜以继日地学习。）
2) On ne devient point savant sans étudier.（不学习就不会有知识。）

2. *Il signifie particulièrement faire ses études, suivre un cours régulier d'études.*（上学）

1) J'étudie à l'Université de Paris.（他在巴黎大学上学。）
2) Ses parents n'avaient pas les moyens pour le faire étudier.
   （他的父母没有能力供他上学。）

> 3. *Il est aussi verbe transitif et alors il signifie s'exercer, s'appliquer à apprendre une science, un art à comprendre à fond, un auteur, à connaître toutes les circonstances d'une affaire, les causes d'un phénomène, etc.* （研究,探讨）

1) étudier la physique, l'histoire（研究物理,研究历史）
2) étudier une classe de phénomènes（研究一类现象）
3) étudier la nature（研究大自然）
4) étudier les maladies des enfants（研究儿童疾病）

> 4. *Il signifie par extension observer avec soin l'humeur, les façons de faire, les inclinations d'une personne.* （仔细观察,深入分析）

1) Un bon précepteur étudie les inclinations de son élève.
   （一个优秀的小学教员仔细观察他的学生的兴趣爱好。）
2) étudier le monde（观察世界）
3) s'étudier soi-même（自我分析）

辨析：apprendre在表"学习"时,指获取某方面的知识,而étudier则指对某领域深入地研究学习。

Exercices 练习

Des mots entre parenthèses, choisissez celui qui convient le mieux pour compléter les phrases.

1) Elle _____ (a étudié/a appris) tout de même à dire «non, merci».
2) Il est sûr qu'il est pauvre, et qu'il _____ (a étudié/a appris).
3) Tu _____ (étudierais/apprendrais) un métier, toi, à ton âge?
4) De retour chez lui, le pauvre avocat _____ (étudia/apprit) que l'on craignait pour la raison de sa mère.
5) Quel bonheur, par exemple, pour le fils d'un pauvre émigrant, qui dans son ancienne patrie a mené une vie inutile, désœuvrée, de pouvoir _____ (apprendre/étudier) un métier, avec lequel, s'il est sage, il sera sûr de faire sa fortune, surtout dans un pays comme celui-ci, où les ouvriers sont si rares et si chers, vu son accroissement rapide? (CREVECŒUR)
6) Enfin, je tremble d'_____ (apprendre/étudier) que les bans de son mariage sont publiés!
7) Il se mit à _____ (apprendre/étudier) la forme des caractères; Mlle de La Mole

avait une jolie petite écriture anglaise. (STENDHAL)

8) Une science ne _____ (s'apprend/étudie) point sans peine.

9) Il connaît bien cette affaire, il l'a longuement _____ (étudiée/apprise).

10) J'ai longtemps _____ (étudié/appris) cet homme, et je ne le connais pas encore bien.

11) C'est un homme en la compagnie duquel il y a toujours quelque chose à _____ (apprendre/étudier).

12) Cette mésaventure lui _____ (étudiera/apprendra) à se conduire avec prudence.

13) Julien avait réellement peur lorsqu'il entra dans la salle à manger. Il regardait tous ces domestiques en grande livrée. Il _____ (apprenait/étudiait) leur physionomie.

14) Toutefois, agité par la plus extrême curiosité, il _____ (apprenait/étudiait) l'expression des traits de Mathilde; il ne put pas se dissimuler qu'elle avait l'air sec et méchant. (STENDHAL)

15) Il se sentit défaillir quand, arrivé au bureau des malles-poste, on lui _____ (étudia/apprit) que, par un hasard singulier, il y avait une place le lendemain dans la malle de Toulouse.

16) C'est un auteur que j'ai peu _____ (étudié/appris).

17) Je vous _____ (étudierai/apprendrai) ce qu'il en coûte de mentir.

18) Les usages de la société _____ (s'étudient/s'apprennent) en fréquentant le monde.

19) C'est lui qui m'a _____ (étudié/appris) ce que je sais.

20) Il y a des choses que l'usage seul _____ (apprend/étudie).

第12组

interrompre/rompre

interrompre v.tr. 1. *Couper, rompre la continuité d'une chose.* （阻断）

1) Cette allée est interrompue par un fossé qui la traverse.
   （这条小路被一条沟壑拦腰阻断。）

2) On a construit une digue pour interrompre le cours de la rivière.
   （人们建了一条堤坝阻断河水。）

3) Les obstacles interrompent le cours d'un ruisseau. （障碍物阻止了溪流。）

> **2.** *Il signifie aussi arrêter, empêcher, suspendre la continuation d'une chose.*（中断，终止）

1) On a interrompu la discussion.（大家中断了讨论。）
2) Ces événements interrompirent soudainement les négociations.
   （这些事件突然使谈判中断。）
3) On a interrompu l'orateur au milieu de son discours.
   （演讲者被打断了正在进行的演讲。）
4) Écouter quelqu'un sans l'interrompre.（静听某人的说话而不打断他。）
5) Pourquoi m'interrompez-vous?（您为什么要打断我的话?）
6) Il s'interrompit au milieu de son récit.（他话说到一半又停了下来。）

> **rompre** v.tr. **1.** *Séparer en deux parties, briser, mettre en pièces.*（折断，打破，打碎）

1) rompre son pain（掰面包）
2) Un coup de vent a rompu le grand mât.（一阵大风把桅杆刮断。）
3) Le fleuve rompit ses digues.（河水冲破堤岸。）
4) Il fit un effort qui lui rompit les reins.（他一使劲扭了腰。）
5) En tombant de cheval, il s'est rompu le cou.（他从马上摔下来,摔坏了脖子。）

> **2. *Rompre la tête, rompre les oreilles à quelqu'un,*** *faire trop de bruit autour de lui, importuner par des discours inutiles.*（用噪音等使某人厌烦）

1) Ces enfants sont trop bruyants, ils me rompent la tête.
   （这几个孩子太吵,弄得我心烦。）
2) Vous nous rompez toujours la tête de la même chose.
   （您总是唠唠叨叨让我们心烦意乱。）

> **3.** *s'emploie au figuré en parlant d'Amitié, de relations, d'alliance, de traité, etc., et signifie Détruire, faire cesser, rendre nul.*（中断，解除，取消）

1) rompre les relations qu'on avait avec quelqu'un（中断与某人的关系）
2) rompre un mariage（解除一桩婚姻）

> **4.** *s'emploie absolument dans le sens de Renoncer à l'amitié, aux liaisons qu'on avait avec quelqu'un.*（与……断绝关系）

1) Ils ont rompu.（他们分手了。）
2) Il a rompu pour une bagatelle avec son meilleur ami.
   （他为一点小事与他最好的朋友决裂了。）

5. Il signifie aussi figurément Interrompre.（中断）

1) rompre une conversation（打断谈话）
2) Sa présence rompit notre entretien.（他的到来打断了我们的谈话。）
3) rompre l'équilibre（打破了平衡）

辨析： interrompre 与 rompre 在表达"终止，中断"时同义，但略有差别。interrompre 强调因某种原因"终止或中断"一个"正在进行"的事情，以后条件允许还有再继续的可能，而 rompre 则有"彻底解除，断绝"的意思。

Exercices 练习

Des mots entre parenthèses, choisissez celui qui convient le mieux pour compléter les phrases.

1) Il ne faut pas trop charger cette planche, de peur qu'elle ne vienne à _____ (s'interrompre/se rompre).
2) —Excusez, consul!... _____ (interrompit/rompit) Stidmann en se mettant le revers de la main au front. (BALZAC)
3) Crevel _____ (s'interrompit/rompit), regarda Mme Marneffe. (BALZAC)
4) Il est tombé et il _____ (s'est interrompu/s'est rompu) une côte.
5) —Oh! sois tranquille, _____ (interrompit/rompit) Lisbeth. Nous nous reverrons quand je serai madame la maréchale. (BALZAC)
6) Il menaçait de lui _____ (interrompre/rompre) bras et jambes.
7) —«Ecoute», dit Spendius, «et d'abord ne crains rien, j'exécuterai ma promesse ...» Il _____ (s'interrompit/se rompit); il avait l'air de réfléchir, comme pour chercher ses paroles. (BALZAC)
8) Il _____ (interrompit/rompit) le professeur au milieu de son explication.
9) Tout à coup, un cri _____ (a interrompu/a rompu) le silence de la nuit.
10) Ce ne sont pas des gueux comme lui qui nous font peur! _____ (interrompit/rompit) l'hôtesse, en haussant ses grosses épaules. (BALZAC)
11) Vous _____ (m'interrompez/me rompez) sans cesse, c'est agaçant!
12) Elle s'empourprait peu à peu, les narines battaient vite, les lèvres frémissaient; il y eut même un instant où Charles, plein d'une fureur sombre, fixa ses yeux contre Rodolphe qui, dans une sorte d'effroi, _____ (s'interrompit/se rompit). (FLAUBERT)
13) Il vaut mieux plier que _____ (interrompre/rompre).
14) Il posa son chapeau sur la travailleuse, il _____ (interrompit/rompit) sa position, il souriait!
15) Ecoutez-moi sans _____ (m'interrompre/me rompre).

16) Il se vit obligé _____ (d'interrompre/de rompre) ses études.

17) L'orateur _____ (s'interrompit/se rompit) tout à coup.

18) Elle _____ (a interrompu/a rompu) avec son mari.

19) Leurs relations _____ (s'étaient interrompues/s'étaient rompues).

20) Sans que rien ne le laisse prévoir, les deux pays _____ (ont interrompu/ont rompu) le traité.

21) Attention, la branche va _____ (s'interrompre/se rompre).

22) Une personne au fond de la salle _____ (a interrompu/a rompu) le silence.

第13组

arriver/atteindre/parvenir

arriver v.intr. 1. *Aborder, approcher de la rive.*（到岸）

arriver au port（到港）

2. *Il signifie plus ordinairement parvenir au lieu où l'on voulait aller ou, en parlant d'une chose, parvenir à sa destination.*（到达目的地）

1) arriver au but le premier（第一个到达目的地）

2) arriver à Paris（到达巴黎）

3) Une lettre m'est arrivée de Rome.（我有一封来自罗马的信。）

4) Le paquet n'arriva point à son adresse.（包裹没有送到指定地点。）

5) Cette nouvelle n'était pas encore arrivée.（消息还没到。）

3. *Il signifie encore figurément parvenir, atteindre à une chose.*（达到）

1) arriver à la fin de son discours（讲话接近尾声）

2) arriver à connaître une chose（能够认识一个事物）

3) arriver à la perfection（达到完美）

4) Il faut donner aux fruits le temps d'arriver à leur maturité.（必须给水果成熟的时间。）

4. *Il s'emploie aussi en parlant des accidents, des événements de la vie, et signifie avoir lieu, survenir.*（发生）

1) La chose arriva comme je l'avais prévu.（事情的发生如同我所预料的。）

2) Voyez ce qui m'arrive.（瞧我遇到的这事。）

3) Cela peut arriver à tout le monde. (谁都可能会遇到这样的事。)

5. Il s'emploie souvent comme verbe impersonnel. 用于无人称形式

1) Il m'est arrivé un paquet de Londres. (我收到一个从伦敦寄来的包裹。)
2) Il lui arrive un grand malheur. (他遇到了一场大灾难。)
3) Il vient d'arriver un étrange événement. (刚刚发生了一件奇怪的事。)
4) Il arrive à tout le monde de se tromper. (人人都有可能出错。)
5) Quoi qu'il arrive, je ferai mon devoir. (无论发生什么,我都要完成我的义务。)

atteindre v.tr. 1. Toucher de loin au moyen d'un projectile. (打中,击中)

1) Il l'atteignit d'un coup de pierre. (他用石子击中他。)
2) Il étendit le bras et l'atteignit de son bâton. (他伸出胳膊,用棍子打他。)
3) Il a manqué d'adresse, il n'a pas atteint le but. (他缺乏灵活性,没有击中目标。)

2. Par analogie, être atteint de maladie, de folie, etc., être frappé, affligé de maladie, etc. (染上……病)

Il est atteint d'un cancer. (他患了癌症。)

3. Atteindre son but, signifie aussi Réussir dans ce que l'on se propose. (达到目的)

Il a espéré longtemps pouvoir aller étudier en France, et maintenant on va l'y envoyer. Il a atteint son but.
(很久以来他都希望能够到法国去学习,现在就要送他去了,他达到了目的。)

4. Il signifie, par extension, en parlant des choses aussi bien que des personnes, parvenir à un terme, à quelque chose dont on était plus ou moins éloigné. (到达)

1) Nous atteindrons ce village avant la nuit. (我们天黑以前可以赶到这个村子。)
2) Nous partîmes en même temps, mais j'atteignis le but avant lui.
(我们同时出发,但我比他先到。)
3) Cet enfant brise tout ce qu'il peut atteindre. (这个孩子够着什么摔什么。)

5. Dans cette acception il se dit des choses qui, en parvenant à leur but, peuvent causer un dommage physique ou moral. (损害,伤害)

1) Cette mesure atteint une foule de personnes. (这项措施损害了许多人的利益。)

2) Des outrages partis de si bas ne peuvent l'atteindre.
   (这样卑鄙的侮辱是伤害不了他的。)
3) La balle l'atteignit au front. (子弹伤到了他的头部。)

> 6. *Il signifie particulièrement attraper en chemin, joindre quelqu'un qu'on suit ou qu'on poursuit.* (赶上，追上)

1) Il a beau courir, je l'atteindrai. (他跑也是徒劳，我会追上他的。)
2) Ce chien n'a pu atteindre le lièvre. (这条狗没能追上野兔。)

> *parvenir* v.intr. **parvenir à qch** 1. *Arriver à un terme qu'on s'est proposé, y arriver non sans effort, non sans difficulté.* (终于到达)

1) Après une longue route, ils parvinrent au pied des Alpes.
   (经过长途跋涉，他们终于到达阿尔卑斯山脚下。)
2) Il ne put jamais parvenir au haut de la montagne. (他永远都到不了山顶。)
3) Il n'a jamais pu parvenir à être riche. (他永远都不会富有。)
4) J'espère que ma lettre lui parviendra. (我希望他能收到我的信。)
5) Son nom est parvenu aux oreilles du ministre. (他的名字传到了部长的耳朵里。)

> *parvenir* *S'emploie aussi absolument et signifie s'élever en dignité, faire fortune.* (发迹，成名)

1) C'est un homme qui ne peut manquer de parvenir. (这个人以后无疑会发迹。)
2) Il veut parvenir, à quelque prix que ce soit. (他不惜任何代价要成名。)

辨析： arriver/atteindre/parvenir 三个词在表达"到达，达到"词义时同义，用法很接近，其中：
1) arriver 是一个常用动词，用的最广泛。
2) atteindre 是一个直接及物动词。
3) parvenir 是比较正式的用词，常强调要达到目标过程中的困难和艰辛，暗示经过努力才能够达到目标。

Exercices 练习

Des mots entre parenthèses, choisissez celui qui convient le mieux pour compléter les phrases.

1) J'espère que ma lettre lui _____ (arrivera/parviendra) demain.
2) Elle allait _____ (atteindre/parvenir à) son but.

3) L'incendie _____ (était déjà arrivé aux/avait déjà atteint les) étages supérieurs.

4) Ainsi, vois si ce Brésilien peut valoir un maire de Paris, un homme qui, pour toi, voudra _____ (arriver/atteindre/parvenir) aux plus hautes dignités.

5) Ce n'est qu'en suivant l'exemple des hommes célèbres qu'on peut espérer d' _____ (arriver/atteindre) leur niveau.

6) Victorin recevait dans son cabinet une vieille femme âgée de soixante et quinze ans environ, qui, pour _____ (arriver/atteindre/parvenir) jusqu'à l'avocat célèbre, mit en avant le nom terrible du chef de la police de sûreté.

7) La jolie Jenny Cadine, qui ne jouait pas à son théâtre, et dont le portrait est trop connu pour en dire quoi que ce soit, _____ (arriva/atteignit/parvint) dans une toilette d'une richesse fabuleuse.

8) Tôt ou tard, la peine _____ (arrive/atteint/parvient) les coupables.

9) En se faisant aider par ses compagnons, il _____ (était arrivé/avait atteint/était parvenu) à sortir de la fosse.

10) Et enfin c'est la tortue qui _____ (arriva/atteignit/parvint) la première le but indiqué.

11) Il faut conserver ces médicaments dans des endroits que l'enfant ne peut pas _____ (arriver/atteindre/parvenir).

12) Ils fuyaient. On pouvait les _____ (arriver/atteindre/parvenir), les écraser tous. Les Barbares s'élancèrent à leur poursuite.

13) La première fois qu'il vous _____ (arrivera/atteindra/parviendra) de parler ainsi, vous serez puni!

14) Elle voyait _____ (arriver/atteindre/parvenir) le moment où la misère allait l'atteindre, elle, son fils et son mari.

15) Un malheur n' _____ (arrive/atteint/parvient) jamais seul.

16) Il était environné de tant de monde que je ne pus _____ (arriver/atteindre/parvenir) jusqu'à lui.

17) Il ne put _____ (arriver/atteindre/parvenir) son ennemi que du second coup de pistolet.

18) Toutes les fois qu'il m' _____ (arrive/atteint/parvient) de songer à cela, je frémis.

19) Je n'ai jamais pu _____ (arriver/atteindre/parvenir) à le persuader.

20) Il prit un détour pour _____ (arriver/atteindre/parvenir) ceux qui étaient partis avant lui.

21) Il _____ (arrivera/atteindra/parviendra) bientôt sa douzième année.

第14组

(s')augmenter/(s')accroître/(se) développer/(se) multiplier

augmenter v.tr. 1. **augmenter qch.** *Rendre une chose plus grande, plus considérable, en y joignant une autre chose de même genre.* （增加）

1) Il augmente ses revenu tous les jours.（他每天都在增加收入。）
2) Il a bien augmenté sa terre.（他又扩充了田产。）
3) augmenter le prix（提高价格）
4) augmenter sa dépense（增加支出）
5) Il ne faut pas diminuer la récompense quand on augmente le travail.
   （增加了工作就不应该减少报酬。）

2. **augmenter qn.** *Signifie accroître leur traitement, leur salaire.* （给某人加薪）

1) augmenter un employé（给一个职员加薪）
2) Ces ouvriers veulent qu'on les augmente.（这些工人要求给他们增加工资。）
3) Ma cuisinière ne restera pas, si je ne l'augmente.
   （我要是不给我的厨师增加工资，他就不会留下来了。）
4) Vous allez être augmenté.（您会得到加薪的。）

augmenter v.intr. 1. *Signifie croître en qualité, en quantité, en intensité.* （增长，加大，加强）

1) Le froid va en augmentant.（天越来越冷。）
2) Le mal augmente tous les jours.（疼痛与日俱增。）
3) Leurs richesses augmentent.（他们的财富在增长。）
4) Mon mal augmente.（我的疼痛越来越厉害。）

2. *Il signifie également hausser de prix, en parlant de certaines denrées.* （涨价）

1) Le sucre augmente.（糖价上涨。）
2) Les vins ont beaucoup augmenté.（酒价提高了很多。）

3) Depuis la guerre, la vie a augmenté dans des proportions considérables.
（自战争以来，生活费大幅上涨。）

accroître v.tr. *Augmenter, rendre plus grand, plus étendu.*（增加，增大，扩大，壮大，提高）

1) accroître son revenu（增加收入）
2) accroître un jardin（扩充花园）
3) accroître son autorité（扩大他的权威）
4) Cette ville s'est fort accrue par son commerce.
（这座城市因商业发展而得以大幅扩张。）

s'accroître ou accroître v.intr. *Signifie aller en augmentant, devenir plus grand.*（增加，增大）

1) Sa fortune s'accroît tous les jours.（他的财富日益增长。）
2) Son revenu accroît tous les jours.（他的收入日益增长。）

développer v.tr. 1. *Dégager une chose de ce qui l'enveloppe ou déployer une chose enveloppée, pliée.*（展开）

1) développer une tapisserie（铺开地毯）
2) développer du drap（展开褥单）
3) développer un paquet de linge（晾开衣服）

2. *Il signifie au figuré, tant au sens physique qu'au sens moral, faire qu'un être ou une chose prenne son accroissement.*（生长发育）

1) des exercices propres à développer le corps（用于促进身体发育的训练）
2) un enfant bien développé（发育得好的孩子）
3) développer l'intelligence d'un enfant（发展一个孩子的智力）

3. *Il signifie aussi exposer, présenter, faire voir quelque chose en détail.*（展开，显示）

1) développer le sujet d'un ouvrage（展开一部作品的主题）
2) développer les caractères dans un roman（展开小说中的人物性格）
3) L'intrigue se développe tout au long du récit.（故事情节在逐步展开。）

> ***se développer*** *Signifie quelquefois s'étendre.*

1) L'armée se développa dans la plaine.（部队在平原一线展开扎营。）
2) Le fleuve se développe.（大河流淌着。）

> ***(se) multiplier*** v.tr. 1. *Augmenter le nombre, la quantité des êtres ou des choses.*（增多，增加）

1) Le progrès technique multiplie nos besoins.（技术进步增加了我们的需求。）
2) Les obstacles se multipliaient à mesure qu'il avançait dans son entreprise.
（随着工作的深入，困难越来越大。）

> 2. *En termes d'arithmétique, il signifie répéter un nombre autant de fois qu'il y a d'unités dans un autre nombre donné.* 乘以

multiplier dix par quatre（十乘以四）

> 3. ***multiplier*** *signifie intransitivement augmenter en nombre par voie de génération.*（繁殖）

1) Dieu dit : Croissez et multipliez.（上帝说：成长去吧，繁殖去吧。）
2) Les enfants d'Israël se multiplièrent en Égypte.
（以色列的后代就在埃及繁衍下去了。）

辨析： 1) multiplier 一词词义最强。强调数量增长，多指大量的增加、成倍的增加。
2) développer 表示具体事物的展开、摊开，转义指发展、增长，多用于抽象事物。
3) augmenter 多指在事物原有基础上的增加，常用于具体的或可以计数的事物，如：augmenter le nombre（增加数量）。
4) accroître 多指缓慢、逐渐地增加。

Exercices 练习

Des mots entre parenthèses, choisissez celui qui convient le mieux pour compléter les phrases.

1) Les prix ont _____ (augmenté/accru/développé/multiplié) depuis un an.
2) —L'essence va _____ (augmenter/accroître/développer/multiplier)!
—Pas possible! Elle vient déjà d'augmenter de 20 centimes.
3) On affirme que dans la première moitié du XXIe siècle, la température de la Terre _____ (augmentera/accroîtra/développera/multipliera) de trois degrés.

4) Le Taj Mahal, immense monument funéraire de l'Inde, est en danger. Depuis 15 ans, les habitués remarquent que les taches grises _____ (s'augmentent/s'accroissent/se développent/se multiplient).

5) Ce commerçant _____ (avait augmenté/avait accru/avait développé/avait multiplié) considérablement sa fortune.

6) La consommation de vin _____ (a augmenté/a accru/a développé/a multiplié) dans d'autres pays que la France.

7) Cette édition, nous l'avons _____ (augmentée/accrue/développée/multipliée) de plusieurs chapitres inédits

8) Cet homme se plaît à _____ (augmenter/accroître/développer/multiplier) les difficultés.

9) Les autoroutes _____ (ont augmenté/ont accru/ont développé/ont multiplié) l'efficacité des transports routiers.

10) L'amour de la domination, resté dans ce coeur de vieille fille à l'état de germe, _____ (s'augmenta/s'accrut/se développa/se multiplia) rapidement.

11) Sa colère s'est _____ (augmentée/accrue/développée/multipliée).

12) Ces discours _____ (augmentent/accroissent/développent/multiplient) les sentiments nationalistes.

13) Elle trouva, travaillant à la lueur d'une petite lampe dont la clarté _____ s'augmentait/se développait/se multipliait) en passant à travers un globe plein d'eau, le héros des rêves d'Hortense, un pâle jeune homme blond. (BALZAC)

14) Les conséquences de cet événement _____ (se développèrent/se multiplièrent) quelques années après.

15) La situation actuelle est très préoccupante. Le chômage _____ (augmente/accroît/développe/multiplie), l'inflation n'est pas maîtrisée. Nous serons obligés d'augmenter les impôts.

16) Les imprécations(诅咒) de Salammbô retentissaient en _____ (s'augmentant/s'accroissant/se développant/se multipliant). (FLAUBERT)

17) Il se relevait et venait frapper contre la barre, ce qui, l'arrêtant par une secousse, _____ (augmentait/développait/multipliait) sa vigueur.

18) Les cratères, à bordure de miroirs convexes(凸状的,凸面的), _____ (augmentaient/développaient/multipliaient) l'image élargie des choses.

19) _____ (Augmentez/Accroissez/Développez/Multipliez) 6 par 5; 6 est le multiplicande, et 5 le multiplicateur; le produit est 30.

20) L'action de cette pièce ne _____ (s'augmente/s'accroît/se développe/se multiplie) que lentement.

21) La chaleur _____ (augmente/accroît/développe/multiplie) les germes des plantes.

22) Cette race _____ (s'augmente/s'accroît/se développe/se multiplie) rapidement.

第15组

avant/devant

avant prép. 1. *Servant à marquer priorité de temps.* [表时间](在……以前)

1) J'ai vu cela avant vous. (我先于您看到这个的。)
2) avant la fin de l'année (在一年结束以前)
3) avant midi (中午以前)
4) avant dîner (晚饭以前)

2. *Sert aussi à marquer priorité d'ordre et de situation.* [表空间顺序] (在……之前)

1) La maison où il habite est avant l'église. (他居住的房子比教堂建得早。)
2) Il faudrait mettre ce chapitre avant l'autre. (必须把这一章放在另一章前面。)
3) Je désire, avant tout, que cela reste secret. (我首先要大家保守这个秘密。)

3. *Il peut s'employer aussi adverbialement pour désigner un rapport de lieu ou de temps, au propre et au figuré, et il est ordinairement précédé des mots si, bien, trop, plus, assez, fort.* [表时间或空间] (在……以前)

1) bien avant dans la nuit (深夜)
2) bien avant dans le siècle passé (很久以前)

devant prép. de lieu. 1. *A l'opposite de, vis-à-vis de, en face de, en avant de..* [表方位] (在……前面)

1) regarder devant soi (朝前看)
2) avoir toujours une chose devant les yeux (眼前总是有东西)
3) passer devant quelqu'un (从某人面前经过)
4) Il se promenait devant la maison. (他在房前散步。)

2. *Il signifie aussi en présence de.* (在……面前)

1) parler devant une grande assemblée (在众人面前讲话)
2) Cela fut dit devant des témoins. (这是在证人面前说过的。)

> **3. Il s'emploie également comme adverbe dans les sens qui précèdent.**

1) Si vous êtes si pressé, courez devant.（如果您这么忙，您就先走。）
2) Mettez cela devant.（把这个放在前边吧。）

辨析： avant 和 devant 在表空间概念时，有时可以互换，如：J'étais avant lui dans la queue=j'étais devant lui dans la queue.（我排在他前面。）但要特别注意其区别。如：1) Le bureau de poste est avant la gare. 2) Le bureau de poste est devant la gare. 前一句指顺向的，即邮局在车站的前面。而第二句则指对面的，即邮局在车站的对面。

Exercices 练习

Des mots entre parenthèses, choisissez celui qui convient le mieux pour compléter les phrases.

1) Ils arrivent _____ (avant/devant) la gare de Lyon.
2) Ils se retrouvent naturellement _____ (avant/devant) le kiosque à journaux.
3) Il vivait solitaire, travaillait beaucoup, prenait ses repas avec un livre ouvert _____ (avant/devant) lui.
4) —Ça va Maurice?
   —La santé ça va, mais pas les finances, je n'ai plus un sou et je dois payer mes impôts _____ (avant/devant) lundi.
5) Tu passes des heures _____ (avant/devant) la télé, tu oublies ton bac.
6) Pour la sortie de dimanche, donnez-moi une réponse _____ (avant/devant) samedi.
7) J'ai un coup de fil à passer. J'espère que j'aurai fini _____ (avant/devant) le début du film.
8) C'est bien de savoir tout cela _____ (avant/devant) la réunion de lundi.
9) _____ (Avant/Devant) tant de moyens d'information, le lecteur se sent parfois désorienté.
10) Nous devons, _____ (avant/devant) tout, prendre des mesures.
11) C'est mon ancient camarade de classe, il marche _____ (avant/devant) moi.
12) Ne dites rien _____ (avant/devant) lui, c'est un homme fort indiscret.
13) Vous poussez les affaires trop en _____ (avant/devant).
14) Cette affaire a été portée _____ (avant/devant) le tribunal.
15) Il fait des propositions bien hardies, il va un peu trop en _____ (avant/devant).
16) Il ne sait point s'habiller et met _____ (avant/devant) ce qui doit être derrière.17)

Il est bien _____ (avant/devant) dans les bonnes grâces du ministre.

18) Il faudrait mettre les histoires générales _____ (avant/devant) les histoires particulières.

19) Il s'est mis _____ (avant/devant) moi pour me barrer le passage.

20) Il est mêlé bien _____ (avant/devant) dans cette affaire.

21) Vous creusez trop en _____ (avant/devant).

22) Jamais philosophe ne pénétra plus en _____ (avant/devant) dans la connaissance des choses.

第16组

bénéficier/jouir

bénéficier v.tr.ind. *Bénéficier de qch = Tirer avantage d'une chose, obtenir le bénéfice de...* （得到好处，受益于，享有）

1) Ils ont bénéficié des travaux de leurs prédécesseurs.
   （他们得益于他们前任的劳动成果。）

2) Il a bénéficié de la bonne réputation de sa famille.（他从家族的好名声中得到好处。）

3) Cet homme politique bénéficie du droit d'asile.（这位政治家享有避难权。）

jouir v.tr.ind. 1. *Profiter d'une chose qu'on a, qu'on possède, en goûter le plaisir, l'agrément, etc.* （享受）

1) jouir de sa bonne fortune （享受他的财富）

2) Il sait jouir de la vie.（他会享受生活。）

3) Il jouit du présent, sans trop s'occuper de l'avenir.（他享受当下，不管未来。）

2. *Éprouver du plaisir à le voir ou à le savoir embarrassé, affligé, malheureux, etc.* （幸灾乐祸）

1) Il aime jouir de l'embarras des autres.（他喜欢拿别人的尴尬取乐。）

2) C'est un homme sans moral, il est sans pitié, il jouit de la détresse de ses voisins.
   （这是一个毫无道德的人，没有同情心，对邻居的绝境幸灾乐祸。）

3. *Il signifie aussi avoir l'usage, la possession actuelle de quelque chose et en tirer tous les profits, tous les avantages, etc.* （享有，拥有）

1) jouir d'une terre（拥有一块土地）
2) jouir d'un privilège（拥有一种特权）
3) jouir des droits politiques（享有政治权利）

辨析： 在表示"享有"某种特权时，两词可以通用。

Exercices 练习

Des mots entre parenthèses, choisissez celui qui convient le mieux pour compléter les phrases.

1) Il faut savoir _____ (bénéficier/jouir) de la vie.
2) Il _____ (a bénéficié/a joui) de la situation de son père.
3) Dévorée par le chagrin d'ignorer le sort de son mari, de ne pouvoir lui faire partager dans cette oasis parisienne, dans la retraite et le silence, le bien-être dont la famille allait _____ (bénéficier/jouir), elle offrait la suave majesté des ruines. (FLAUBERT)
4) Nous avons beaucoup _____ (bénéficié/joui) de votre discours.
5) Il a _____ (bénéficié/jouit) d'un préjugé favorable.
6) C'est à la fois une femme bien née, une femme comme il faut et une femme qui _____ (bénéficie/jouit) de la plus haute considération.
7) Durant l'exil, elle n'_____ (a bénéficié/a joui) d'aucun droit civique.
8) La pauvre femme aurait eu presque le bonheur, sans ses perpétuelles inquiétudes sur le sort du baron, qu'elle aurait voulu faire _____ (bénéficier/jouir) de la fortune qui commençait à sourire à la famille.
9) Ces vieillards _____ (bénéficient/jouissent) d'une parfaite santé.
10) L'accusé a _____ (bénéficié/joui) des circonstances atténuantes.
11) Elle _____ (a bénéficié/a joui) des derniers rayons du soleil.
12) Il _____ (bénéficie/jouit) de notre aide.
13) Aussi, pour exécuter ce plan, se rendit-elle vers trois heures chez la baronne, quoique ce ne fût pas le jour où elle y dînait habituellement; mais elle voulait _____ (bénéficier/jouir) des tortures auxquelles sa petite-cousine allait être en proie au moment où Wenceslas avait coutume de venir.
14) La loi le fait _____ (bénéficier/jouir) de sa qualité d'étranger.

第17组

baisser/abaisser

baisser v.tr. 1. *Faire descendre, mettre plus bas.*（降低，放下）

1) baisser les glaces d'une voiture（拉下车窗玻璃）
2) Elle baissa son voile.（她降下船帆。）
3) baisser la tête（低下头）
4) baisser le prix d'une marchandise（降低一个商品的价格）

2. *Diminuer de hauteur, rendre plus bas.*（降低高度）

baisser une maison（降低一幢房子的高度）

se baisser *S'emploie dans le sens de s'abaisser, se courber, se faire petit.*（弯腰，俯身）

1) Il faut se baisser bien bas pour entrer dans cette grotte.（要进入这个洞得弯下腰。）
2) Il suffit de se baisser pour ramasser.（俯拾皆是。）

abaisser v.tr. 1. *Faire descendre, diminuer la hauteur.*（放低，放下）

1) On a abaissé le store.（人们把窗帘拉下。）
2) Abaissez vos regards sur cette plaine.（您看看下面的平原吧。）

2. *Il s'emploie encore figurément et signifie déprimer, humilier.*（贬低，压低）

1) Je n'abaisserai point ma dignité.（我决不降低自己的尊严。）
2) Cet historien a abaissé nos grands hommes.（这位历史学家贬低了我们的伟人。）

s'abaisser （降低，卑躬屈膝，堕落）

1) Le terrain s'abaisse insensiblement à mesure qu'on avance vers la mer.
（随着人向海边走，地势不知不觉降低了。）
2) Je ne m'abaisserai point à me justifier.（我不会降低自己的身份去辩解。）

辨析： baisser 和 abaisser 的主要区别在于：baisser 等于 amener à son point le plus bas，即降到最低点，而 abaisser 等于 amener à un point plus bas，即放到比原来位置低的地方。

Exercices 练习

Des mots entre parenthèses, choisissez celui qui convient le mieux pour compléter les phrases.

1) La mer hausse et _____ (baisse/abaisse) deux fois le jour, par l'action du flux et du reflux.
2) _____ (Baissez/Abaissez) le ton de votre voix!
3) Le baromètre a _____ (baissé/abaissé).
4) Il suffit de _____ (se baisser/s'abaisser) pour ramasser.
5) C'est un homme qui ne se hausse ni ne _____ (se baisse/s'abaisse).
6) Sa voix _____ (se baisse/s'abaisse) à mesure que son esprit se calme.
7) Elle s'était _____ (baissée/abaissée) devant la nécessité
8) Le soleil _____ (se baissait/s'abaissait) sur l'horizon.
9) Il sait être aimable à tous sans jamais _____ (se baisser/s'abaisser).
10) Sa vue commence à _____ (baisser/abaisser).
11) Il _____ (se baisse/s'abaisse) à des démarches indignes de lui.
12) Puis le terrain _____ (baissa/s'abaissa), et des obélisques, des dômes, des maisons parurent ; c'était Carthage !
13) Hulot, qui _____ (baissa/abaissa) la tête, voulut répondre.
14) Il portait autour des flancs (腰间) des lames (刀片) de fer qui reluisaient ; un manteau rouge s'attachant à ses épaules laissait voir ses bras; deux perles très longues pendaient à ses oreilles, et il _____ (baissait/abaissait) sur sa poitrine sa barbe noire, touffue (浓密的).
15) Elle se cacha le visage dans ses voiles, et les grandes lueurs s'éloignèrent, en _____ (baissant/s'abaissant) peu à peu au bord des flots.
16) Il _____ (baissait/s'abaissait) derrière la Lagune, lentement, puis, tout à coup, il disparaissait dans les montagnes, du côté des Barbares.
17) Hamilcar _____ (baissait/s'abaissait) la tête, ébloui par ces présages (先兆) de grandeur.
18) La barrière _____ (baissa/s'abaissa); aussitôt elle fut dans le camp des Barbares.
19) Cependant, ses côtes maigres _____ (baissaient/s'abaissaient) et remontaient, et ses yeux, largement ouverts au milieu de sa figure toute pâle, regardaient d'une façon continue et intolérable.
20) Adeline _____ (baissa/abaissa) les yeux, sortit dans le jardin, et il l'y suivit.

第18组

avantage/intérêt/profit

avantage n.m. 1. *Ce qui est utile, profitable, favorable à quelqu'un.* (益处,好处)

1) Il n'y a nul avantage pour moi dans le parti que vous me proposez.
（您给我推荐的这场交易对我没有一点好处。）
2) Il n'y a aucun avantage à cela.（这对那件事没有一点好处。）
3) Chaque chose a ses avantages et ses inconvénients.（任何事情都有利与弊。）

2. *Il signifie aussi supériorité, ce qu'on a par-dessus un autre en quelque genre que ce soit.* (优势)

1) profiter de l'avantage qu'on a（利用所拥有的优势）
2) Dans ces combats, il a toujours eu l'avantage du terrain et du nombre.
（在这些战斗中，他总是占地形和人数多的优势。）

常与之搭配的动词有：présenter, offrir, procurer, rapporter, obtenir, calculer, réserver, remporter, conserver, garder, perdre 等。

常与之搭配的形容词有：maigre, pauvre, important, énorme, nombreux, immense, incalculable 等。

profit n.m. *Gain, bénéfice, avantage, utilité.* (利润,好处,利益)

1) profit médiocre（微薄的利润）
2) tirer du profit d'une affaire（从一桩生意中得到好处）

常与之搭配的动词有：tirer, faire, obtenir, retirer, toucher, réaliser, rapporter, escompter, supputer, calculer, évaluer 等。

常与之搭配的形容词有：grand, petit, important, énorme, plantureux, licite, illicite, légitime, illégitime, scandaleux, médiocre, dérisoire 等。

intérêt n.m. 1. *Ce qui importe, ce qui est avantageux* (利益,好处)

Il trouve son intérêt dans cette affaire. (syn. compte)（他在这件事情中得到好处。）

2. Attachement à ce qui est avantageux pour soi.（私利，物质利益）

1) C'est l'intérêt qui le guide (syn. cupidité, égoisme). （他是受物质利益的驱动。）
2) des taux d'intérêt élevés （高利率）
3) percevoir les intérêts de son épargne (syn. bénéfice) （收取储蓄利息）

3. Sentiment de curiosité, de bienveillance à l'égard de qqch, de qqn（关心，注意）

1) ressentir un vif intérêt pour qqn (contr. indifférence) （对某人特别关注）
2) Son intérêt fut éveillé par un petit détail. (syn. attention)
   （一个很小的细节引起了他的注意。）

4. Originalité, importance（重要性，意义）

1) un projet qui ne manque pas d'intérêt （一个值得关注的计划）
2) témoigner de l'intérêt à quelqu'un, pour quelque chose （对某人或某事表示关注）

常与之搭配的动词有：confier, défendre, concilier, trahir, harmoniser (ses intérêts), répondre (aux intérêts de quelqu'un)等。

常与之搭配的形容词有：puissant, sacré, majeur, secondaire, opposés, divergents, inconciliables, minime, de second ordre, négligeable等。

辨析： avantage常指一件事情所能够带来的好处。如：Cette solution n'est pas idéale, mais elle a l'avantage d'être économique. （这个解决办法不是最好的，但它很经济。）

intérêt原指"利息"，引申为"利益，好处"，如：C'est dans ton intérêt que je te donne ce conseil. （我是为了你好才给你提这个建议。）

profit多指经济活动中的盈利，如：le profit moyen（平均利润）。

Exercices 练习

Des mots entre parenthèses, choisissez celui qui convient le mieux pour compléter les phrases.

1) J'ai _____ (intérêt/profit/avantage) à être en forme.
2) En comparant Valérie à sa femme, il donna _____ (l'intérêt/le profit/l'avantage) à la première.
3) Il n'a tiré aucun _____ (profit/intérêt) des observations qui lui ont été faites.
4) Il n'y a ni honneur ni _____ (profit/bénéfice) à ce métier.

5) —Si je me permets cette observation, mon cher ami, c'est qu'il y va beaucoup plus de votre _____ (intérêt/profit/avantage) personnel que de mon affaire ou de mon amour-propre.
6) Il a fait de grands _____ (intérêts/profits/avantages) dans le commerce.
7) C'est un homme qui ne songe qu'à son _____ (profit/avantage).
8) Ils ont partagé _____ (le profit/l'avantage) ensemble.
9) Adeline avait dépouillé tout _____ (intérêt/profit/avantage) de femme, la douleur éteignait jusqu'au souvenir
10) Elle devina que le baron revenait chez lui, ramené moins par le désir de voir sa famille que par un _____ (intérêt/profit/avantage) étranger.
11) Il la croit jouée à son seul _____ (intérêt/profit/avantage), et il rit de cette délicieuse hypocrisie, en admirant la comédienne.
12) La beauté, la santé, la bonne constitution sont de grands _____ (intérêts/profits/avantages) de la nature.
13) Il s'agissait de dix mille francs de lettres de change souscrites au _____ (profit/gain) d'un usurier nommé Samanon.
14) On lui a accordé tous les _____ (intérêts/profits/avantages) possibles.
15) Le lendemain, Valérie se mit sous les armes en faisant une de ces toilettes que les Parisiennes inventent quand elles veulent jouir de tous leurs _____ (intérêts/profits/avantages).
16) Puis Léon de Lora, le plus grand peintre de paysage et de marine existant, qui gardait sur tous ses rivaux _____ (l'intérêt/le profit/l'avantage) de ne jamais se trouver au-dessous de ses débuts.
17) La querelle a été terminée à son _____ (profit/avantage).
18) Notre armée ne sut pas profiter _____ (de l'intérêt/du profit/de l'avantage) qu'elle avait obtenu.

第19组

caractère/caractéristique

caractère n.m. 1. *Lettre, signe graphique; empreinte.* (字体,字迹)

1) Cet ouvrage est imprimé en beaux caractères. (这部作品的字体印刷精美。)
2) Les anciens imprimaient sur le front des criminels et des esclaves certains caractères. (古人在罪犯和奴隶的额头上印上某些字迹。)

3) Nous ne pûmes déchiffrer les caractères de cette inscription.
（我们不能辨认这个铭文的字迹。）

> **2.** *Ce qui distingue une personne des autres à l'égard des moeurs, de l'âme. Ce qui est le propre d'une chose, de ce qui la distingue.*（性格，个性，特点）

1) Il n'a point caractère pour agir.（他的性格不果断。）
2) Le caractère de cet homme est la fierté.（这个人的个性就是骄傲。）
3) Il s'agit des caractères principaux de la littérature du XVIIe siècle.
（这是关于17世纪文学的主要特点。）

常与之搭配的动词有：présenter, offrir, procurer, rapporter, obtenir, calculer, réserver, remporter, conserver, garder, perdre 等。

常与之搭配的形容词有：maigre, pauvre, important, énorme, nombreux, immense, incalculable 等。

> ***caractéristique*** n.f. *Ce qui constitue le caractère distinctif de qch, ou de qn.*（特征，特性）

1) les caractéristiques d'une nouvelle voiture（一辆新式汽车的特性）
2) L'humidité est la caractéristique du climat de la France.
（湿润是法国气候的特点。）

常与之搭配的动词有：définir, déterminer, présenter, posséder, rechercher, reconnaître 等。

常与之搭配的修饰词有：déterminant, dominant, essentiel, marquant, particulier, personnel, propre, saillant, significatif, singulier, spécifique, symptomatique, typique。如：la (une) caractéristique fondamentale, particulière, propre, spécifique, universelle (de); les caractéristiques biologiques, démographiques, morphologiques, régionales, sociologiques; caractéristiques techniques d'une machine; caractéristiques d'une bonne méthode de prévision 等。

辨析： 在表"特征"词义时，caractère 与 caractéristique 同义，如：Ces douleurs présentent les caractères (syn.: les caractéristiques) d'une crise d'appendicite. 但是，caractère 常常后接一个形容词，表达一个状态或品质，词义则相当于一个抽象名词，如：1) Le caractère difficile de cette entreprise n'échappe à personne. (=la difficulté) 2) Chacun a apprécié le caractère discret de son allusion. (=la discretion)

Des mots entre parenthèses, choisissez celui qui convient le mieux pour compléter les phrases.

1) _____ (Le caractère/La caractéristique) non réaliste de cette image a pour but de faire ressortir l'aspect inhospitalier de l'immeuble.

2) Les vacances hors saison, dans les pays qui possèdent _____ (ce double caractère/cette double caractéristique) (température et mer simultanément chaudes), restent des vacances onéreuses.

3) Le paysan tient à la fois du propriétaire et de l'ouvrier. _____ (Le caractère manuel/La caractéristique manuelle) de son travail, l'effort physique l'apparentent à l'ouvrier, mais la propriété l'en distingue radicalement.

4) Une autre moitié du roman est occupée par des histoires secondaires, qui ne lui font pas non plus concurrence en raison de leur dimension restreinte et leur _____ (caractère clos/caractéristique close).

5) Il tente d'identifier _____ (les caractères/les caractéristiques) spécifiques de son écriture.

6) Cette hypocrisie, _____ (le caractère/la caractéristique) de notre temps, a gangrené la galanterie.

7) Le baron, sûr des qualités et de l'état civil du comte Steinbock; la baronne, heureuse de _____ (son caractère/sa caractéristique) et de ses moeurs.

8) Elle avait reconnu _____ (le vrai caractère/la vrae caractéristique) de cette ardente fille, passionnée à vide, et voulait se l'attacher.

9) Notez _____ (les caractères/les caractéristiques) de cet écrivain.

10) Les hommes de _____ (caractère violent/caractéristique violente) périrent les premiers.

11) C'est _____ (un caractère bien connu/une caractéristique bien connue) de notre pays.

12) Il a marqué son nom en _____ (caractères/caractéristiques) ineffaçables dans l'histoire.

13) Cette réunion a _____ (un caractère officiel/une caractéristique officielle).

14) C'était une lettre écrite en _____ (caractères/caractéristiques) d'imprimerie.

15) Il parle sans _____ (caractère/caractéristique).

16) Cependant j'ai écrit un nom sur des arbres, dans la profondeur des bois, le chasseur indien s'enfuira à la vue de ces _____ (caractères gravés/caractéristiques gravées) par un mauvais génie. (CHATEAUBRIAND)

17) Leurs _____ (caractères/caractéristiques) ne peuvent s'accorder.
18) Tous les navires de débarquement spécialement construits à partir de 1942 présentent _____ (le caractère commun/la caractéristique commune) de pouvoir s'échouer perpendiculairement(垂直地) à la plage... (H. LE MASSON)
19) Cette lumière très pure est _____ (le caractère/la caractéristique) de la Touraine.
20) _____ (Le caractère/La caractéristique) de ce véhicule est son moteur rotatif.
21) De la méthode, beaucoup de calme, une grande prudence, une lumineuse intelligence, une conception très nette des tâches qui lui étaient confiées, un souci poussé jusqu'à l'extrême de ne pas intervenir dans le commandement de ses subordonnés, telles étaient _____ (les caractères essentiels/les caractéristiques essentielles) du général Galieni. (JOFFRE)

第20组

causer/entraîner/provoquer

causer 1. v.intr. *S'entretenir familièrement avec quelqu'un.* (交谈，闲谈)

1) Ils ont causé une heure ensemble. (他们谈了一个小时。)
2) Nous causâmes longtemps de cette affaire. (我们谈了很长时间这件事。)
3) Le jeune homme a causé avec son ami. (年轻人和他的朋友聊天。)

2. v.tr. *Être cause de, occasionner.* (引起，惹起，造成)

1) causer du scandale (造成丑闻)
2) Elle m'a causé des ennuis. (她给我造成麻烦。)

entraîner v.tr. 1. *Traîner avec soi, après soi.* (拖，拉，拽，带)

1) Les torrents entraînent ce qui s'oppose à leur passage. (激流卷走一切阻挡物。)
2) Le dégel est venu tout à coup, et la débâcle a entraîné les bateaux.
   (冰突然解冻，水流冲走了船只。)
3) Je le pris par le bras et l'entraînai hors de la chambre.
   (我拽着他的胳膊，把他拖出房间。)

> 2. *Avoir pour effet, pour résultat, pour conséquence nécessaire, inévitable. Cela se dit surtout en parlant des choses fâcheuses.*（招致，引起）

1) Cela peut entraîner de longs retards.（这会导致迟到。）
2) La guerre entraîne bien des maux.（战争带来很多弊端。）

> *s'entraîner* v.pr. *Se préparer une personne à quelque exercice physique ou intellectuel.*（训练）

1) Il s'entraîne à la marche.（他在训练走。）
2) Cet orateur s'est entraîné à la discussion.（这位演说家训练过辩论。）
3) Elles se sont entraînées en vue du match.（她们为参加比赛做训练。）

> *provoquer* v.tr. 1. *Inciter, exciter.*（挑衅，挑战，招惹）

1) provoquer quelqu'un au combat（向某人挑战）
2) On l'avait provoqué à se battre.（人家招惹他打架。）
3) provoquer en duel（挑衅某人要决斗）
4) Cette femme s'entend à provoquer les hommes.（这个女人很会挑逗男人。）

> 2. *Produire, être la cause de qch.*（招致，引起）

provoquer un incendie（引起火灾）

辨析：causer 强调原因，entraîner 强调后果，provoquer 强调"制造祸端"动作本身。

Exercices 练习

Des mots entre parenthèses, choisissez celui qui convient le mieux pour compléter les phrases.

1) Les femmes _____ (causent/entraînent/provoquent) plus d'accidents que les hommes, mais ce sont de petits accrochages.
2) La position géographique et climatique de la France _____ (cause/entraîne/provoque) une préférence de vacances pour les mois de juillet et d'août.
3) —Eh bien, taisez-vous! lui répondit-elle en souriant, ne prêtez pas à rire aux hommes les plus spirituels de Paris, et venez chez moi, nous _____ (causerons/entraînerons/provoquerons).
4) Ce remède _____ (cause/entraîne/provoque) des vomissements.
5) Vos paroles _____ (ont causé/ont entraîné/ont provoqué) la colère de tous.
6) Et, selon les instructions de Valérie, il _____ (causa/entraîna/provoqua) le baron

vers le quai, par la rue Hillerin-Bertin.

7) Elle caressait le fol espoir de faire durer cette vie inconséquente et sans issue, où sa persistance devait _____ (causer/entraîner/provoquer) la perte de celui qu'elle appelait son enfant.

8) Il la frotta sur son vêtement, car leur peau visqueuse _____ (causait/entraînait/provoquait) au toucher une impression rude et molle, un fourmillement gras qui horripilait.

9) J'ai vu plusieurs fois des opérés mourir le troisième ou le quatrième jour après une opération qui avait _____ (causé/entraîné/provoqué) une perte de sang considérable. (A. NELATON)

10) Alors, lui faisant signe de marcher avec précaution, il _____ (l'entraîna/la provoqua) par le bras dans une chambre lointaine.

11) Il l'a frappé, mais il avait été _____ (causé/entraîné/provoqué) par beaucoup d'injures.

12) Mais l'homme de Schahabarim _____ (l'entraîna/la provoqua) plus loin, et ils longèrent la terrasse qui fermait le camp des Barbares.

13) Amélie a été une amie qu'il _____ (avait entraînée/avait provoquée) à boire.

14) Il a eu une colère terrible que ces paroles _____ (avaient causée/avaient entraînée/avaient provoquée).

15) Les jeunes se laissent facilement _____ (causer/entraîner/provoquer) sur une mauvaise voie.

16) La crise économique _____ (cause/entraîne/provoque) une augmentation du chômage.

17) Ses paroles _____ (ont causé/ont entraîné/ont provoqué) des protestations.

18) La guerre _____ (cause/entraîne/provoque) avec elle bien des maux.

19) L'un des deux prisonniers trébucha, lâcha la file, perdit l'équilibre et l'eau le roula comme une solive (小梁), sans qu'il pût reprendre pied. Le courant _____ (le causait/l'entraînait/le provoquait), il était déjà loin. (MILLE)

20) Adeline crut à quelque affreux désastre, à un déshonneur; elle donna ses cartes à Hortense et _____ (causa/entraîna/provoqua) Hector dans ce même petit salon où, cinq heures auparavant, Crevel lui prédisait les plus honteuses agonies de la misère. (BALZAC)

第21组

casser/briser

casser v., intr. et pr. *Briser, rompre.* (打碎,打破)

1) casser un vase (打碎一只花瓶。)
2) se casser une jambe (摔断一条腿)
3) Le verre se casse facilement. (玻璃杯易碎。)
4) La corde a cassé. (绳子断了。)

briser v.tr. *Rompre, mettre en pièces. Briser en mille pièces.* (打碎,打破,粉碎)

1) Le coup lui brisa l'os. (这一击使他的骨头碎了。)
2) Le navire échoua et fut complètement brisé. (船搁浅了,完全毁了。)
3) Le navire se brisa contre les rochers. (船撞在岩石上碎了。)
4) Le verre, la faïence se brisent facilement. (玻璃、瓷瓦很容易碎。)

辨析： casser/briser 的区别在于：

1) casser 比 briser 更常用,而 briser 更文雅,多用于转义,如：À cette pensée mon coeur se brise.
2) casser 多用于固态易碎的物品,而 briser 则更强调物体承受打击后的状态,有时可以通用。

Exercices 练习

Des mots entre parenthèses, choisissez celui qui convient le mieux pour compléter les phrases.

1) Qui _____ (casse/brise) les verres les paie.
2) À l'âge de deux ans, il _____ (s'est cassé/s'est brisé) les deux jambes.
3) Mais je sens que cette corde qui te tire _____ (ne se cassera jamais/ne se brisera jamais).
4) Son coeur _____ (se cassait/se brisait) à l'idée de tourmenter Wenceslas.
5) Les branches _____ (ont cassé/ont brisé) sous l'effet du vent.
6) On ne fait pas d'omelettes sans _____ (casser/briser) des oeufs.

7) La tempête _____ (a cassé/a brisé) des branches.

8) Nous _____ (avons cassé/avons brisé) le blocus économique de l'ennemi.

9) C'est du verre qui _____ (se casse/se brise) facilement.

10) Ce spectacle me _____ (casse/brise) le cœur.

11) Il ensanglanta ses genoux, _____ (cassa/brisa) ses ongles, puis retomba dans les flots et s'en revint.

12) Cet étourdi _____ (s'est cassé/s'est brisé) le nez contre une porte.

13) Tous leurs efforts vinrent _____ (se casser/se briser) contre cet obstacle.

14) La bonhomie qu'il manifestait au milieu de son exaspération d'amant rebuté, de beau garde national humilié, détendit ses fibres montées à _____ (se casser/se briser).

15) Il me _____ (casse/brise) la tête avec ses questions idiotes.

16) La peur lui _____ (cassa/brisa) bras et jambes.

第22组

se charger/s'occuper

se charger de Prendre sur soi la responsabilité de qn ou de qqch.(承担,负担,负责)

1) Il s'est chargé de toutes les démarches.(所有的交涉工作都由他一人负责。)
2) Il se charge de cette vieille dame sans abris.(他负担这位无家可归的老太太。)

s'occuper de Travailler, consacrer son temps à.(关心,照顾,照料)

1) Elle n'a pas le temps de s'occuper de ses enfants.(她没空照顾自己的孩子。)
2) Elle s'occupe de cette vieille dame sans abris.(她照顾这位无家可归的老太太。)

辨析: se charger 强调责任性的一面,而 s'occuper 则强调花费自己的时间来投入到什么事情上,有时通用。

Exercices 练习

Des mots entre parenthèses, choisissez celui qui convient le mieux pour compléter les phrases.

1) Ils _____ (se sont chargés/se sont occupés) de me remplacer.

2) Ne _____ (te charge pas/t'occupe pas) de moi. J'ai deux ou trois coups de fil à

passer sur mon portable.

3) J'ai un petit service à te demander. Est-ce que tu pourras _____ (te charger/t'occuper) des photos?

4) L'affaire dont _____ (se sont chargés/se sont occupés) nos amis a tourné mal.

5) Elle _____ (s'est chargée/s'est occupée) du blessé.

6) Si le baron Hulot _____ (se charga/s'occupa) de sa protégée, il n'oublia pas son protégé. (BALZAC)

7) Un délégué bénévole _____ (est chargé/est occupé) de surveiller l'adolescent, de le conseiller dans son travail et dans ses loisirs.

8) J'écris une lettre à Monique pour la remercier de _____ (s'être chargée/s'être occupée) de Phillipe quand il est allé à Paris pour passer son concours d'entrée de jounalisme.

9) —Tu sais que je vais bientôt lancer un nouveau magasine. J'aimerais que ce soit toi qui _____ (te charges/t'occupes) de la campagne publicitaire.

10) Mais on avait assez que d'épaissir la muraille et de la rendre le plus haut possible sans _____ (se charger/s'occuper) d'eux.

第23组

choisir/sélectionner

choisir v.tr. *Prendre une personne ou une chose de préférence à une autre, à plusieurs autres.*（挑选，选择，选定）

1) Il fut choisi pour chef de l'entreprise.（他被选定做企业的头儿。）
2) choisir des fruits（挑选水果）
3) se choisir une compagne（挑选伴侣）

sélectionner v.tr. *Choisir dans un ensemble les éléments qui répondent le mieux à un critère donné.*（选拔，选优）

1) sélectionner des graines pour la semence（选种）
2) Ils ont sélectionné les meilleurs pour accomplir cette tâche.
（他们选拔出最优秀的人来完成这项任务。）

辨析: 这两个词都有"选择"的含义,但 choisir 主要指在不同的内容中做选择,而 sélectionner 则指在同一种内容中"选拔"出优秀的。

Exercices 练习

Des mots entre parenthèses, choisissez celui qui convient le mieux pour compléter les phrases.

1) L'âge minimum de scolarité obligatoire est-il bien _____ (sélectionné/choisi)?
2) Il faut rendre les enfants capables de _____ (sélectionner/choisir) eux-mêmes leurs propres valeurs.
3) Quand elle _____ (sélectionne/choisit) son produit, elle fait preuve de perspicacité.
4) On leur jeta un paquet d'horribles ferrailles et chacun _____ (sélectionne/choisit) sa torture.
5) Il faut bien _____ (sélectionner/choisir) ses amis.
6) Les joueurs _____ (sélectionnés/choisis) disputeront le match.
7) De deux maux, ou entre deux maux, il faut _____ (sélectionner/choisir) le moindre.
8) Ce sont des vins _____ (sélectionnés/choisis).
9) Les paysans _____ (sélectionnent/choisissent) des graines pour la semence.
10) La beauté des épaules qui sont belles est celle qui s'en va la dernière chez la femme, surtout quand la vie a été pure. Adeline _____ (sélectionne/choisit) avec soin les éléments de sa toilette.
11) Malgré la volonté affirmée d'instituer "une égalité des chances pour tous", _____ (une sélection/un choix) plus ou moins caché(e) s'exerce à tous les niveaux.
12) Après quinze jours, nous avions rédigé deux mille fiches, et _____ (sélectionné/choisi), classé, formé des équipes prêtes à partir, lorsqu'on est venu nous aviser que «l'on» n'accepterait aucun de nos hommes. (GIDE)
13) —Absolument, il faut _____ (sélectionner/choisir) des joueurs pour former l'équipe de France. (BENAC)
14) Je vous donne à _____ (sélectionner/choisir).
15) L'Association des Etudiants de l'Université va _____ (sélectionner/choisir) des joueurs de rugby en vue d'une compition.

第24组

circulation/transport

circulation n.f. 1. *Action de circuler.* (循环,流通)

1) la circulation du sang (血液循环)

2. *Mouvement des véhicules se déplaçant sur les voies de communication; ensemble des vhéhicules qui circulent.* (交通)

1) En raison des travaux, la circulation se fait sur une seule file.
（由于施工,车辆只允许走单车道。）
2) Attention à la circulation! (当心车辆。)

常与之搭配使用的动词：entraver, faciliter, établir, troubler, interrompre, rétablir la circulation等。

常与之搭配使用的形容词：lente, rapide, facile, tumultueuse, intensive等。

transport n.m. *Action de porter d'un lieu à un autre.* (交通运输)

1) moyens de transport (交通运输工具)
2) Le transport des blessés se fait de manière très rapide. (伤员的运送很迅速。)

常与之搭配使用的词：transport aérien, ferroviaire, fluvial, maritime, routier, terrestre; transport par avion, par (chemin de) fer, par eau, par mer, par voie ferrée; transport de blessés, de malades en/par ambulance; transport de fonds, de marchandises, de passagers, de voyageurs; entreprise, société de transport; capacités, conditions, frais, mode de transport; prix du transport; prime, titre de transport等。

辨析： circulation指车流运转；而transport指物资的"运输"。

Exercices 练习

Des mots entre parenthèses, choisissez celui qui convient le mieux pour compléter les phrases.

1) Il ne faut pas gêner _____ (la circulation/le transport) des piétons.
2) _____ (La circulation/Le transport) de ses meubles lui a coûté cher.

3) Ce malade souffre d'une mauvaise _____ (circulation/transport).

4) _____ (La circulation/Le transport) de ces marchandises se fait par bateau.

5) Il faudrait remarquer aussi la disposition des ruelles et passages ménagés çà et là pour assurer le trafic et _____ (la circulations/le transport) de l'air. (MAETERLINCK)

6) Il faut arrêter _____ (la circulation/le transport) d'un écrit dangereux.

7) Les accidents de _____ (la circulation/le transport) ont causé une grosse perte en vie.

8) Les progrès des _____ (circulations/transports) et l'éducation des vacanciers permettent d'étendre le composé mer-soleil à d'autres périodes de l'année.

9) _____ (La circulation/Le transport)s'accroît sur cette ligne de chemin de fer.

10) C'est dans _____ (les circulations directes/les transports directs) à grande distance que le chemin de fer réalise sa supériorité et exerce le maximum de son action géographique. (VIDAL)

11) _____ (La circulation/Le transport) des terres est d'une grande dépense.

12) Ce malade n'est pas en état de supporter _____ (la circulation/le transport).

13) Cet apprenti promit à M. le baron Hulot, tant il était jaloux de se concilier la protection de ce grand personnage, de lui négocier trente mille francs de lettres de change, à quatre-vingt-dix jours, en s'engageant à les renouveler quatre fois et à ne pas les mettre en _____ (circulation/transport).

14) En 1799, le second des frères, André, veuf, et père de Mme Hulot, laissa sa fille aux soins de son frère aîné, Pierre Fischer, qu'une blessure reçue en 1797 avait rendu incapable de servir, et fit quelques entreprises partielles dans _____ (les circulations/les transports) militaires, service qu'il dut à la protection de l'ordonnateur Hulot d'Ervy.

15) Vers le milieu du mois de juillet de l'année 1838, une de ces voitures nouvellement mises en _____ (circulation/transport) sur les places de Paris cheminait, rue de l'Université.

第25组

comme/parce que/puisque/car

comme conj. *Il indique un rapport de cause. Il se met tantôt au commencement, tantôt, avec ellipse du verbe, au milieu de la phrase.* （由于，因为）

1) Comme il a toujours aimé le bien public, jamais il n'a voulu consentir à ce projet.
（由于他总是热爱公共利益，他不会同意这项计划。）

2) Comme ses raisons paraissaient bonnes, on s'y rendit.
（由于理由充分，我们就去了。）

3) Comme il est tard, je dois partir.（天晚了，我该走了。）

4) Ils rejetèrent cette mesure comme trop violente.
（因为这项措施太暴力了，他们放弃了。）

> ***parce que*** Locution conjonctive qui sert à marquer la raison de ce qu'on a dit, le motif de ce qu'on a fait, la cause d'un événement.（因为）

1) Je le veux parce que cela est juste.（我要这样，因为这样公正。）

2) Il est tombé parce que le chemin est glissant.（他摔倒了，因为路滑。）

> ***puisque*** Conjonction servant à marquer une cause, un motif, une raison.（既然，因为）

1) Puisqu'il en est ainsi, je ne conteste plus.（既然是这样，我就不反对了。）

2) Puisque vous êtes là, aidez-moi!（既然您在这儿，那就帮助我吧！）

> ***car*** Conjonction qui sert à marquer que l'on va donner la raison d'une proposition énoncée, ou l'énoncé d'un fait, pour la raison connue de vous, que...（因为）

Je renonce à sortir, car il fait un temps affreux.（我拒绝出去，因为天气很糟糕。）

辨析： 1) comme 引导的从句一般放在前面，parce que 和 car 引导的从句一般放在后面，puisque 引导的从句既可放在前面，也可放在后面。

2) parce que 引导的从句一般是对前面的陈述进行解释，而 car 引导的从句则对前面的陈述进行证实，一般多用于书面语。puisque 引导一个说话双方都无可辩驳的事实。

Exercices 练习

Des mots entre parenthèses, choisissez celui qui convient le mieux pour compléter les phrases.

1) _____ (Comme/Parce que/puisque/Car) la température a considérablement baissé cette nuit, beaucoup de routes sont verglacées.

2) Roger et Suzanne se sont disputés _____ (comme/parce que/puisque) ils n'étaient pas d'accord sur le menu!

3) _____ (Comme/Puisque/Car) les salaires ont diminué de 2%, les ouvriers se sont mis en grèves.

4) _____ (Comme/Parce que/puisque/Car) personne ne veut m'écouter, je me tais!

5) —Et il y est retourné! répondit Crevel, et je l'ai souffert, _____ (comme/parce que/puisque) Valérie voulait être la femme d'un chef de bureau.

6) _____ (Comme/Parce que/puisque/Car) il pleut, restons à la maison.

7) Il ne t'en veut pas, _____ (comme/puisque/car) tu ne l'as pas fait exprès.

8) «Ça boit de l'eau de l'Ourcq aux tuyaux de la ville, _____ (comme/parce que/puisque) l'eau de la Seine est trop chère.»

9) _____ (Comme/Parce que/puisque/Car) le principal invité n'était pas là, nous avons annulé la cérémonie.

10) —Ah çà! dans quel intérêt me déchirez-vous le cœur, _____ (comme/puisque/car) vous avez acheté bien cher le droit d'avoir ce billet pendant quelque temps entre les mains pour le faire lithographier? dit-il en regardant Carabine.

11) J'accepte, _____ (comme/parce que/puisque) nous ne pourrions faire mieux.

12) Je me demande ce qu'elle a, _____ (comme/puisque/car) elle ne m'adresse plus la parole

13) Explique-toi clairement, _____ (comme/puisque/car) je ne comprends rien à ces insinuations

14) Il n'y a pas grand monde sur les pistes de ski, _____ (comme/puisque/car) c'est l'heure du déjeuner.

15) _____ (Car/Parce qu'/Puisqu') on vous en prie, et que rien ne s'y oppose, n'hésitez point à le faire.

16) Nous allons dépenser moins d'électricité, _____ (comme/parce que/puisque) les jours rallongent.

17) _____ (Comme/Parce que/puisque/Car)Élisabeth lui avait laissé les enfants sur les bras pendant deux jours, elle pouvait bien s'en occuper un peu maintenant, toute seule.

18) _____ (Comme/Parce que/puisque/Car) la pluie tombait toujours, ces dames demandèrent des fiacres pour s'en retourner.

19) Vous ne le trouverez pas chez lui, _____ (comme/puisque/car) je viens de le voir dans la rue.

20) Il ne faut pas faire telle chose, _____ (comme/puisque/car) Dieu le défend.

complet/total/entier

complet adj. *À quoi il ne manque aucune des parties nécessaires.*（完全的，全部的，完整的，成套的）

1) oeuvres complètes（全集）
2) définition complète（完整的定义）

total adj. *Qui est complet, entier.*（总和的，完全的）

somme totale（总额）

entier adj. *Qui a toutes ses parties, ou que l'on considère dans toute son étendue.*（整个的，完整的，全部的）

1) un pain entier（一整个面包）
2) un jour entier（一整天）
3) une province entière（全省）
4) l'univers entier（整个宇宙）

辨析： complet 强调一组内容的齐全，包含着复数的概念，而 entier 则强调一个个体的完整性，total 多指数字计算上的累加概念。

Exercices 练习

Des mots entre parenthèses, choisissez celui qui convient le mieux pour compléter les phrases.

1) Un dossier _____ (complet/total/entier) sur la visite présidentielle est en ligne sur le site internet de l'Ambassade.
2) Il m'a écouté avec une _____ (complète/totale/entière) indifférence.
3) Cela fait une semaine que je n'ai pas fait un repas _____ (complet/total/entier). J'ai une de ces faims!
4) Je vous donnerai 20 euros pour la somme _____ (complète/totale/entière).
5) Il m'a donné _____ (complète/totale/entière) satisfaction.

6) Je suis resté une semaine _____ (complète/totale/entière) sans dormir.

7) Il a mangé un poulet _____ (complet/total/entier) à lui seul.

8) La solitude était _____ (complète/totale/entière); le silence était encore plus profond. (DANIEL)

9) C'est la ruine _____ (complet/total/entier) qui l'attend.

10) On ne peut avoir une idée _____ (complète/totale/entière) de la Divinité.

11) La voiture reste à l'abandon _____ (complet/total/entier).

12) _____ (La complète/La totale/L'entière) confiance qu'on avait en cette banque a causé la ruine de bien des gens.

13) Le spectacle s'est joué devant moins de 50 spectateurs. C'était un échec _____ (complet/total/entier).

14) J'ai _____ (complète/totale/entière) confiance en vous.

15) Il nous a laissé une _____ (complète/totale/entière) liberté.

16) les Anciens trouvèrent habile d'avoir ainsi fondu dans une même vengeance le peuple _____ (complet/total/entier).

17) Nous vous avons attendu une heure _____ (complète/totale/entière).

18) L'autobus est _____ (complet/total/entier).

19) Jamais il ne put oublier ce qu'il lut à ce moment-là dans ce regard: une si _____ (complète/ totale/entière) indifférence pour tout encouragement, une telle détresse dans une telle solitude. (MARTIN DU G.)

20) Appelle, si tu veux, ton père et son armée, les Anciens, les Riches et ton exécrable peuple, tout _____ (complet/total/entier).

第27组

compliqué/complexe

compliqué adj. *Composé d'un grand nombre d'éléments. Difficile à comprendre.* (复杂的)

1) un problème compliqué (复杂的问题)
2) une machine compliquée (复杂的机器)

complexe adj. *Qui n'est pas simple, qui embrasse des éléments divers et entremêlés.* (错综复杂的)

1) idée complexe (复杂的思想)

2) question complexe（复杂的问题）

3) L'action de cette tragédie est complexe.（这场悲剧情节错综复杂。）

辨析： complexe 多用于书面语，用来修饰抽象事物，有时可以通用。

Exercices 练习

Des mots entre parenthèses, choisissez celui qui convient le mieux pour compléter les phrases.

1) Il m'a raconté une histoire très _____ (compliquée/complexe) à laquelle je n'ai rien compris.

2) Expliquer les origines d'une guerre est toujours une affaire _____ (compliquée/complexe) car plusieurs facteurs entrent en jeu.

3) Le sujet de ce roman est très _____ (compliqué/complexe).

4) On fit du robot un délégué. Son travail est _____ (compliqué/complexe), mais bien défini.

5) Les élèves sont de plus en plus bombardés de notions parachutées et _____ (compliquées/complexes).

6) Quand elle discute le prix d'un produit, elle n'a pas de _____ (compliqués/complexe).

7) La nature, discrètement sollicitée par l'agriculture traditionnelle, avait mis au point des systèmes d'équilibre et d'autorégulation (自我调节) très _____ (compliqués/complexes) et donc peu vulnérables (不完善的).

8) La matière narrative (叙述的) met en scène près de quatre cents personnages, dans une intrigue _____ (compliqué/complexe) organisée par l'alternance (交替) d'une histoire principale (histoire cadre) et d'histoires secondaires (histoires intercalées), régulièrement réparties au fil des dix tomes.

9) Or, certaines rencontres, certaines choses entr'aperçues, devinées, certains chagrins secrets, certaines perfidies du sort, qui remuent en nous tout un monde douloureux de pensées, qui entr'ouvrent devant nous brusquement la porte mystérieuse des souffrances morales, _____ (compliquées/complexes), incurables, d'autant plus profondes qu'elles semblent bénignes. (MAUPASSANT)

10) La main droite étendue, il lisait à une autre place de son bras d'autres lignes plus _____ (compliquées/complexes).

11) Le journaliste doit pouvoir, dans la presse scientifique et technique notamment, traiter de sujets _____ (compliqués/complexes) et les expliquer avec plus de clarté.

12) L'action de ce poème est trop _____ (compliquée/complexe).

13) «Voyons, dites-moi donc maintenant pourquoi vous avez inventé toute cette ruse longue et _____ (compliquée/complexe) du voyage et de l'enfant.» (MAUPASSANT)

14) Mais le jeune homme, qui l'adorait toujours, pensait en s'en retournant: «Les femmes sont vraiment bien bizarres, _____ (compliquées/complexes) et inexplicables.» (MAUPASSANT)

15) C'était un autre lien de la chair s'établissant et comme le sentiment continu d'une union plus _____ (compliquée/complexe). (FLAUBERT)

第28组

comparable/comparatif/comparé

comparable adj. Qui peut être comparé avec quelqu'un ou avec quelque chose.（可比较的，可比拟的，差不多的）

1) C'est un homme comparable aux plus grands hommes de l'Antiquité.
（这是一个与历史上最伟大的人物相媲美的人。）
2) Ces deux chaînes stéréo présentent des caracéristiques tout à fait comparables.
（这两台音响的特点完全相似。）

comparatif adj. Qui sert à comparer, qui met en comparaison.（比较的，对照的）

1) tableau comparatif des forces militaires de deux États（两个国家军事力量的对照表）
2) état comparatif（对照状态）

comparé adj. Qui est fondé sur la comparaison.（比较的）

1) la littérature comparée（比较文学）
2) grammaire comparée des langues asiatiques（亚洲语言比较语法）

辨析：comparable 指一个人或一个事物可与某人、某物进行比较的，并与之相差不多；comparatif 指用来做比较、比照的；comparé 则表被动关系，是"被比较"的。

Exercices 练习

Des mots entre parenthèses, choisissez celui qui convient le mieux pour compléter les phrases.

1) La linguistique _____ (comparable/comparative/comparée) est une science qui étudie les rapports existant entre plusieurs langues.
2) Y a-t-il rien de _____ (comparable/comparatif/comparé) à cela?
3) Des talents si divers ne sont pas _____ (comparables/comparatifs/comparés).
4) L'étude _____ (comparable/comparative/comparée) des régions peut fournir des renseignements importants à l'État.
5) L'anatomie comparée est l'étude _____ (comparable/comparative/comparée) des organes des différentes espèces animales.
6) La révolution actuelle est _____ (comparable/comparative/comparée), dans son essence, à la révolution de la Renaissance et de la Réforme au début du XVIe siècle.
7) La France est _____ (comparable/comparative/comparée) à un grand jardin.
8) Ces deux pays ne sont pas _____ (comparables/comparatifs/comparés) du point de vue de l'étendue.
9) Pascal fait des recherches sur la littérature _____ (comparable/comparative/comparée).
10) Il utilise la méthode _____ (comparable/comparative/comparée) pour étudier ce phénomène.
11) Certains experts affirment qu'une inversion thermale prolongée pourrait déclencher un brouillard meurtrier _____ (comparable/comparatif/comparé) à celui qui avait fait 4000 victimes à Londres en 1952.
12) Une nouvelle discipline universitaire est apparue: la littérature _____ (comparable/comparative/comparée).
13) Si l'on classait par taille les grains d'un échantillon de poussière, on obtiendrait une gamme _____ (comparable/comparative/comparée) à celle allant du petit caillou au gros rocher.
14) —Une seule bactérie (细菌) atterrissant sur un circuit est _____ (comparable/comparative/comparée) à un tronc d'arbre qui s'abattrait en travers d'une route, dit Andrew Grove, président-directeur général d'Intel Corporation.
15) Ma solitude avait été comme un paradis, _____ (comparable/comparative/comparée) au contact de la meule(石磨) sous laquelle son âme fut sans cesse meurtrie, jusqu'au jour où sa véritable mère, sa bonne tante l'avait sauvée en l'arrachant à ce supplice dont elle me raconta les renaissantes douleurs. (BALZAC)

第29组

concurrence/rivalité

> ***concurrence*** n.f. *Compétition de plusieurs personnes qui recherchent un même objet, une même chose. Il s'utilise particulièrement, en termes de commerce.*
> （竞争，竞赛）

1) entrer en concurrence avec quelqu'un（与某人竞争）
2) redouter la concurrence（害怕竞争）
3) soutenir la concurrence（支持竞争）

常与之搭配使用的动词：soutenir, subir, lutter contre, se défendre contre, défier, braver, battre, enfoncer, craindre la concurrence, se débarrasser de 等。

常用的修饰形容词：internationale; une concurrence très vive; loyale, déloyale, illicite, terrible, ennuyeuse, gênante, victorieuse, puissante, impuissante, latente, potentielle, virtuelle, monopolistique, pure et parfaite, impure et imparfaite 等。

> ***rivalité*** n.f. 1. *Situation de deux ou plusieurs personnes qui prétendent aux mêmes avantages et s'opposent pour les obtenir, synon. compétition, concurrence.*
> （竞争，争夺）

1) entrer en rivalité（展开竞争）
2) rivalité commerciale, industrielle, politique（商业、工业、政治竞争）

> 2. *En partic., dans le domaine amoureux.*

1) Cette femme a suscité une rivalité amoureuse entre les deux frères.
   （这个女人引起了两兄弟间的情争。）
2) Depuis qu'il était présent, il y avait entre elles une certaine rivalité secrète.
   （自从他出现，她们之间就有了一种隐秘的竞争关系。）

常与之搭配使用的动词：entrer en, entretenir de vieilles rivalités 等。
常用的修饰形容词：commerciale, industrielle, politique, acharnée, ancienne, mesquine, secrète, sournoise, absurde 等。

辨析：concurrence 主要强调工业、商业方面利益导致的竞争，而 rivalité 更强调争夺和冲突。

Des mots entre parenthèses, choisissez celui qui convient le mieux pour compléter les phrases.

1) Les petits commerçants ont beaucoup souffert de _____ (la concurrence/la rivalité) que leur font les grandes surfaces.

2) Ils étaient amoureux de la même femme, mais leur amitié n'a jamais souffert de cette _____ (concurrence/rivalité) amoureuse.

3) Le prix de nos produits défie toute _____ (concurrence/rivalité).

4) La _____ (concurrence/rivalité) entre les grandes puissances n'a pas permis la signature des accords.

5) La littérature se voit aujourd'hui en _____ (concurrence/rivalité) avec les sciences humaines (histoire, sociologie, psychologie...) qui semblent lui être supérieures dans l'analyse du réel.

6) Bill Gates plaide la bonne foi, la _____ (concurrence/rivalité) loyale, explique que «personne n'est obligé d'acheter un PC».

7) Comme une _____ (concurrence/rivalité) subsistait entre le percepteur et le colonel, l'un et l'autre, pour montrer leurs talents, faisaient à part manoeuvrer leurs hommes. (FLAUBERT)

8) Il se planta avec le monsieur blond devant le théâtre même, échangeant tous deux un regard d'humilité fraternelle, allumé d'un restant de défiance sur une _____ (concurrence/rivalité) possible. (ZOLA)

9) Il allait s'établir une _____ (concurrence/rivalité) pour le service de Tours à Chinon, entreprise par un homme actif, par un messager, cousin de Manette, qui voulait avoir une grande ferme sur la route. (BALZAC)

10) Le vieux poète lui prit le bras. N'ayant plus à redouter de _____ (concurrence/rivalité) dans le journal, leur collaboration étant essentiellement différente, il témoignait maintenant au jeune homme une bienveillance d'aïeul. (MAUPASSANT)

11) Je ne crois pas que Christel puisse rendre un homme heureux. Mais je ne veux pas vous en dégoûter, mon cher Gérard. Son aimable scrupule m'a charmé. Me suis-je trompé? J'ai vu dans cette hostilité autre chose qu'une _____ (concurrence/rivalité) banale entre femmes. (GRACQ)

12) Depuis qu'il était présent, il y avait entre elles une certaine _____ (concurrence/rivalité) secrète, sourde, qu'elles s'avouaient à peine à elles-mêmes, et qui n'en éclatait pas moins à chaque instant dans leurs gestes et leurs propos. (HUGO)

13) Il essayait de raconter, sur les _____ (concurrences/rivalités) secrètes de l'Institut Pasteur et de l'Institut National de Biologie, une histoire farcie d'anecdotes. (DUHAMEL)

第30组

connaître/reconnaître/savoir

connaître v.tr. *Avoir une idée plus ou moins juste, savoir de façons plus ou moins précise.*（认识，知道）

1) Je connais Monsieur Duval depuis 10 ans.（我认识杜瓦先生十年了。）
2) une comédie qui a connu un grand succès (syn.: RENCONTRER)
   （一出获得巨大成功的喜剧。）
3) Cette personne a connu un sort misérable. (syn.: SUBIR)
   （这个人经历了悲惨的命运。）

reconnaître v.tr. *Juger, déterminer comme déjà connu. identifier en fonction d'un caractère connu.*（认出，辨认出）

1) Je vous ai reconnu dès le premier coup d'oeil.（我第一眼就认出您了。）
2) Je l'ai reconnu à sa voix.（我听到他的嗓音就认出是他。）

savoir v.tr. 1. *Savoir quelque chose, le connaître complètement.*（知道，完全了解）

1) Il sait tout ce qui se passe autour de lui.（他对周围发生的事情了如指掌。）
2) On savait d'avance qu'il réussirait dans son entreprise.
   （大家预先就知道他的行动会成功的。）
3) Il ne sait pas qui lui a raconté cette histoire.（他不知道谁给他讲的这个故事。）

2. *Avoir une chose dans sa mémoire, de manière à pouvoir la réciter, la répéter, savoir une science, un art, savoir (et l' infin.), posséder une science, un art, être capable d'une activité dont on a acquis la pratique par l'exercice, l'habitude.*（记住，会）

1) savoir sa leçon（学会了功课）
2)) Il savait son discours par cœur.（他背诵了讲话内容。）
3) savoir le grec（懂希腊语）
4) Cet homme croit tout savoir, en réalité il sait peu de chose.
   （这个人自认为什么都懂，而实际上他什么也不会。）
5) savoir jouer au tennis（会打网球）

> 3. *Savoir (et l'infin.), avoir le talent, la force, le pouvoir, l'adresse, l'habileté de faire une chose.* (有能力做,懂得如何做)

1) C'est un homme qui sait plaire. (这个人懂得如何取悦人。)
2) Je crois que je ne saurai pas faire ce que vous me demandez.
   (我想我没有能力做您要求我做的。)
3) Je saurai le faire obéir. (我能让他听话的。)
4) Il saura se défendre. (他知道如何保护自己。)

辨析: 在表示"认识"某人时,connaître指"认识"某人;reconnaître指"认出"某人;savoir指"知道"某人。

Exercices 练习

Des mots entre parenthèses, choisissez celui qui convient le mieux pour compléter les phrases.

1) Je n'ai jamais _____ (connu/su/reconnu) de maître moins autoritaire et mieux obéi.
2) Je ne _____ (connais/sais/reconnais) pas si la porte du parc est fermée à clef.
3) Une étudiante qui vient de passer ses examens téléphone au secrétariat pour _____ (connaître/savoir/reconnaître) ses notes.
4) En se penchant, elle _____ (connut/sut/reconnut) l'homme de Schahabarim avec ses chevaux accouplés.
5) Il _____ (connut/sut/reconnut): c'était bien sa tente.
6) Autharite _____ (connut/sut/reconnut) à son bras gauche un bouclier en forme de trèfle.
7) Elle ne résista pas au désir de _____ (connaître/savoir/reconnaître) ce qu'il devenait.
8) Etait-ce une perfidie ou une sottise? Nul jamais ne put le _____ (connaître/savoir/reconnaître).
9) L'industrie des ordinateurs a _____ (connu/su/reconnu) depuis sa naissance, il y a une vingtaine d'années, un taux de développememt très important.
10) Ses blessures étaient profondes, et ils avaient près de 5 kilomètres à parcourir. Mais elle _____ (connaissait/savait/reconnaissait) son courage et sa détermination.
11) La jeune fille ne _____ (connaissait/savait/reconnaissait) pas grand-chose, mais paraissait avoir tant de bonne volonté et si peu d'exigences que Madame Aubain finit par dire: «Soit, je vous accepte!»

12) Le théâtre n'a pas _____ (connu/su/reconnu) de notable évolution depuis l'explosion de l'Absurde.

13) On est censé sanctionner les pollueurs, mais il faut _____ (connaître/savoir/reconnaître) que c'est là un moyen de dissuasion(劝阻，威慑) peu efficace dans les pays à économie d'Etat.

14) Mais Rhonda et Dale, qui habitaient tout près, dans le village de Whitefish, _____ (connaissaient/savaient/reconnaissaient) qu'il y avait des ours noirs américains dans le parc, et étaient toujours parfaitement sur leurs gardes.

15) On _____ (connaissait/savait/reconnaissait) qu'ils n'étaient plus que treize cents à peine, et l'on n'eut pas besoin, pour en finir, d'employer des soldats.

16) Il _____ (connaît/sait) tout ce qui se passe autour de lui.

17) _____ (Connaissez/Savez)-vous le chemin pour le centre culturel?

18) Il vous faut _____ (connaître/savoir/reconnaître) apprendre.

19) _____ (Connaissez/Savez)-vous à quelle date aura lieu la rentrée des classes?

20) Il ne _____ (connaît/sait) pas quand il partira, ni à quel endroit il ira pendant ses vacances.

第31组

nécessaire/indispensable

nécessaire adj. *Dont on ne peut se passer, dont on a absolument besoin pour quelque fin.*（必要的，不可缺少的）

1) La respiration est nécessaire à la vie.（呼吸对于生命是不可缺少的。）
2) avoir les choses nécessaires pour vivre（拥有生活必须的东西）
3) se servir des moyens nécessaires pour réussir dans son entreprise（使用必要的手段以使行动成功）
4) Il n'est pas nécessaire d'entrer dans ces détails.（没必要进入细节。）

indispensable adj. *Dont on ne peut se dispenser. Qui est très nécessaire, dont on ne peut se passer.*（必备的，不可缺少的）

1) une obligation indispensable（一个必须完成的义务）
2) Ces objets me sont indispensables.（这些东西都是必不可少的。）
3) Il faut que vous veniez, cela est indispensable.（您必须到，这是不可缺少的。）

辨析： 两词常可通用，但略有差异。nécessaire 强调"需要和必要"词义；而 indispensable 更强调"必备的"词义，如：Et ceux qui étufient des langues étrangères arriveraient difficilement à s'acquitter de leur tâche de traduction sans des connaissances indispensables des sciences humaines ou naturelles. 此句中就不宜用 nécessaire 来取代 indispensable。

Exercices 练习

Des mots entre parenthèses, choisissez celui qui convient pour compléter les phrases.

1) Cette encyclopédie en couleurs est absolument _____ (nécessaire/indispensable) pour vos enfants.

2) —Je vais demander à mes parents dese porter caution.
   —Ce n'est pas _____ (nécessaire/indispensable).

3) Il n'y a rien de plus humain en réalité que les militaires, si rudes en apparence, et à qui l'habitude de la guerre communique cet absolu glacial, si _____ (nécessaire/indispensable) sur les champs de bataille.

4) Un voyage était _____ (nécessaire/indispensable): M. de La Mole y consentit avec peine.

5) Elle était loin d'avoir le sang-froid _____ (nécessaire/indispensable) pour chercher à deviner dans ses yeux ce qu'il sentait pour elle en cet instant.

6) Ce matin, je l'avais, ce courage. Au reste, qu'importe! pourvu qu'il me revienne au moment _____ (nécessaire/indispensable).

7) Pour travailler dignement à la vigne du Seigneur, et n'être pas tout à fait indigne de tant de savants collaborateurs, il fallait l'instruction; il fallait passer au séminaire de Besançon deux années bien dispendieuses; il devenait donc _____ (nécessaire/indispensable) de faire des économies, ce qui était bien plus facile sur un traitement de huit cents francs payés par quartier, qu'avec six cents francs qu'on mangeait de mois en mois.

8) Vous m'êtes agréable, utile, mais vous ne m'êtes pas _____ (nécessaire/indispensable); et, si demain vous m'abandonniez, j'aurais trois ducs pour un...

9) Elle eut bientôt la douleur de se prouver à elle-même, tout en écoutant son mari, qu'une séparation au moins momentanée était devenue _____ (nécessaire/indispensable).

10) Avait-elle l'air un peu souffrant, même les jours où la sagesse faisait entendre sa voix terrible, il ne se trouvait plus le courage de lui adresser un de ces mots cruels si _____ (nécessaires/indispensables), selon son expérience, à la durée de leur amour.

第32组

conseiller/proposer

conseiller v.tr. conseiller qch/qn àqn, conseiller à qn de f. qch, conseiller que+ subj.

1. *Indiquer à quelqu'un ce qu'il doit faire ou ne pas faire.*（劝告，建议）向某人指出应该或不应该做什么。

1) Je vous conseille un bon séjour en montagne.
（我劝您进山里住些日子。）
2) Je vous le conseille en ami.（我作为朋友劝您这样做。）
3) Il nous conseille de partir tôt.（他建议我们早走。）

2. *Il signifie aussi renseigner quelqu'un sur ce qu'il doit faire.*（指导，指点）

1) Il conseille son frère dans ses études.（他指导他弟弟的学习。）
2) Elle veut conseiller tout le monde.（她想指点所有的人。）

proposer v.tr. proposer qch à qn; proposer à qn de f. qch; proposer que+subj.

1. *Mettre quelque chose en avant, de vive voix ou par écrit, pour qu'on l'examine, pour qu'on en délibère*（向某人提出，提议，建议）

1) proposer un plan（提出一项计划）
2) proposer une loi（提出一项法案）

2. *Proposer signifie aussi offrir; et il se dit en parlant des personnes et des choses.*（提议）

1) On lui a proposé cent mille euros pour sa maison.
（他的房子人们给价十万欧元。）
2) Il m'a proposé de faire ce voyage avec lui.（他提出要我与他一起旅行。）
3) On a proposé un prix pour celui qui résoudrait ce problème.
（有人提议，谁能解决这个问题就给他一笔奖金。）

> 3. *Proposer une personne pour un emploi, pour une dignité, Indiquer une personne comme capable de remplir cet emploi, comme méritant cette dignité.*（推荐）

1) On proposa plusieurs personnes pour ce poste. （就这个位子人们推荐了好几个人。）
2) On vient de le proposer pour une compétition. （有人刚刚推荐他参加比赛。）

> *se proposer* *Signifie se mettre en avant, se présenter pour.*（自荐要……）

Plusieurs candidats se sont proposés pour cet emploi. （有好几个人要谋这份工作。）

> *se proposer* **de faire quelque chose** *Avoir dessein, former le dessein de faire quelque chose.*（自荐要做某事）

1) Il se propose de partir dans peu de jours. （他自己提出要几天后就出发。）
2) Il se propose de vivre désormais dans la retraite. （他自己提出要从此退休。）

> *se proposer* **une fin, un but, un objet** *S'assigner à soi-même cette fin, ce but, cet objet.*（向自己提出，向自己规定，打算，企图）

1) Il se propose une tâche plus utile. （他打算完成一项有意义的工作。）
2) Ce n'est pas là le seul objet que je me propose. （这可不是我打算要的唯一的东西。）

辨析： conseiller一词所含的"建议"常指说话人以一种居高临下的口吻向某人提出劝告，指出应该或不应该做什么，如：Je vous conseille de rester au lit. proposer更着重于向某人提出自己的意见供听话人参考，如：Je vous propose un séjour à Qingdao.

Exercices 练习

Des mots entre parenthèses, choisissez celui qui convient le mieux pour compléter les phrases.

1) Il lui a _____ (conseillé/proposé) sa fille en mariage.
2) Duroy répondit: —Je l'ai laissée au chemin de fer, ne sachant pas dans quel hôtel vous me _____ (conseilleriez/proposeriez) de descendre pour être près de vous. (MAUPASSANT)
3) Selon Proust, la littérature exerce une véritable fonction de communication en _____ (conseillant/proposant) aux lecteurs d'autres façons de voir le monde et en les aidant eux-mêmes à mieux déchiffrer leur propre vie.
4) La culture moderne est de plus en plus cosmopolite et les manuels de littérature les plus

récents _____ (conseillent/proposent) des extraits d'oeuvres étrangères.

5) Nous nous étions _____ (conseillés/proposés), Nick et moi-même, de marcher depuis le fond de la Vallée de la Mort jusqu'au point culminant des Etats-Unis, le sommet du mont Whitney (4418 mètres), à quelque 150 kilomètres à l'ouest.

6) Une formidable course est ici engagée entre les grandes firmes internationales, mais il faut bien avouer que jusqu'à maintenant les matières _____ (conseillées/proposées) ne sont pas crédibles.

7) Il affirma au solliciteur (求职者) que son affaire était en bonne voie et il lui _____ (conseilla/proposa) de continuer ses remarquables travaux. (MAUPASSANT)

8) Il m'a _____ (conseillé/proposé) des conditions avantageuses et attirantes.

9) —Il va mourir. Le docteur _____ (conseille/propose) d'envoyer chercher un prêtre. (MAUPASSANT)

10) Mme Forestier _____ (conseilla/proposa) à Duroy de faire un tour dans le jardin, et ils se mirent à marcher doucement autour du petit gazon (草坪) en respirant avec délices l'air tiède plein de l'odeur des sapins et des eucalyptus (桉树). (MAUPASSANT)

11) Il _____ (se conseille/se propose) à lui-même des difficultés pour avoir le plaisir de les résoudre.

12) L'homme _____ (conseille/propose) et Dieu dispose(=Les hommes peuvent seulement former des desseins, il n'en arrive que ce qui plaît à Dieu.)

13) Il a été très mal _____ (conseillé/proposé).

第33组

construire/fonder/créer/établir

construire v.tr. *Bâtir, élever, avec de la pierre, du bois, du métal, etc., d'après un plan déterminé.* （建造）

1) construire une maison（建一幢房子）
2) construire un pont（建造一座桥梁）
3) construire un vaisseau（制造一艘战船）
4) construire une machine（制造一台机器）

fonder v.tr. 1. *Asseoir un bâtiment, un édifice sur des fondements. être le premier à bâtir.*（创建,缔造）

1) fonder une maison sur le sable（把房屋建在流沙上）
2) fonder une ville（建立一座城市）
3) fonder un hôpital（建一座医院）

> **2.** *Il signifie encore figurément prendre quelque chose comme preuve ou quelqu'un comme appui ou garant de ce que l'on dit, de ce que l'on pense, de ce que l'on croit.*（使建立在……之上，以……为基础）

1) Cela est fondé en raison.（这是建立在理性基础之上的。）
2) Sur quoi fondez-vous une telle supposition?
   （这样的推理是建立在什么基础上的呢?）

> **créer**　v.tr. **1.** *Tirer du néant, donner l'être faire de rien quelque chose.*（创建,创造）

1) Dieu a créé le ciel et la terre.（上帝创造了天和地。）
2) Dieu créa l'homme à son image.（上帝按照自己的想法创造了人。）

> **2.** *Par extension, il signifie Donner l'existence à quelque chose qui n'existait pas encore.*（创作）

1) Homère a créé l'épopée.（荷马创作了史诗。）
2) se créer des besoins（创造需要）

> **3.** *Il signifie encore simplement Fonder, Instituer, élire.*（创立,创办,开办）

1) créer un établissement（创办一个单位）
2) créer des emplois（创造就业岗位）

> **établir**　v.tr. *Asseoir et fixer une chose en quelque endroit, l'y rendre stable.*（安排,安置,设立,创立）

1) Ce mur est bien établi sur le roc.（这面墙建立在岩石上。）
2) Cette table n'a pas été bien établie sur ses pieds.（这张桌子的腿不稳固。）
3) un empire qui s'établit（一个帝国的建立）
4) établir des communications（建立通讯联系）
5) Ce marchand avait établi sa boutique ici.（这位商人把他的店铺设在这里。）

辨析： construire一般指具体的"土木建造"和抽象意义的"建设"，如：construire le socialisme；fonder指广义的"建造"，如：fonder une ville；créer强调从无到有的"创建"；établir强调"设立和安排"。

Exercices 练习

Des mots entre parenthèses, choisissez celui qui convient le mieux pour compléter les phrases.

1) Il cherchait à inventer des machines épouvantables et comme jamais on n'en avait _____ (construit/fondé/créé/établi).

2) Ce sont des craintes mal _____ (construites/fondées/créées/établies).

3) La terrasse était maintenant si chargée de cadavres qu'on l'aurait crue _____ (construite/fondée/créée/établie) avec des corps humains.

4) Une correspondance régulière _____ (se construit/se fonde/se crée/s'établit) entre eux.

5) Cela est _____ (construit/fondé/créé/établi) avec de bons matériaux.

6) Cette pièce de théâtre est mal _____ (construite/fondée/créée/établie).

7) Un phénomène particulièrement remarquable des années 70 est l'apparition d'une écriture féminine: ces ouvrages écrits par des femmes, plus ou moins liées au courants féministes, parlent de la condition particulière de la femme, de son corps, de ses expériences spécifiques, de son univers mental, et tentent de _____ (construire/fonder/créer/établir) une écriture nouvelle, proprement féminine (Annie Lecler).

8) Après la liquidation (清除), en 1922, de Dada, jugé trop négatif, le mouvement est officiellement _____ (construit/fondé/créé/établi) avec la publication du *Manifeste du Surréalisme* (1924).

9) Le travail du poète, conçu comme l'attente patiente de la maturation, a pour but de _____ (construire/fonder/créer/établir) chez le lecteur un état poétique caractérisé par le fait que la forme musicale du langage s'impose, est inséparable du sens.

10) Au lendemain de la libération se manifeste un souci de démocratisation et de décentralisation du théâtre: des centres dramatiques sont _____ (construits/fondés/créés/établis) en province, des festivals d'art dramatique voient le jour.

11) —Chaque jour, nos 320 camions collectent 3 500 tonnes d'ordures, et la masse des déchets augmente de 2 % d'une année à l'autre. Comme il est pratiquement impossible d'ouvrir une décharge ou de _____ (construire/fonder/créer/établir) une usine, on ne saura bientôt plus ou mettre le surplus.

12) Proust ne montre pas des destinées en train de _____ (se construire/se fonder/se créer/s'établir) dans le temps, et les événements, dans son livre, n'ont pas de valeur en soi.

13) Voilà ce sur quoi il _____ (construit/fonde/crée/établit) son opinion.

第34组

content/satisfait/heureux/joyeux/satisfaisant

content adj. *Qui a l'esprit satisfait. Ne rien désirer de plus ou de mieux.*（高兴的，满意的，满足的）

1) On ne l'avait jamais vue si contente. （从来没有见她那样高兴。）
2) avoir l'air content （看上去很高兴）
3) Ce père est très content de son fils. （这位父亲对自己的儿子很满意。）
4) Il est content de peu de chose. （他很容易满足。）

satisfait *Participe, il s'emploie quelquefois comme adjectif; et alors il signifie, content.* （满足的，满意的）

1) Il est fort satisfait de ses élèves. （他对学生们很满意。）
2) Il est satisfait de son sort. （他对自己的命运很知足。）

heureux adj. *Qui jouit du bonheur, qui possède ce qui peut le rendre content.* （幸福的，满意的，高兴的）

1) Tous les hommes veulent être heureux. （所有的人都需要幸福。）
2) Il rend sa femme très heureuse. （他使自己的妻子很幸福。）
3) Vous devez être bien heureux d'avoir de tels enfants.
   （您拥有这样的孩子应该很高兴。）

joyeux adj. *Qui a de la joie, qui est rempli de joie.* （愉快的，喜悦的，高兴的，快乐的）

1) un homme joyeux （一个快乐的人）
2) Je suis tout joyeux de vous voir. （我见到你很高兴。）
3) Vous le rendrez joyeux. （您会使他很愉快。）

satisfaisant adj. *Qui contente, qui satisfait.* （使满足的，使满意的）

1) Ce discours n'est guère satisfaisant. （这个讲话不能令人满意。）
2) des raisons satisfaisantes （令人满意的理由）

辨析： 1) 在本组词中，heureux 词义最强，多指自己的愿望完全得到满足后的幸福感；content 词义弱之，多指自己的某种愿望得到满足，不再有更多的奢望，其使用最多，也最广泛；而 satisfait 则多指在某一个具体的事情上得到满足；joyeux 则常表示一种心情外在的流露；satisfaisant 表示"使人满足，让人满意"。

2) 在一般的客套话中，content/heureux/joyeux 三词通用，如：Je suis heureux (content, joyeux) de vous connaître.

3) 在表示对某人或某事"满意"时，content 和 satisfait 可以通用，如：Je suis content (satisfait) de votre travail.

Exercices 练习

Des mots entre parenthèses, choisissez celui qui convient le mieux pour compléter les phrases.

1) —J'ai réussi à t'obtenir deux places pour le concert de Souchon.
   —Merci. C'est super! Tu ne sais pas comme je suis _____ (contente/heureuse/satisfaisante)! Je ne l'ai encore jamais vu en concert.

2) Ils ont mené une vie _____ (contente/heureuse/satisfaite), sans soucis d'argent, entourés de l'affection de leurs enfants.

3) _____ (Content/Satisfait/Joyeux/Satisfaisant) anniversaire, maman!

4) Il n'y a que la vertu qui puisse rendre un homme _____ (content/satisfait/heureux/joyeux/satisfaisant).

5) Il est arrivé avec un _____ (content/satisfait/heureux/joyeux/satisfaisant) sourire!

6) Le professeur de maths lui reproche de ne pas parler suffisamment en classe, mais il estime que les résultats à l'écrit sont _____ (contents/satisfaits/heureux/joyeux/satisfaisants).

7) M. Bourais l'éclaira sur le choix d'un collège. Celui de Caen passait pour le meilleur. Paul y fut envoyé; et fit bravement ses adieux, _____ (satisfait/satisfaisant) d'aller vivre dans une maison où il aurait des camarades.

8) Tout leur promettait un _____ (content/satisfait/heureux/joyeux/satisfaisant) avenir.

9) Cette famille n'est pas _____ (contente/satisfaite/heureuse/joyeuse/satisfaisante).

10) Est _____ (content/satisfait/heureux/joyeux/satisfaisant) qui croit l'être.

11) Ils travaillaient à rendre les hommes meilleurs et plus _____ (contents/satisfaits/heureux/joyeux/satisfaisants).

12) Ils étaient _____ (joyeux/satisfaisants) de se retrouver, comme autrefois, marchant tous ensemble dans la pleine campagne.

13) Depuis trop longtemps, la Rabbet le torturait; et, par désespoir, ou peut-être à défaut

d'un dieu _____ (content/satisfait/heureux/joyeux/satisfaisant) complètement sa pensée, il se déterminait enfin pour celui-là.

14) Il n'est pas _____ (content/satisfait/heureux/joyeux/satisfaisant) de votre attitude.

第35组

correct/exact/juste/précis

correct adj. 1. *Où il n'y a point de fautes. Il se dit surtout de l'expression et du langage.*（正确的）多指遣词造句方面的正确无误

1) Cette phrase est correcte.（这个句子是正确的。）
2) écrire d'une manière correcte（以正确的方式书写）

2. *Il signifie figurément qui est conforme aux règles de la morale, aux usages du monde.*（符合道德规范的）

1) une conduite correcte（得体的行为表现）
2) tenue correcte（端庄得体的衣着）
3) un homme correct（守信用的人）

exact adj. 1. *Qui fait en temps voulu ce qu'il doit faire, qui est ponctuel.*（准时的，守时的）

1) Il est toujours exact aux rendez-vous.（他总是准时赴约。）
2) Il est exact à payer aux échéances.（他准时还债。）
3) Il arrivera à l'heure exacte.（他将准点到达。）

2. *Il signifie aussi qui est conforme à la réalité, qui est précis.*（准确的，贴切的，确切的）

1) Dites-moi l'heure exacte.（告诉我确切的时间。）
2) Ce qu'il vous dit est exact.（他对您说的都是真的。）
3) J'ai vérifié cette multiplication, elle est exacte.（我复核了这个乘积，它是准确的。）

3. *Il signifie spécialement qui est conforme à ce qui doit se faire, aux lois de la logique.*（严密的，精密的）

1) calcul exact（精确的计算）

2) Les mathématiques sont des sciences exactes.（数学属精密科学。）

juste adj. 1. *Qui est conforme au droit, à la raison et à la justice.*（正义的, 公正的）

1) une sentence juste（公正的判决）

2) Il est juste que vous le dédommagiez.（您对他进行赔偿是公正的。）

3) Ce magistrat est très juste.（这位法官是公正的。）

2. *Il signifie aussi qui est fondé, légitime.*（合理的）

1) de justes motifs d'espérer（合理的希望）

2) J'ai de justes raisons de me défier de lui.（我有理由不信任他。）

3. *Il signifie aussi qui est exact, ou qui s'ajuste bien, qui convient bien, qui est tel qu'il doit être.*（准确的）

1) expression juste.（准确的表达）

2) comparaison juste（准确的比较）

3) avoir une idée juste de quelque chose（对某事有准确的概念）

précis adj. 1. *Qui est entièrement déterminé, qui ne laisse place à aucune incertitude.*（确切的）

1) jour précis（确切的日期）

2) venir au moment précis（准点来）

3) à cinq heures précises（五点整）

2. *En parlant du Discours ou du style, signifie Qui a de la précision, qui dit exactement ce qu'il faut, qui est net.*（精确的）

1) un plan précis（精密的计划）

2) des explications précises（准确的解释）

3) un écrivain précis（语言表达精确的作家）

4) Cet homme est net et précis dans ses discours.（这个人的报告清晰准确。）

辨析： correct多指遣词造句方面的正确无误，juste多指符合公理、法律等。在表达"正确的"含义时，juste和correct常通用；在表达"准确的"含义时，exact和précis常通用，但常用搭配词不完全相同，虽可替换，隐含意义和词义强弱还是有差别的。

Exercices 练习

Des mots entre parenthèses, choisissez celui qui convient le mieux pour compléter les phrases.

1) Il n'a voulu rien dire de _____ (correct/juste/précis).
2) Il arriva _____ (correct/exact/juste/précis) au pied de la terrasse.
3) Le Grand-Conseil vota des sommes pour cette acquisition. Mais il était _____ (correct/exact/juste/précis), prétendaient les cavaliers, que la République les indemnisât de leurs chevaux.
4) Dans ce journal, la langue est toujours _____ (correcte/juste/précise) et même élégante.
5) C'était un modeste ménage d'employés. Le mari, commis de ministère, _____ (correct/précis) et méticuleux, accomplissait strictement son devoir. (MAUPASSANT)
6) Ce raisonnement est on ne peut plus _____ (exact/juste/précis).
7) Des jeunes gens les regardaient, élégants, _____ (corrects/justes/précis), qui auraient semblé comme il faut si la tare, malgré tout, n'eût apparu. (MAUPASSANT)
8) Mais il fallait se montrer plus raisonnables, les temps étaient durs, «et si un maître n'a que trois olives, n'est-il pas _____ (exact/juste/précis) qu'il en garde deux pour lui?»
9) Ils devaient, en outre, à chaque dîner, s'entre-confesser, se raconter avec tous les détails et les noms, et les renseignements les plus _____ (corrects/justes/précis), leurs dernières aventures. (MAUPASSANT)
10) Pas de données approximatives, mais des renseignements _____ (corrects/justes/exacts).
11) Je ne sais pas la date _____ (correcte/juste/précise) de cet événement.
12) Il n'est guère _____ (exact/juste/précis) dans l'accomplissement de ses devoirs.
13) Il a été _____ (correct/juste/précis) dans cette affaire.
14) Ce que vous me demandez n'est pas _____ (exact/juste).

第36组

couper/découper

> **couper** v.tr. 1. *Diviser un corps continu, avec quelque chose de tranchant.* （切、割、砍、截、剪）

1) couper en morceaux（切成块）
2) couper de l'herbe（割草）
3) On lui a coupé une jambe.（他被截了一条腿。）
4) se faire couper les cheveux（剪发）

> 2. *Il signifie quelquefois seulement entamer la chair, y faire une incision.*（割伤、砍伤）

1) Vous m'avez coupé au petit doigt.（您弄伤了我的小拇指。）
2) Elle s'est coupée à la main.（她的手划伤了。）

> 3. *Il signifie aussi traverser. Il se dit particulièrement d'une chose qui se croise avec une autre.*（穿过、分隔、交叉）

1) Une chaîne de montagnes coupe toute cette région.（一座大山横过整个地区。）
2) Cette route coupe celle d'Orléans.（这条路与奥尔良路交叉。）
3) Les élections ont coupé la France en deux.（选举将法国一分为二。）

découper v.tr. et intr. 1. *Couper par morceaux une pièce de viande ou détacher un à un les membres d'une pièce de volaille, de gibier.*（切割，剔下来，剪切下来）

1) découper un gigot（剔羊腿）
2) Une maîtresse de maison doit savoir découper.（一个家庭主妇应该会刀功。）
3) Découper un article dans un journal.（把报刊上的一篇文章剪下来。）

> 2. *Il signifie encore couper du carton, du bois, du papier, de manière que ce qui en reste ait la figure de quelque objet, une forme déterminée.*（剪出形状）

1) découper un arbre avec des ciseaux（用剪刀剪出一棵树）
2) On découpe des fleurs artificielles.（人们用剪刀剪出手工花。）

> 3. *Il signifie également détacher, en coupant tout autour, les figures ou autres objets qui sont représentés sur une toile, sur du papier, etc.*（在……显现，在……勾画）

1) découper une image avec un canif（用小刀刻一幅图画）
2) découper des fleurs pour les appliquer sur un autre fond（剪纸花贴到一个背景图上）

辨析： couper 强调切、割、截等动作，如：couper de la viande（切肉），用法更广泛，而 découper 则强调等份切割或是按照某种形状或图样剪。

Exercices 练习

Des mots entre parenthèses, choisissez celui qui convient le mieux pour compléter les phrases.

1) Pourriez-vous me _____ (couper/découper) ce jambon en tranches plus minces?
2) Elle _____ (coupe/découpe) avec beaucoup d'habileté.
3) Ce couteau ne _____ (coupe/découpe) pas.
4) Ce vent _____ (coupe/découpe) le visage.
5) Ces montagnes _____ (se coupent/se découpent) sur le fond bleu du ciel.
6) Enfin la dernière superfluité de cet appartement était une Renommée soufflant dans des trompettes, image _____ (coupée/découpée) sans doute à même quelque prospectus (宣传小册子) de parfumerie, et que six pointes à sabot clouaient au mur. (FLAUBERT)
7) On _____ (coupa/découpa) les ponts pour empêcher l'ennemi de passer.
8) Il _____ (s'est coupé/s'est découpé) jusqu'à l'os.
9) Des tailleurs brodaient (绣) des manteaux, d'autres tressaient des filets, d'autres peignaient des coussins, _____ (coupaient/découpaient) des sandales, des ouvriers d'Egypte avec un coquillage polissaient (磨光) des papyrus (纸莎草纸), la navette des tisserands claquait, les enclumes des armuriers retentissaient.
10) Ce pays _____ (est coupé/est découpé) par de nombreux canaux.
11) Mais que diable! il faut établir des distinctions et ne pas employer à des usages presque domestiques ce qui est destiné pour les pharmaceutiques! C'est comme si on _____ (coupait/découpait) une poularde (喂肥的小母鸡) avec un scalpel (解剖刀).
12) La plupart des forets appartiennent à de petits propriétaires terriens, mais les règlementations communales autorisent les villageois à _____ (couper/découper) du bois de chauffage où bon leur semble.
13) Il restait là, silencieux, à contempler des montagnes qui _____ (se coupaient/se découpaient) sur le ciel clair.
14) Les sanglots lui _____ (coupent/découpent) la voix.
15) La ligne droite qui _____ (coupe/découpe) deux autres lignes droites parallèles se nomme sécante (正割).
16) —Je n'arrive pas à me coiffer, fit-elle, agacée. Je vais tout faire _____ (couper/découper).
17) Les visites que je suis obligé de recevoir me _____ (coupent/découpent) tout mon temps.

18) Le jour commençait à paraître. Emma, de loin, reconnut la maison de son amant, dont les deux girouettes à queue d'aronde _____ (se coupaient/se découpaient) en noir sur le crépuscule pâle. (FLAUBERT)

19) La littérature du XXe siècle ajoute, à l'ambition d'exprimer son temps, celle de permettre à l'écrivain de s'exprimer en toute liberté et en toute authenticité, dut-il ainsi _____ (se couper/se découper) d'une large fraction du public.

20) Il _____ (s'est coupé/s'est découpé) la joue avec un rasoir.

第37组

court/bref/concis

court adj. *Qui est peu étendu en longueur ou en hauteur. Qui dure peu de temps.*（短小的，短暂的，简短的）

1) Elle a acheté un chemisier à manche courtes.（她买了一件短袖上衣。）
2) Il a fait, dans son mémoire, une courte introduction.
   （他在论文中写了很简短的引言。）

bref adj. *De courte durée.*（简短的，短促的）

1) J'ai reçu de lui une lettre très brève m'annonçant son arrivée.
   （我收到了他的短信，告知我他的到来。）
2) Son exposé a été bref, mais précis.（他的口头报告做得很精练。）

concis adj. *Se dit de quelqu'un (de ses paroles, de ses écrits) qui exprime beaucoup d'idées en peu de mots.*（简明，简洁）

1) Flaubert est un écrivain concis.（福楼拜是一个文笔很简洁的作家。）
2) Je dois présenter un rapport concis.（我应该呈上一个简明扼要的报告。）

辨析： 这三个词的区别是：court 一词词义最广，bref 一般只表时间上的短暂及讲话、文章的简短，而 concis 一词则含有褒义，指讲话、文章的简明扼要。

Exercices 练习

Des mots entre parenthèses, choisissez celui qui convient le mieux pour compléter les phrases.

1) Pendant un _____ (bref/court) instant, j'ai cru qu'il se moquait de moi.
2) Les travaux recommencent après une _____ (brève/courte) pause de 20 minutes.
3) Ça te va très bien les cheveux _____ (brefs/courts).
4) Elle m'écrivit, donnant de ses nouvelles en style _____ (concis/court).
5) Il a parlé d'un ton _____ (bref/court).
6) Il l'a emporté d'une _____ (brève/courte) tête.
7) Derrière les cellules il devait y avoir pour sortir un chemin plus _____ (bref/court).
8) Sa lettre bien _____ (brève/courte) nous est parvenue il y a dix jours.
9) Il commanda des glaives (利刃短剑) plus _____ (brefs/courts), des brodequins (高帮皮鞋) plus forts.
10) Elle est toujours _____ (brève/courte) dans ses allocutions, nous en aurons tout au plus pour 15 minutes.
11) La cordonnière (女鞋匠) portait une jupe trop _____ (brève/courte) pour son âge.
12) Quand la brise est fraîche et la vague _____ (brève/courte), on se met à pêcher.
13) Elle a la vue _____ (brève/courte).
14) Les papillons ont la vie _____ (brève/courte).
15) Ses paroles étaient à la fois mesurées et _____ (concises/courtes). (STENDHAL)
16) Pouchkine n'est pas moins _____ (concis/court) pour le fond que pour la forme. (MERIMEE)
17) Pour être utilisable, notre connaissance doit être synthétique et _____ (brève/courte). Aussi, l'auteur de ce livre n'a-t-il pas eu l'intention d'écrire un traité (论文, 论著) de la connaissance de nous-mêmes. Car un tel traité, même très _____ (concis/court), se composerait de plusieurs douzaines de volumes. (CARREL)

第38组

crier/s'écrier

crier v.i, v.tr. et ind. *Pousser un cri, parler très haut, dire à haute voix.* (喊叫, 大声吵嚷, 斥责)

1) Il souffre tellement qu'il crie.（他痛得直叫唤。）
2) Elle crie après ses enfants.（她斥责孩子们。）
3) Il criait «au Seigneur» lorsqu'il se trouvait dans la situation difficile.
（他处在困境时总是乞求上帝。）

s'écrier　*Dire en criant.*（大声说）

1) «Je l'ai vue!» s'écra-t-il.（"我看到她了！"他嚷道。）
2) Il s'est écrié qu'on le trompait.（他大喊受骗了。）
3) Elle s'écria que c'était une injustice.（她大声叫这不公平。）

辨析： crier是常用词，而s'écrier属比较考究的书面语。

Exercices 练习

Des mots entre parenthèses, choisissez celui qui convient pour compléter les phrases.

1) Le tapage fut tel que je dus _____ (crier/m'écrier) pour me faire entendre.
2) «Que vous ai-je donc fait pour que vous vouliez ma mort?» _____ (cria/s'écria) le paysan à qui le propriétaire foncier voulait enlever la terre.
3) Il y a un homme qui arrive en _____ (criant/s'écriant).
4) Je n'aurais pas cru qu'il oserait _____ (crier/s'écrier) comme ça ici en ce moment.
5) Tu risques de les attirer si tu contiues à _____ (crier/t'écrier).
6) Mâtho, emporté par cette colère, _____ (cria/s'écria) qu'il acceptait l'alliance.
7) Ils allongeaient leurs bras par-dessus les chaînes, en _____ (criant/s'écriant) qu'on lui avait laissé le chemin trop large.
8) Les soldats, quand il entra, le saluèrent d'une grande acclamation, tous _____ (criant/s'écriant): —«Les coupes ! Les coupes!»
9) —Valérie, où vas-tu? _____ (cria/s'écria) Marneffe en coupant à sa femme le chemin de la porte. (BALZAC)
10) —«C'est lui qui me persécute!» _____ (cria/s'écria) Antipas. «Il a voulu de moi une action impossible.»
11) Enfin, ils s'élancèrent brusquement, et la mêlée recommença. Souvent les Mercenaires les laissaient approcher en leur _____ (criant/s'écriant) qu'ils voulaient se rendre.
12) —Ah! nous y voilà!... _____ (cria/s'écria) -t-elle en l'interrompant, en se mettant les poings sur les hanches et arrêtant sur lui des yeux flamboyants.
13) Un enfant _____ (cria/s'écria) dans une maison voisine; sa mère chanta pour le consoler. Et bientôt s'élevèrent un babil et des rires puérils.(ARLAND)
14) Il est toujours à _____ (crier/s'écrier) misère.
15) Certains _____ (se sont criés/se sont écriés) que c'était un scandale.

第39组

danger/risque/menace

> ***danger*** n.m. *Situation où on est exposé à un mal, à un inconvénient.* （危险）

1) Il a couru de grands dangers. （他处在危险中。）
2) C'est un remède sans danger. （这是没有危险的处方。）
3) S'il fait cela, il va mettre en danger sa réputation et les intérêts de tous.
   （他如果这样做，就会危及他自己的名誉和大家的利益。）

常与之搭配使用的动词：courir, encourir, dénoncer, braver, affronter, mépriser, conjurer, écarter, voir, éviter, sentir, fleurer, côtoyer, nier, constituer; deviner un danger; comporter du danger; se défendre contre un danger; parer au danger; trembler, frémir devant; un danger menace, naît, renaît, guette, subsiste, persiste, apparaît, disparaît 等。
常用的修饰形容词：grave, pressant, imminent, croissant, menaçant, redoutable, immédiat, évident, certain 等。

> ***risque*** n.m. *Danger, inconvenient plus ou moins prévisible* （冒险，风险，意外）

1) Il a le goût du risque. （他喜欢冒险。）
2) Il n'y a pas de grands risques à agir ainsi. （这样做没有风险。）
3) Vous pouvez le faire sans courir le moindre risque.
   （您可以不冒任何风险办成这件事。）

常与之搭配使用的动词：courir, affronter, mépriser, sentir, fleurer, nier, constituer 等。
常用的修饰形容词：pressant, imminent, croissant, immédiat, évident, certain 等。

> ***menace*** n.f. *Parole ou signe qui fait craindre une chose.* （威胁）

1) La hausse des prix constitue une menace pour l'économie du pays.
   （价格上涨对国家经济构成威胁。）
2) On ne doit pas céder à ses menaces. （我们不应该屈服于他的威胁。）
3) Sous la menace d'une expulsion, le locataire reste muet.
   （房客以被驱逐相威胁，不敢吱声。）

常与之搭配使用的动词：adresser, proférer, jeter, lancer, braver, craindre, mépriser, réitérer des menaces; prendre peur devant 等。
常用的修饰形容词：horrible, terrible, furieuse 等。

辨析： danger 强调"危险"; risque 指"风险"; menace 指"威胁"。

Exercices 练习

Des mots entre parenthèses, choisissez celui qui convient pour compléter les phrases.

1) Les animaux sauvages sont en _____ (danger/risque/menace).

2) On pouvait donc causer de secrets importants, en dînant, sans courir _____ (le danger/le risque/la menace) d'être entendu. (BALZAC)

3) Mais ne te déshonore pas pour Marneffe, ne cède pas à ses _____ (dangers/risques/menaces)! (BALZAC)

4) La tempête continuait à rendre infranchissables les jetées, enveloppant d'écume, de bruit et de _____ (danger/risque/menace) tous les abords des refuges.

5) Mais leur colère contre le Suffète n'était point calmée; en manière d'adieux ils lui jetaient des _____ (dangers/risques/menaces). (BALZAC)

6) Tu peux monter à l'échelle, c'est solide, il n'y a _____ (aucun danger/aucun risque/aucune menace).

7) L'accent de la réforme du système d'investissement devra mis sur les points suivants: permettre aux investisseurs de jouir effectivement de l'autonomie d'investissement et établir des mécanismes visant à leur faire assumer les _____ (dangers/risques/menaces) qui en découlent.

8) Donc, un jour qu'elle avait prié sa cousine Bette de venir prendre ensemble leur café dans sa chambre, elle la mit sur le chapitre de (关于) son amoureux, afin de savoir si elle pourrait le voir sans _____ (danger/risque/menace). (BALZAC)

9) Le Tétrarque (四分省总督) se rejeta en arrière, l'existence d'un fils de David l'outrageant comme _____ (un danger/un risque/une menace). (BALZAC)

10) On améliorera l'environnement du marché, encouragera l'investissement entrepreneurial à _____ (danger/risque/menace).

11) Il faudra renforcer et améliorer le contrôle financier, de manière à prévenir les _____ (dangers/risques/menaces) financiers systémiques et à sauvegarder la stabilité et la sécurité financières.

12) Ne passe pas là, il y a _____ (du danger/du risque/de la menace).

13) Il a promis d'entreprendre cette affaire à _____ (ses dangers/ses risques/ses menaces) et périles.

14) Vous vous trompez tous les deux. _____ (Le danger/Le risque/La menace) n'est ni à Londres, comme le pense Robespierre, ni à Berlin, comme le pense Dandon; il est à Paris. (Hugo)

15) Il est allé reconnaître le lieu _____ (au danger/au risque/à la menace) d'être tué par les ennemis.

第40组

demander/questionner/interroger

demander v.tr. *Questioner, interroger qn à propos de quelque chose, solliciter de sa part une réponse.* (问,咨询)

1) Demandez-lui son nom. (向他问他的名字。)
2) Je vous demande si vous voulez venir. (我问您是否愿意来。)
3) Je lui ai demandé la raison de son absence. (我问他缺席的理由。)
4) Demandez-leur la date de la prcohaine réunion. (问他们下一次聚会的时间。)

questioner v.tr. *Poser une question à.* (问,提问)

1) La police l'a questionné sur ce qu'il avait fait ce jour-là.
   (警察问他那天都干了些什么。)
2) Le professeur l'a questionné sur se leçon. (老师检查他的功课。)
3) La police l'a questionné sur son emploi du temps.
   (警察问他每一时间都在干什么。)

interroger v.tr. *Poser des questions à, examiner avec attention.* (询问,审问,提问,考问)

1) Nous interrogeâmes les passants sur les causes de cet accident.
   (我们向过路人询问车祸的原因。)
2) La police l'a interrogé trois heures. (警察审问了他三小时。)
3) Son père l'interroge sur sa conduite. (他父亲考问他的行为。)

辨析： 三个词中demander最常用；questionner一词所表示的提问常涉及细节；interroger 多指强制性的提问，被问的人必须予以解答。

Exercices 练习

Des mots entre parenthèses, choisissez celui qui convient pour compléter les phrases.

1) Il _____ (demande/questionne/interroge) si nous allons bien.

2) Ils arrivèrent dans l'avenue des cyprès, où ils se perdirent parmi la foule, qui les _____ (demandait/questionnait/interrogeait).

3) J'ai un petit service à te _____ (demander/questionner/interroger).

4) Son visage était convulsé(痉挛) par une angoisse indicible, et les sanglots qu'il retenait l'étouffaient, tant il avait envie tout à la fois de le _____ (demander/questionner/interroger) et de lui crier: —«Grâce!». (BALZAC)

5) —Tu ne me _____ (demandes/questionnes/interroges) pas avec qui je vais me marier?
—Avec Lucie! C'est évident non?

6) Lorsque le jeune comte fut tout à fait éveillé, Lisbeth lui donna du courage, et _____ (lui demanda/le questionna/l'interrogea) pour savoir comment lui faire gagner sa vie. (BALZAC)

7) Il _____ (lui demandait/le questionnait/l'interrogeait) quelquefois sur son voyage au camp des Mercenaires. Il lui demanda même si personne, par hasard, ne l'y avait poussée.

8) —Pourquoi tu ne m'as pas _____ (demandé/questionné/interrogé) de t'aider à déménager?
—Parce que je ne voulais pas te déranger.

9) Mais jusqu'où ira-t-on pour nous imposer ces OGM dont personne ne veut?, _____ demande/questionne/interroge) Arnaud, responsable de la campagne OGM de Greenpeace France.

10) _____ (Demandé/Questionné/Interrogé) hier, le ministre de la Santé a précisé que le nouveau président sera nommé à un prochain Conseil des ministres.

第41组

demander/réclamer/exiger

demander v.tr. *Faire savoir ce qu'on veut.* (要求，请求)

1) Les ouvriers demandent à leur patron une augmentation du salaire.
（工人们要求老板给他们涨工资。）

2) Je demande à voir le directeur.（我要求见经理。）

3) Je vous demande pardon.（我求您原谅。）

réclamer v.tr. 1. *Demander avec insistance.*（坚决要求，恳求）

1) Je réclame votre secours.（我请求你们的帮助。）
2) Les pauvres réclament la bonté des gens.（穷人恳求人们的善心。）

2. *Demander une chose due ou juste.*（索回，收回）

1) Je réclame l'exécution de votre promesse.（我要求您执行您的诺言。）
2) Il a réclamé ce qu'il avait prêté.（他要回他借出去的东西。）

3. *Avoir besoin de.*（需要）

1) Son travail réclame le silence.（他的工作需要安静。）
2) Nous réclamons la paix.（我们需要和平。）

exiger v.tr. *Réclamer, en vertu d'un droit réel, imposer comme obligation.*（要求）

1) Je le ferai puisque vous l'exigez.（既然您要求，我就做这件事。）
2) Elle exige des honneurs qui ne lui sont pas dus.（她要求得到不该属于她的荣誉。）

辨析： demander 一词既可表"请求"，也可表"坚决要求"的含义，是最常用的词；réclamer 比 demander 更强调"要求"的合理合法性；exiger 比 demander 词义强，"要求"者常认为自己提出的要求是有正当的理由而不容违抗的。

Exercices 练习

Des mots entre parenthèses, choisissez celui qui convient pour compléter les phrases.

1) J'ai un ami qui ouvre un petit restaurant, et je pourrai lui _____ (demander/réclamer/exiger) de nous réserver une salle.
2) Je peux te _____ (demander/réclamer/exiger) un service?
3) Il nous _____ (demande/réclame/exige) aussi de lui renvoyer son courrier à son hôtel.
4) La route traversait un champ, planté de longues dalles (石板), aiguës par le sommet, telles que des pyramides, et qui portaient, entaillée à leur milieu, une main ouverte comme si le mort couché dessous l'eût tendue vers le ciel pour _____ (demander/réclamer/exiger) quelque chose.
5) On convint d'abord de _____ (demander/réclamer/exiger) les livres prêtés, et l'on offrit cette mission à Spendius.
6) Bientôt se dressèrent au bord des palissades (栅栏) deux étendards entre-croisés, signe convenu pour _____ (demander/réclamer/exiger) la paix.

7) —Monsieur, dit-elle, j'ai cédé les guenilles (褴褛的衣服) de la rue Chauchat à la petite Héloïse; si vous voulez y _____ (demander/réclamer/exiger) votre bonnet de coton, votre tire-botte (脱靴板) et votre ceinture, j'ai stipulé qu'on vous les rendrait.

8) Leur construction _____ (demandait/réclamait/exigeait) de savants calculs; leurs bois devaient être choisis dans les essences les plus dures.

9) Hamilcar répliqua qu'il acceptait leurs excuses. Donc la paix allait se conclure, et maintenant elle serait définitive! Mais il _____ (demandait/réclamait/exigeait) qu'on lui livrât dix des Mercenaires, à son choix, sans armes et sans tunique.

10) La discipline _____ (demande/réclame/exige) que le subordonné respecte le chef.

第42组

protéger/défendre

protéger v.tr. 1. Prendre la défense de quelqu'un, de quelque chose; prêter secours et appui. (庇护)

1) protéger les faibles (保护弱者)
2) protéger la veuve et l'orphelin (保护孤儿寡母)

2. Il signifie aussi S'intéresser, contribuer à la fortune d'une personne, veiller au maintien, au progrès d'une chose. (保护)

1) rotéger les arts (保护艺术)
2) protéger les écrivains (保护作家)

3. Il signifie encore Garantir, mettre à l'abri d'une incommodité, d'un danger. (防护)

1) Ce mur nous protège contre le froid. (这座墙壁帮我们防寒。)
2) Ce fort protège la ville. (这座工事保护城市。)

défendre v.tr. Résister à une agression, protéger une personne contre une attaque défendre quelqu'un au péril de sa vie. (保卫,使免遭……侵害)

1) défendre sa patrie (保卫祖国)
2) Qui le défendra des séductions du monde. (谁保护他不受诱惑呢?)

辨析： protéger指一般意义上的保护，而défendre则通常强调用武力来捍卫。

Exercices 练习

Des mots entre parenthèses, choisissez celui qui convient pour compléter les phrases.

1) Il y a très longtemps, les gens avaient déjà l'avantage d'être beaucoup mieux _____ (défendus/protégés) dans les villes qu'à la campagne.

2) La frontière est _____ (défendue/protégée) de ce côté par plusieurs places fortes.

3) Une arcade (拱廊) s'ouvrait au fond, sur le précipice, qui de ce côté-là _____ (défendait/protégeait) la citadelle.

4) Le rendement de pomme de terre non abritée par des talus ou par des haies, donc non _____ (défendue/protégée) de l'action du plein vent, baisse de 20 à 40%.

5) Tout en faisant des aiguillettes en or pour un uniforme, la vieille fille s'était promis de _____ (défendre/protéger) ce pauvre enfant, qu'elle avait admiré dormant.

6) Le conseiller est un expert en droit qui est chargé de _____ (défendre/protéger) les intérêts des locataires.

7) Ils se couchaient dans l'herbe, et ils regardaient avec stupéfaction les grandes cornes des boeufs artificiellement tordues, les brebis revêtues de peaux pour _____ (défendre/protéger) leur laine.

8) Cependant elles respectaient cette soeur plus forte qui les _____ (défendait/protégeait), et elles ne croyaient point qu'un amas de Barbares fût capable de la vaincre.

9) Il _____ (défendit/protégea) ce passage à lui seul contre une vingtaine d'assaillants.

10) En décembre 1975, la loi Bas-Lauriol est voté. Son but: _____ (défendre/protéger) le consommateur.

11) Ce jeune homme à voix douce et à taille féminine captivait ses yeux par la grâce de sa personne et lui semblait être comme une soeur aînée que les Baals envoyaient pour la _____ (défendre/protéger).

12) Aussi Célestine échangea-t-elle avec la baronne un regard qui voulait dire: "Quel homme adorable!" Naturellement, elle _____ (défendait/protégeait) son beau-père contre les (des) attaques de son propre père.

第43组

détruire/démolir

détruire v.tr 1. *Le faire périr.*（消灭，歼灭，杀死）

1) détruire des insectes nuisibles（杀灭害虫）
2) une armée détruite（一个被歼灭的部队）

2. *Le jeter bas, le mettre en ruine.*（摧毁，破坏，拆除）

1) Les bombardements ont détruit la ville.（轰炸摧毁了这座城市。）
2) Ils ont détruit ce vieux pont.（他们拆除了这座老桥。）

3. *Le faire cesser, y mettre fin.*（使结束，打破）

1) un incident qui a détruit tous nos projets（一个破坏了我们所有计划的事件）
2) détruire une légende（打破一个神话）

démolir v.tr 1. *Mettre en pièces ce qui est assemblé, composé.*（拆毁）

1) On a démoli d'anciennes maisons pour élever à la place des immeubles.
   （拆除老房子在原地建起高楼。）
2) Si tu manipules l'appareil brutalement, tu vas le démolir.
   （如果你粗暴地操作这个仪器，你会把它毁掉的。）

2. *démolir qn=ruiner sa réputation, le démoraliser.*（破坏某人的声誉，使一蹶不振）

1) Il faut réconforter la personne démolie par une crise morale.
   （要鼓励这个受到心灵摧残的人。）
2) démolir un homme politique（破坏一个政治家的声誉）

辨析： détruire一词使用最广；démolir多指对一些建筑物有意识的拆除。

Des mots entre parenthèses, choisissez celui qui convient pour compléter les phrases.

1) Votre passion pour les jeux informatiques est directement responsable de l'introduction d'un virus informatique qui a, entre autres, _____ (détruit/démolit) la totalité de notre fichier clients pour les Etats-Unis et l'Asie du Sud-Est.

2) L'espace libre, c'est ce dont on manque le plus ici! Et si on veut réorganiser la ville en pensant au temps libre de l'homme, il n'y a plus qu'à la _____ (détruire/démolir).

3) Quelques baraques (破房子, 小木屋) avaient encore été _____ détruites/démolies), des allées coupées, des jardins effacés.

4) Voilà un incident qui _____ (détruit/démolit) tous nos projets.

5) Marneffe, _____ (détruit/démoli) par ces débauches (放荡) particulières aux grandes capitales, décrites par les poètes romains, et pour lesquelles notre pudeur moderne n'a point de nom, était devenu hideux comme une figure anatomique (解剖的) en cire (蜡). (BALZAC)

6) Stidmann, comme tous ceux dont une involontaire indiscrétion _____ (détruit/démolit) l'échafaudage (逐步建立, 聚积) élevé par le mensonge d'un mari dans son intérieur, ne pouvait croire à sa parole une pareille portée (意义). (BALZAC)

7) Nous serons regrettés par ceux-là mêmes qui nous ont _____ (détruits/démolis) quand ils seront, comme vous, devant certaines monstruosités morales qu'il faudrait pouvoir enlever comme nous enlevons les boues! (BALZAC)

8) Il faisait travailler aux remparts (城墙), et, pour avoir des pierres, _____ (détruire/démolir) les vieilles murailles intérieures, à présent inutiles. (BALZAC)

9) Cependant, les machines ne _____ (détruisaient/démolissaient) point le rempart. Il était formé par deux murailles et tout rempli de terre.

10) On distinguait des bâtiments à toit de chaume, éparpillés dans la prairie, que bordaient en pente douce deux coteaux couverts de bois, et par-derrière, dans les massifs, se tenaient, sur deux lignes parallèles, les remises et les écuries, restes conservés de l'ancien château _____ (détruit/démoli). (FLAUBERT)

diviser/partager/répartir

diviser v.tr. *Diviser des choses, un groupe, les séparer en plusieurs parties.*（分开，划分）

1) diviser un gâteau en huit（把一块点心分成八份）
2) La rivière a divisé le village en deux parties.（大河把一个村子分成两部分。）

partager v.tr. *Diviser en plusieurs parts.*（分派，分割，分享）

1) Ses trois enfants ont partagé ses immeubles.（他的三个孩子分了他的房产。）
2) Prenez ce gâteau et partagez-le entre vous.（把这个蛋糕拿去分了吧。）
3) C'est un égoiste, il n'aime pas partager avec les autres.
   （他是个自私自利的人，不喜欢和别人分享。）

répartir v.tr. *Partager, distribuer selon certaines règles.*（分布，分配，分摊）

1) répartir une somme entre les héritiers（继承人分配一笔钱）
2) répartir des troupes dans une ville（在城市里分布兵力）

辨析： 从词义上看，diviser 侧重"分开"；而 partager 偏重"分享"，répartir 强调"分布"。

Exercices 练习

Des mots entre parenthèses, choisissez celui qui convient pour compléter les phrases.

1) L'émission est généralement _____ (divisée/partagée/répartie) en plusieurs parties.
2) Doit-on _____ (diviser/partager/répartir) les élèves dans les classes ou dans les écoles en fonction de leurs capacités et de leur niveau ou faut-il mettre tout le monde ensemble?
3) Nous accorderons plus d'importance au développement harmonieux interrégional et entre les villes et les campagnes, à l'édification des œuvres sociales ainsi qu'à l'équité et à la stabilité sociales, pour que l'ensemble de la population _____ (divise/partage/réparte) les fruits de la réforme et du développement.
4) Les intérêts finissent toujours par _____ (se diviser/se partager/se répartir), les gens vicieux s'entendent toujours.

5) Le soir même, Dawn, la copine qui _____ (divise/partage/répart) le même appartement à deux pas de la plage, ne voit pas la Nissan blanche de Linda rangée devant la maison.

6) Le groupe dont il fait partie rassemble les membres d'une dizaine d'associations. Ensemble, ils se sont _____ (divisés/partagés/répartis) en six sous-sections.

7) Deux graves opinions _____ (divisaient/partageaient/répartissaient) ces princes de la science.

8) Petit, trapu, devenu sec, il _____ (divisait/partageait/répartissait) son temps entre la lecture et la promenade.

9) Quant aux navires, on a _____ (divisé/partagé/réparti) les pertes inégales par têtes d'associés.

10) Les machines furent mieux gouvernées, leurs servants _____ (divisés/partagés/répartis) par escouades.

11) La vie est _____ (divisée/partagée/répartie) entre le plaisir et la peur.

12) C'est ainsi qu'un certain nombre d'entre eux sont devenus ouvriers afin de _____ (diviser/partager/répartir) la vie des masses.

13) Il prend pour cibles les valeurs sociales traditionnelles (religion, famille, patrie...), le carcan moral, le rationalisme qui _____ (divise/partage/répart) et hierarchise et la culture qui en est le reflet.

14) L'année scolaire est _____ (divisée/partagée/répartie) en trois trimestres: le premier va de septembre à Noel, le second de janvier à Paques et le troisienme de Paques à juin.

15) Artamène ou le Grand Cyrus, originellement publié entre 1649 et 1653, est le plus long roman de la littérature française: 13095 pages dans l'édition originale, _____ (divisées/partagées/réparties) en dix tomes (ou parties), divisés chacun en trois livres.

第45组

éclaircir/éclairer

éclaircir v.tr. 1. *Rendre plus clair, moins sombre.* （使豁亮）

1) Ce papier éclaircit la pièce. （这种纸使房间更豁亮。）
2) Il a mêlé du blanc à la peinture pour éclaircir la teinte.
   （他在油漆中加入白色使色彩变浅。）

2. *Rendre plus intelligible.*（阐明，使更清晰）

1) éclaircir un énigme（揭开谜底）
2) Le mystère qui entoure ce meurtre est loin d'être éclairci.
   （围绕这个谋杀案的迷远没有解开。）

éclairer　v.tr. et v.intr. 1. *Répandre de la lumière.*（照亮）

1) Le soleil éclaire la façade de la maison.（太阳照亮了房子的门面。）
2) Cette lampe de poche éclaire mal.（这只手电筒不够亮。）
3) Cette classe est bien éclairée.（这间教室照明很充足。）

2. *Le rendre compréhensible.*（说明，解释；启发，开导）

1) Son article éclaire les lecteurs sur la situation dans laquelle on se trouve.
   （他的文章让人们更清楚地知道了他们自己所处的境地。）
2) Éclairez-moi sur ce détail.（请给我详细讲讲。）
3) Il faut que je l'interroge, il pourra nous éclairer là-dessus.
   （我要向他请教，他能够在这个问题上对我们有所启发。）

辨析： éclaircir qch 多指把一件不明了的事情"阐明"或"澄清"；éclairer qch 或 qn 则强调通过一些手段使人"理解"或"明白"某事。

Exercices 练习

Des mots entre parenthèses, choisissez celui qui convient pour compléter les phrases.

1) Un côté de l'horizon _____ (s'éclaircit/s'éclaira).
2) Spendius prit la lampe afin de _____ (s'éclaircir/s'éclairer).
3) Le front de M. de Rênal _____ (s'éclaircit/s'éclaira). (STENDHAL)
4) Le palais _____ (s'éclaircit/s'éclaira) d'un seul coup à sa plus haute terrasse, la porte du milieu s'ouvrit, et une femme, couverte de vêtements noirs, apparut sur le seuil.
5) Voilà les démonstrations directes, qui _____ (éclaircirent/éclairent) l'esprit, c'est-à-dire qui lui montrent la raison de la vérité démontrée... (COURNOT)
6) Ces mesures _____ (éclaircirent/éclairèrent) tellement aux yeux du marquis ses propres affaires, qu'il put se donner le plaisir d'entreprendre deux ou trois nouvelles spéculations sans le secours de son prête-nom qui le volait. (BALZAC)
7) Les soldats _____ (s'éclaircissaientt/s'éclairaient) avec des torches, tout en trébuchant sur la pente du terrain, profondément labouré.
8) Tout _____ (s'éclaircit/s'éclaira), pensa-t-elle, rien ne sera impossible ici à l'amie

de Mme de Fervaques.

9) Après tant d'heures d'incertitudes, ce moyen d' _____ (éclaircir/éclairer) son sort lui semblait décidément le meilleur, et il songeait à s'en servir, lorsqu'au détour d'une allée il rencontra cette femme qu'il eût voulu voir morte. (STENDHAL)

10) Mâtho, nu comme un cadavre, était couché à plat ventre sur une peau de lion, la face dans les deux mains, une lampe suspendue _____ (éclaircissait/éclairait) ses armes, accrochées sur sa tête contre le mât de la tente. (BALZAC)

11) Ses grands yeux fixes vous regardaient, et une pierre lumineuse, enchâssée à son front dans un symbole obscène, _____ (éclaircissait/éclairait) toute la salle, en se reflétant au-dessus de la porte, sur des miroirs de cuivre rouge. (BALZAC)

12) Le journal a _____ (éclairci/éclairé) le scandale des accumulations secrètes de denrérs alimentaires. (Cheng Yirong)

13) La police a tout fait pour _____ (éclaircir/éclairer) cette affaire mystérieuse.

14) Elle _____ (éclaircit/éclaire) son copain qui descend dans un tunnel.

15) À ces mots, sa figure s'est _____ (éclaircie/éclairée).

第46组

écouter/entendre

écouter v.tr. *Prêter l'oreille à, s'appliquer à entendre.* (听, 倾听)

1) écouter de la musique（听音乐）
2) écouter le professeur（听老师讲课）

entendre v.tr. *Percevoir par l'ouïe.* (听到)

1) À haute voix, je ne t'entends pas.（大点声，我听不见。）
2) J'ai écouté, mais je n'ai rien entendu.（我听了，但什么也没听见。）

辨析：écouter 强调听的动作"听着"，而 entendre 则强调听的结果"听到"。

Exercices 练习

Des mots entre parenthèses, choisissez celui qui convient pour compléter les phrases.

1) —L'autre jour, j' _____ (écoutais/entendais) la radio, j'ai entendu une histoire

vraiment incroyable.

2) — _____ (Écoutez/Entendez), _____ (écoutez/entendez)-vous quelque bruit?
—Oui, j'_____ (écoute/entends) quelqu'un frapper à la porte.

3) Le matin, vous _____ (écoutez/entendez) la radio et le soir, vous regardez la télévision.

4) Je ne sais pas d'où vient votre nouvelle. Quant à moi, je n'ai jamais _____ (écouté/entendu) parler d'une telle affirmation.

5) Les officiers de l'armée de Cyaxare _____ (écoutent/entendent) la suite de l'histoire du héros.

6) «Descendons dans la rue avant qu'on nous y jette!» crient-ils à qui veut l'_____ (écouter/entendre).

7) On n'_____ (écoutait/entendait) que le murmure du vent par la porte entrouverte.

8) Il se couchait à plat ventre, et dans le bourdonnement de ses artères croyait _____ (écouter/entendre) une armée.

9) _____ (Écoutez/Entendez), nous devrions étudier des cas précis, pour voir si les problèmes sont vraiment importants.

10) Puis, immobiles comme le cadavre, ils restèrent pendant quelque temps à _____ (écouter/entendre).

第47组

employer/se servir/utiliser

employer v.tr. 1. *Employer qch: en faire l'usage.* （使用）

1) employer une somme à l'achat d'une voiture （用一笔款子买车）
2) Il a employé toutes les ressources de son éloquence pour me convaincre.
   （他使尽口才试图说服我。）

2. *Employer qn: le faire travailler pour son compte.* （雇佣,任用）

1) Cette usine emploie plus de deux mille ouvriers. （这家工厂雇佣两千多工人。）
2) On l'a employé à cette grande négociation. （人家曾任用他负责这次重要谈判。）

> **se servir de qch**　*L'employer en vue d'un résultat.*（使用，利用）

1) Les Chinois se servent des baguettes pour prendre leur repas.
（中国人使用筷子吃饭。）
2) Il s'est servi de tous les moyens pour réussir.（他使用各种办法以求成功。）

> **utiliser**　v.tr. *qch ou qn: En tirer parti.*（使用，利用）

1) Elle utilisait un réchaud électrique pour faire la cuisine.（她使用电炉子做饭。）
2) On l'a utilisé comme collaborateur.（人们让他作为合作者。）

辨析： 此三词虽有微弱差别，但常可通用。

Exercices 练习

Des mots entre parenthèses, choisissez celui qui convient pour compléter les phrases.

1) Son entreprise _____ (emploie/se sert/utilise) près de 300 personnes et depuis six ans, sa production a doublé.
2) Tu n'as plus un sou? Tu peux revendre ta grosse Mercedes, tu ne _____ (l'emploies/t'en sers/l'utilises) presque jamais.
3) —Monsieur Sorel, dit-elle avec cette voix vive, brève, et qui n'a rien de féminin, _____ (qu'emploient/dont se servent/qu'utilisent) les jeunes femmes de la haute classe, monsieur Sorel, venez-vous ce soir au bal de M. de Retz? (STENDHAL)
4) Le montant réellement _____ (employé/servi/utilisé) des investissements étrangers directs a été de 60,3 milliards de USD.
5) On _____ (emploie/se sert de/utilise) beaucoup plus ses inférieurs que ses supérieurs dans les affaires secrètes.
6) Il faut considérer les gens dans le monde comme des ustensiles _____ (qu'on emploie/dont on se sert/qu'on utilise), qu'on prend, qu'on laisse selon leur utilité. (BALZAC)
7) Il est des jours où je comprends chacun des mots _____ (qu'elle emploie/dont elle se sert/qu'elle utilise), mais je ne comprends pas la phrase tout entière.
8) Le christianisme a été _____ (employé/servi/utilisé) comme instrument par les colonisateurs européens.
9) Le développement des sciences du langage a dans le même temps attiré l'attention sur le matériau（素材）-même _____ (qu'emploie/dont se sert/qu'utilise) la littérature.
10) C'était une gamine, irresponsable au fond, trop naïve pour se rendre compte qu'on _____ (employait/se servait d'/utilisait) elle.

en réalité/en effet/en fait

en réalité loc.adv. *Réellement, effectivement.* （事实上，实际上）

1) Il est heureux en apparence, mais en réalité, il ne l'est pas.
   （他表面上幸福，其实不然。）
2) Il dit qu'il travaille, mais en réalité, il ne fait que s'amuser.
   （他说自己在干活，而事实上他只是在玩。）

en effet loc.adv. *Réellement, au commencement d'une phrase, est le plus souvent synonyme de car et annonce qu'on va donner une preuve de ce qu'on vient de dire.* （的确，确实）

1) Il n'a pas raconté d'histoire, cela lui est en effet arrivé.
   （他没有胡编，这事确实发生了。）
2) Il n'est pas venu, en effet il a dit qu'il était malade.（他没来，他确实说过他病了。）

en fait loc.adv. *En réalité, véritablement. Il se dit par opposition à ce qui n'est que fictif, apparent, en fait introduit parfois une opposition.* （其实，实际上）

1) On avait projeté de dépenser 300 000 euros pour ces travaux, en fait, on en a dépensé 600 000.（这项工程计划支出三十万欧元，但事实上却支出了六十万。）
2) En fait, il était incompétent.（事实上，他没有能力。）

辨析：en réalité 相对于表面而言，en effet 对前面所讲的内容给出一个解释或肯定，en fait 对前面所讲的内容进行否定。

Exercices 练习

Des mots entre parenthèses, choisissez celui qui convient pour compléter les phrases.

1) Il paraît très fort, mais, _____ (en réalité/en effet/en fait) il est extrêmement faible.
2) C'est plus qu'une collaboratrice qui nous quitte aujourd'hui pour une retraite bien méritée. _____ (En réalité/En effet/En fait), Jeanne est, pour beaucoup d'entre nous, une véritable amie.

3) A chaque fois que l'Etat fait un transfert de revenus, pour faire des prêts fonciers à taux bonifié (让利率), il le fait soi-disant pour aider des jeunes, soi-disant pour aider des petits agriculteurs, mais _____ (en réalité/en effet/en fait), il n'aide que celui qui est le mieux placé.

4) J'ai le regret de vous annoncer qu'à partir du 1er janvier, nous avons décidé de nous passer de vos services au sein de notre société d'import/export. _____ (En réalité/ En effet/En fait), le comportement que nous avons pu observer de votre part ces derniers mois a sérieusement perturbé la bonne marche de la société, la mettant même en péril sur le plan financier.

5) Dans les romans de Samuel Beckett, le lieu, l'intrigue, le personnage disparaissent: il reste une voix qui parle et qui, à travers les histoires qu'elle ressasse, cherche _____ (en réalité/en effet/en fait) à parler de la seule question importante, la situation de l'homme face à la mort.

6) Pour Julien, l'offre de Fouqué lui avait _____ (en réalité/en effet/en fait) enlevé tout bonheur: il ne pouvait s'arrêter à aucun parti. Hélas! peut-être manqué-je de caractère, j'eusse été un mauvais soldat de Napoléon. (STENDHAL)

7) —Monsieur, il est à deux genoux dans la boue, lui disait toujours le porte-clefs; il prie à haute voix et dit les litanies (连祷文) pour votre âme... L'impertinent (放肆的人)! pensa Julien. En ce moment, _____ (en réalité/en effet/en fait), il entendit un bourdonnement sourd, c'était le peuple répondant aux litanies. (STENDHAL)

8) Avec l'apparence de la condescendance (高傲, 优越感) la plus parfaite et d'une abnégation de volonté, que les maris de Verrières citaient en exemple à leurs femmes, et qui faisait l'orgueil de M. de Rênal, la conduite habituelle de son âme était _____ (en réalité/en effet/en fait) le résultat de l'humeur la plus altière. (STENDHAL)

9) Les surréalistes font confiance au "hasard objectif", qui révèle _____ (en réalité/ en effet/en fait) les cheminements obscurs du désir..

10) La littérature du XXe siècle ajoute, à l'ambition d'exprimer son temps, celle de permettre à l'écrivain de s'exprimer en toute liberté et en toute authenticité, dut-il ainsi se couper d'une large fraction du public—mais on verra plus loin qu'il existe _____ (en réalité/en effet/en fait) de nombreux publics.

11) Son calme apparent cache, _____ (en réalité/en effet/en fait), une douloureuse lutte intérieure entre des sentiments violents.

12) Ce n'est point un conte, cela est arrivé _____ (en réalité/en effet/en fait).

13) Il n'y a que par l'entrée dans le transcendant (超验), le surnaturel, le spirituel authentique que l'homme devient supérieur au social. Jusque-là, _____ (en réalité/en effet/en fait) et quoi qu'il fasse, le social est transcendant (超验的) par rapport à l'homme. (S. WEIL)

第49组

enquête/sondage

enquête n.f. Études d'une question réunissant des témoignages, des expériences, des documents, recherches ordonnées par la police judiciaire.（调查，调查研究，侦察）

1) La police a commencé les enquêtes tout de suite.（警察立即开始了调查。）
2) On a fait des enquêtes pour savoir la situation dans laquelle se trouvent les femmes d'aujourd'hui.（人们就当前妇女所处的地位进行了调查。）

常与之搭配使用的动词：se livrer, procéder à une enquête, ouvrir, mener, ordonner, prescrire, exiger, orienter, poursuivre, interrompre une enquête, une enquête démontre, révèle, établit, prouve, approfondit 等。

常用的修饰形容词：minutieuse, impartiale, partiale, préliminaire, sévère 等。

sondage n.m. Enquête, investigation discrète pour obtenir des renseignements, enquête menée auprès d'un certain nombre de personnes pour obtenir certains renseignements.（民意调查）

1) Le sondage fait le mois dernier nous montre que la population aime bien les produits de cette marque.（上个月进行的民意测验表明老百姓很喜欢这个品牌的产品。）
2) On vient de procéder à un sondage auprès des enseignants.（人们刚刚进行了对老师的民意测验。）

辨析：enquête 指因某种原因对某事物所进行的正式的"调查"；sondage 则指"民意调查"。

Exercices 练习

Des mots entre parenthèses, choisissez celui qui convient pour compléter les phrases.

1) —Voilà, j'effectue _____ (une enquête/un sondage) sur les habitudes alimentaires des Français. J'aimerais vous poser quelques questions. Ça ne sera pas long.
   —Je n'ai pas le temps et en plus, je ne crois pas aux _____ (enquêtes/sondages).
2) D'après notre _____ (enquête/sondage), ce jeu aurait la faveur des parents s'il avait une valeur éducative.

3) _____ (Une récente enquête/Un récent sondage) fait(e) par la SNCF montre que 70% des hommes consacrent leur temps de transport quotidien à la lecture du journal alors que 69% des femmes en profitent pour lire un livre, la plupart du temps un roman.

4) En effet, dans _____ (une enquête/un sondage) realisé(e) par CSA pour le parisien libéré du 19 octobre, 68% disent éprouver rejet ou méfiance à l'égard des institutions.

5) Les services s'émeuvent d'une telle histoire. Un rapport est tapé. Mais _____ (aucune enquête/aucun sondage) n'est ouvert(e) par manque de preuves.

6) L'inertie apparente de la police ne décourage pas les «citoyens énervés», qui, eux, mènent _____ (l'enquête/le sondage).

7) Un voisin, révolté de ces bruits scandaleux, avait prévenu la gendarmerie, et le brigadier, suivi d'un homme, était venu faire _____ (une enquête/un sondage). (MAUPASSANT)

8) _____ (L'enquête/Le sondage) ne faisait rien découvrir, le coupable est toujours en pleine liberté.

9) _____ (L'enquête/Le sondage) nous montre que les gens préfèrent rester à la maison regarder la télévision après le dîner plutôt que d'aller au cinéma.

10) Le tribunal a ordonné _____ (une enquête immédiate/un sondage immédiat).

11) Depuis les législatives de 1973, «Le Nouvel Observateur» pratique, à chaque grande consultation nationale, _____ (une enquête/un sondage) post-électoral dont la fiabilité(可信度) est évidemment plus grande que celle d'un sondage pré-électoral. (Le Nouvel Observateur)

12) Ce qui a poussé le gouvernement à la conciliation(妥协,和解) à l'égard des mineurs en mars et avril 1963, c'est sans doute moins le manque de charbon que la situation intenable des députés de la majorité et que la baisse de sa popularité, démontrée par _____ (les enquêtes/les sondages) d'opinion publique. (REYNAUD)

第50组

Etat/pays/patrie

Etat *n.m. 1. Nation organisée, administrée par le gouvernement.* (国家)

1) développer les relations commerciales avec les Etats voisins
   (发展与邻国的贸易关系。)

2) Le Premier ministre est nommé par le chef de l'Etat. (总理由国家元首任命。)

2. Le gouvernement, les pouvoirs publics.（国家机关，政府）

1) les conflits entre l'Etat et les localités publiques（政府与地方的冲突）
2) les entreprises de l'Etat（国有企业）

pays n.m. Territoire d'une nation.（领土，国家）

1) défendre son pays（保卫自己的国家）
2) vivre dans un pays étranger（生活在异国他乡）

patrie n.f. Pays où on est né, considéré sous le rapport de la civilisation, des moeurs（祖国）

1) Ce voyageur retrouve avec émotion le sol de sa patrie en rentrant d'un pays étranger.（这位行者怀着激动的心情回到自己的祖国。）
2) Oh, ma chère patrie, que je vous aime!（啊，祖国，我爱您！）

辨析： 三词中，Etat 侧重于政权组织；pays 侧重于疆土；patrie 侧重于同一疆土上居住的人民。

Exercices 练习

Des mots entre parenthèses, choisissez celui qui convient pour compléter les phrases.

1) La Suisse est _____ (un Etat/un pays/une patrie) neutre, composé de 23 cantons.
2) C'est une façon de parler _____ (de l'Etat/du pays/de la patrie).
3) Dans _____ (cet Etat/ce pays/cette patrie), c'est avec de la paille de maïs que l'on remplit les paillasses des lits.
4) Au nom du Conseil des Affaires _____ (d'Etat/de pays/de patrie), j'ai l'honneur de soumettre à l'examen de la présente assemblée le rapport sur le bilan de l'action gouvernementale.
5) Je travaille dans une entreprise _____ (d'Etat/de pays/de patrie).
6) Forcé de passer huit jours à Strasbourg, Julien cherchait à se distraire par des idées de gloire militaire et de dévouement _____ (à l'Etat/au pays/à la patrie). (STENDHAL)
7) Les heures qu'on passa sous ce grand tilleul(菩提树) que la tradition _____ (de l'État/du pays/de la patrie) dit planté par Charles le Téméraire furent pour elle une époque de bonheur.
8) Pour Julien, faire fortune, c'était d'abord sortir de Verrières; il adorait _____ (son Etat/son pays/sa patrie). (STENDHAL)

9) Depuis l'âge de dix ans, depuis qu'elle gagnait sa vie à la fosse, elle courait ainsi _____ (l'Etat/le pays/la patrie) toute seule, dans la complète liberté des familles de houilleurs... (ZOLA)

10) Ô _____ (mon Etat/mon pays/ma patrie)! que tu es encore barbare! s'écria Julien ivre de colère. (STENDHAL)

第51组

étonner/surprendre

> ***étonner*** v.tr. *Etonner quelqu'un, le surprendre par quelque chose d'inattendu, d'extraordinaire.* (使惊讶)

1) Ne soyez pas étonné si cette vieille voiture tombe en panne.
   (这辆破车抛锚,请不要奇怪。)

2) Je suis étonné des progrès de cet élève. (我对这个学生的进步感到惊讶。)

3) Je m'étonne de votre peu d'empressement à accepter cette proposition si intéressante.
   (您不急于接受这个如此令人感兴趣的提议很让我吃惊。)

> **surprendre** v.tr. 1. *Surprendre quelqu'un, le prendre sur le fait, dans une situation où il ne croyait pas être vu.* (撞见,当场捉住)

1) surprendre un voleur dans une maison (在房子里撞见小偷)

2) Je l'ai surpris à lire mon courrier personnel. (我撞见他正偷看我的私人信件。)

> 2. *Arriver auprès de quelqu'un à l'improviste, le prendre au dépourvu.*
>   (突然袭击,使措手不及)

1) La pluie nous a surpris au retour de la promenade.
   (大雨突然向我们袭来。)

2) surprendre l'ennemi (突然向敌人发起进攻)

> 3. *Frapper l'esprit par quelque chose d'inattendu.* (使感到惊讶)

1) Voilà une nouvelle qui va surprendre bien des gens.
   (这是一个将让许多人震惊的消息。)

2) Ce que vous nous dites là ne nous surprend guère, c'était à prévoir.
   (您这里说的事情并不能让我们感到惊讶,因为这是已经预想到的。)

辨析： étonner 一词常指某事因出乎常理或出乎自己的想象而使某人感到"惊讶"；surprendre 则强调事发的突然性。

Exercices 练习

Des mots entre parenthèses, choisissez celui qui convient pour compléter les phrases.

1) Comme nous ne téléphonons que très peu, ne nous _____ (étonnons/surprenons) pas que le téléphone soit cher.

2) Quand je suis rentré à la maison, j'ai _____ (étonné/surpris) le voleur en train de visiter ma maison.

3) Georges a acheté une Cadillac !
   —Cela _____ (m'étonnerait/me surprendrait). Il n'a pas un sou.

4) Fanny a _____ (étonné/surpris) la conversation des deux personnes.

5) Je ne sais pas nager !
   —Tu _____ (m'étonnes/me surprends) !

6) —En arrivant à Sarcelles, qu'est-ce qui vous a le plus _____ (étonné/surpris) ?

7) Les habitants de ces maisons m'ont toujours _____ (étonné/surpris) par leur sagesse.

8) On _____ (s'étonne/se surprend) du manque d'élégance vestimentaire des paysans, de leur mépris du confort.

9) C'est un vieillard qui _____ (étonne/surprend) son entourage par sa vivacité d'esprit.

10) J'ai _____ (étonné/surpris) deux amoureux qui étaient à l'ombre d'un arbre.

11) Cela _____ (m'étonne/me surprend) qu'il n'ait pas répondu, car il est très ponctuel.

12) Nous irons vous _____ (étonner/surprendre) un jour prochain.

13) Ne _____ (t'étonne/te surprends) pas si on te laisse de côté, tu es si mauvais joueur !

14) Tout le monde sera _____ (étonné/surpris) de vous voir déjà rentré, on ne vous attendait que dans quelques jours.

15) Nous avons _____ (étonné/surpris) des maraudeurs en train de voler des fruits dans un verger.

16) Nous voici deux domestiques occupés à médire de leurs maîtres, pensa-t-il. Mais rien ne doit _____ (m'étonner/me surprendre) de la part de cet homme d'académie. (STENDHAL)

17) Ce qu'il y a de plaisant, c'est qu'elle trouvait imprudent de faire faire l'habit de

Julien à Verrières. Elle voulait _____ (l'étonner/le surprendre), lui et la ville. (STENDHAL)

18) Elle commençait à _____ (s'étonner/surprendre) qu'après ce qui s'était passé il ne s'offensât pas de ses récits, elle allait jusqu'à s'imaginer, au moment où il lui tint ce sot propos, que peut-être il ne l'aimait plus. (STENDHAL)

19) Quand ces lettres que vous venez de _____ (étonner/surprendre) prouveraient que j'ai répondu à l'amour de M. Valenod, vous devriez me tuer, je l'aurais mérité cent fois, mais non pas lui témoigner de la colère. (STENDHAL)

20) Grâce au ciel, disait M. de Rênal dans d'autres moments, je n'ai point de fille, et la façon dont je vais punir la mère ne nuira point à l'établissement de mes enfants; je puis _____ (étonner/surprendre) ce petit paysan avec ma femme, et les tuer tous les deux; dans ce cas, le tragique de l'aventure en ôtera peut-être le ridicule. (STENDHAL)

第52组

évolution/changement

évolution *n.f. Transformation graduelle, développement progressif.* （演变，渐变）

1) C'est une maladie à évolution lente. （这种病发展缓慢。）
2) L'évolution de la mentalité des gens se fait souvent en fonction de l'évolution de la société. （人们思维方式的变化常常是随着社会的演变而变的。）

常与之搭配使用的动词：assurer, contribuer à, réaliser 等。
常用的修饰形容词：grande, prodigeuse, progressive, intégrale, partielle 等。

changement *n.m. De passer d'un état à un autre.* （改变）

1) Il aime toujours le changement. （他总是喜欢变化。）
2) La radio annonce un changement de temps. （电台报告天气将发生变化。）

常与之搭配使用的动词：apporter, introduire, produire, causer, provoquer, susciter, amener, opérer, subir, nécessiter un changement, procéder à un changement, un changement se produit, s'opère, survient, intervient, s'impose 等。
常用的修饰形容词：important, profond, complet, radical, absolu, subit, heureux, immédiat, superficiel, insignifiant, notoire, favorable 等。

辨析： évolution 强调一个事情逐渐"演变，渐变"的过程；changement 则强调一个事物从一种状态"改变"到另一种状态的结果。

Exercices 练习

Des mots entre parenthèses, choisissez celui qui convient pour compléter les phrases.

1) Vous avez quitté le quartier il y a très longtemps, vous ne reconnaîtrez plus rien quand vous reviendrez; il y a eu beaucoup _____ (d'évolution/de changements).

2) Le singe est-il ou non une étape de notre _____ (évolution/changement)?

3) Le succès de la presse correspond à _____ (une évolution/un changement) de notre société.

4) Nous nous efforçons de promouvoir la restructuration économique et _____ (l'évolution/le changement) du mode de croissance pour améliorer le niveau de vie de la population.

5) _____ (L'évolution/Le changement) de l'école ressemble à celle d'une compétition sportive de plus en plus dure parce qu'il y a de plus en plus de participants.

6) _____ (L'évolution/Le changement) de type de propriété des entreprises publiques et les transferts de propriété qui en découlent devront être réglementés afin de prévenir la fuite des avoirs publics et de sauvegarder les intérêts légitimes des ouvriers et employés.

7) Comme elle était bien connue dans les maisons unies par les liens de famille où elle vivait, qu'elle restreignait ses _____ (évolutions sociales/changements sociaux) à ce cercle, qu'elle aimait son chez soi, ses singularités n'étonnaient plus personne, et disparaissaient au dehors dans l'immense mouvement parisien de la rue, où l'on ne regarde que les jolies femmes.

8) La Providence a sans doute protégé fortement en ceci les ménages d'employés et la petite bourgeoisie, pour qui ces obstacles sont au moins doublés par le milieu dans lequel ils accomplissent leurs _____ (évolutions/changements).

9) La mer était magnifique; on pouvait facilement suivre à sa surface les rapides _____ (évolutions/changements) du squale, qui plongeait ou s'élançait avec une surprenante vigueur. (VERNE)

10) Dans sa colère, cet homme s'écriait: _____ (Quelle évolution/Quel changement)! et dire que, depuis plus de vingt ans, le juge de paix passait pour un si honnête homme! (STENDHAL)

11) La froideur vertueuse qu'elle avait voulu donner à son accueil fit place à l'expression de l'intérêt, et d'un intérêt animé par toute la surprise _____ (de l'évolution/du changement) subit qu'elle venait de voir. (STENDHAL)

12) —Je vous jure un secret éternel, dit Julien, j'ajouterais même que jamais je ne vous adresserai la parole, si votre réputation ne pouvait souffrir de _____ (cette évolution/ce changement) trop marqué(e). (STENDHAL)

13) —Eh bien oui, mon cher, dit-il au prince, vous me voyez à Strasbourg fort amoureux et même délaissé. Une femme charmante, qui habite une ville voisine, m'a planté là après trois jours de passion, et _____ (cette évolution/ce changement) me tue.

第53组

exagérer/dramatiser

exagérer v.tr. et v.intr. *Déformer quelque chose en le rendant ou en le faisant paraître plus grand, plus important.* (夸大, 夸张)

1) Il a exagéré le rôle qu'il avait joué dans cette affaire.
   (他夸大了自己在这件事中所起的作用。)

2) Il y avait au moins, sans exagérer, dix mille personnes sur la place.
   (毫不夸张地说, 广场上至少有一万人。)

dramatiser v.tr. *Donner à un événement les proportions d'un drame, en exagérer la gravité.* (夸大……严重性)

1) Il est prêt à dramatiser le moindre incident.
   (他随时准备将一个很小的事件说得很严重。)

2) Nous avons des dificultés, il est vrai, mais il ne faut pas pour cela dramatiser la chose.
   (我们确实有困难, 但也不应因此就夸大事情的严重性。)

辨析： exagérer强调讲事情"不实事求是", dramatiser强调朝坏的方面夸张。

Exercices 练习

Des mots entre parenthèses, choisissez celui qui convient pour compléter les phrases.

1) Il a tendance à _____ (exagérer/dramatiser) la situation.

2) Elle passait sa vie à _____ (s'exagérer/dramatiser) la haute prudence qu'elle avait montrée en liant son sort à celui d'un homme supérieur. Le mérite personnel était à la mode dans sa tête. (STENDHAL)

3) Tout le détail que l'on vient de lire, nous ne le connaissons que par M. Olier, qui, tout ensemble, _____ (l'exagére/le dramatise) et l'atténue. (BREMOND)

4) —Voici un fait, un fait réel, un fait horrible, un fait révélateur, celui-là, je ne l'invente pas, je ne _____ (l'exagére/le dramatise) pas, je ne l'ai pas rêvé, il est bien tel qu'il est... (MIRBEAU)

5) —Mais non, Auguste voyons, je t'assure!... tu te fais des idées! tu _____ (t'exagéres/dramatises) les moindres mots! (CELINE)

6) —J'ai trente ans, Monsieur.
—Je vous en donnais vingt.
—Oh! Monsieur, vous _____ (exagérez/dramatisez). Je vous jure que j'en ai trente, et je m'étonne que vous me rajeunissiez, car, ce matin, je ne suis pas moi-même. (RENARD)

7) On a d'abord vu dans les mass-média de très puissants moyens de diffusion. Mais on s'est, rapidement, inquiété de cette puissance: elle permet des manipulations de l'opinion; l'exemple de la presse suffit pour montrer comment telle information est amplifiée, _____ (exagérée/dramatisée), et donc déformée, par sa diffusion.

8) Jamais tu n'auras été aussi heureux! Jamais, répéta Julien ravi, et je te parle comme je me parle à moi-même. Dieu me préserve _____ (d'exagérer/de dramatiser). (STENDHAL)

9) Il _____ (exagére/dramatise) les vertus et le mérite de son ami.

10) Sans _____ (exagérer/dramatiser), j'ai bien attendu trois heures.

第54组

examiner/vérifier

examiner v.tr. Soumettre à un examen.(研究，检查)

1) Le médecin a examiné le malade.（医生给病人检查身体。）
2) Il a examiné à fond un compte.（他仔细查了账目。）
3) Plus je m'examine, moins je me sens coupable.
   （我越是反省自己，越是觉得自己无罪。）

vérifier v.tr. Chercher à contrôler l'exactitude de quelque chose, admettre pour vrai, prouver.（核查，核对，证实）

1) vérifier une adresse sur son agenda（在记事本上核实一个地址）
2) J'ai vérifié les renseignements donnés dans son livre.
（我核对了他书中涉及的情报。）

辨析： examiner 词义比 vérifier 弱，主要指对人或物的审视或查看；vérifier 指对某事进行检查核对以确认是否准确无误。

Exercices 练习

Des mots entre parenthèses, choisissez celui qui convient pour compléter les phrases.

1) Je vais vous _____ (examiner/vérifier). Déshabillez-vous immédiatement.
2) Je vous propose de constituer trois groupes de travail: ... un deuxième groupe _____ (examinerait/vérifierait) les possibilités de développement de nos activités à l'étranger.
3) Je n'ai pas lu ce reportage. Je vous prie, vous aussi, _____ (d'examiner/de vérifier) cette nouvelle.
4) «La marche du siècle» est une émission animée par le journaliste Jean-Marie Cavada. Elle traite d'un grand sujet de société dont elle _____ (examine/vérifie) successivement différents aspects.
5) Pendant qu'il lisait, Julien, frappé de sa bonne mine, eut le temps de _____ (l'examiner/la vérifier). (STENDHAL)
6) Ces présidentes de sociétés de bonnes oeuvres ne peuvent pas tout faire, elles ont besoin d'une dame probe qui puisse les suppléer activement, aller visiter les malheureux, savoir si la charité n'est pas trompée, _____ (examiner/vérifier) si les secours sont bien remis à ceux qui les ont demandés, pénétrer chez les pauvres honteux, etc. (BALZAC)
7) A force _____ (d'examiner/de vérifier) le comte Norbert, Julien remarqua qu'il était en bottes et en éperons; et moi je dois être en souliers, apparemment comme inférieur. (STENDHAL)
8) Quand _____ (j'examine/je vérifie) un rameau, je remarque qu'à l'aisselle de chacune de ses feuilles, il abrite un bourgeon, capable, l'an suivant, de végéter à son tour. (GIDE)
9) Mais moi, je serai la fable de Verrières. Quoi, diront-ils, il n'a pas su même se venger de sa femme! Ne vaudrait-il pas mieux m'en tenir aux soupçons et ne rien _____ (examiner/vérifier)? Alors je me lie les mains, je ne puis par la suite lui rien reprocher. (STENDHAL)
10) Elle _____ (l'examinait/le vérifiait) des pieds à la tête, d'un œil prompt, revenant au visage, lui fouillant les yeux de son regard de fouine... (ZOLA)

11) Mes secrétaires m'apportaient mon courrier à Bruxelles. Il y avait, dans cette correspondance, une foule de dénonciations et de précisions que je faisais, autant que possible, _____ (examiner/vérifier). (L. DAUDET)

12) Plus tard il entra dans les fonctions de Julien _____ (d'examiner/de vérifier) les comptes de ce qu'avait coûté cette cérémonie. (STENDHAL)

13) Michel s'apprête à partir aussi de l'hôtel, il _____ (examine/vérifie) l'addition.

第55组

expliquer/exprimer

expliquer v.tr. *Faire comprendre ou faire connaître en détail par un développement oral ou écrit, commenter.*（解释，说明）

1) Expliquez-moi ce que cela signifie.（请给我解释清楚这意味着什么。）
2) Le professeur explique le texte difficile.（老师解释难懂的课文。）
3) Il nous a expliqué son projet.（他向我们说明了他的计划。）

exprimer v.tr. *Manifester sa pensée, rendre visible.*（表达，表现）

1) Elle exprime sa douleur par des cris et des larmes.（她又哭又喊，以表达她的痛苦。）
2) Les étudiants parviennent à s'exprimer en français.
（学生们能够用法文表达思想了。）
3) Elle a exprimé une vive crainte.（她表现出极度的恐惧。）

辨析： expliquer 强调把一件事情解释清楚，exprimer 侧重对情感或思想的表达。

Exercices 练习

Des mots entre parenthèses, choisissez celui qui convient pour compléter les phrases.

1) C'est un modèle très simple. Tout est _____ (expliqué/exprimé) dans la notice.

2) Pour toute réponse, sa femme le prit à part et lui _____ (expliqua/exprima) la nécessité d'éloigner Julien. (STENDHAL)

3) Un peu adroite depuis qu'elle aimait pour _____ (expliquer/exprimer) sa rougeur, elle se plaignit d'un affreux mal de tête.

4) Elle se promenait avec lui au moment de ces propos maladroits; elle le quitta, et son

dernier regard _____ (expliquait/exprimait) le plus affreux mépris.

5) Mme de Rênal s'attendait à chaque moment qu'il allait _____ (s'expliquer/s'exprimer), et annoncer qu'il quittait la maison ou y restait. (STENDHAL)

6) Il ne _____ (s'expliqua/s'exprima) pas aussi nettement le reste de sa réponse; avait-il honte de la futilité des motifs?

7) Sa mère pleurait tout à fait, pendant que Julien, qui avait pris Stanislas sur ses genoux, lui _____ (expliquait/exprimait) qu'il ne fallait pas se servir de ce mot dupe, qui, employé dans ce sens, était une façon de parler de laquais.

8) Julien releva les yeux avec effort, et d'une voix que le battement de coeur rendait tremblante, il _____ (expliqua/exprima) qu'il désirait parler à M. Pirard, le directeur du séminaire.

9) Le petit carré de papier, que lui remit l'abbé, _____ (expliquait/exprimait) tout.

10) Ses yeux _____ (expliquaient/exprimaient) le feu de la conscience et le mépris des vains jugements des hommes; ils rencontrèrent ceux de Mlle de La Mole tout près de lui, et ce mépris, loin de se changer en air gracieux et civil, sembla redoubler.

第56组

fatigué/fatigant/épuisé

fatigué adj. 1. *Signe de fatigue.*（疲劳的,疲乏的）

1) Je suis bien fatigué après avoir travaillé toute la journée.（我劳动了一天很累。）
2) Elle a l'air fatiguée.（她看上去很疲倦。）

2. *Fatigué de qch:*（对某事厌倦、厌烦）

1) Il est fatigué de ses caprices.（他厌烦了她的任性。）
2) La mère est fatiguée de voir ses enfants tourner autour de lui.
（母亲看到孩子们围着她转感到心烦。）

fatigant adj. *Qui cause de la fatigue, qui est ennuyeux.*（使疲劳,令人生厌的）

1) Ce travail est trop fatigant.（这个工作很累人。）
2) une journée bien fatigante（很令人疲劳的一天）
3) C'est un homme fatigant.（这个人很让人烦。）

épuisé adj. *Signe d'être totalement affaibli.* (干涸的,枯竭的,耗尽的,精疲力竭的)

1) Cette terre est épuisée. (这块土地干涸了。)
2) Elle est épuisée de fatigue. (她精疲力竭。)
3) Toute mon énergie est épuisée par ce travail. (我的全部精力都被这个劳动耗尽了。)

辨析: fatigué是个常用词,épuisé比fatigué的程度强。

Exercices 练习

Des mots entre parenthèses, choisissez celui qui convient pour compléter les phrases.

1) —Vous dansez, Mademoiselle?
   —Non, je suis _____ (fatiguée/fatigante/épuisée).
   —Allez, juste une danse. Un slow, ce n'est pas _____ (fatigué/fatigant/épuisé).

2) —Vous n'avez pas l'air en forme!
   —Ah! Non, je suis _____ (fatigué/fatigant/épuisé).

3) Elle dansa jusqu'au jour et enfin se retira horriblement _____ (fatiguée/fatigante/épuisée).

4) Mâtho, ne le voyant plus, tomba à la renverse, _____ (fatigué/fatigant/épuisé).

5) Enfin, il découvrit que les projets de Mlle de La Mole variaient souvent, et, à son grand soulagement, trouva un mot pour blâmer ce caractère si _____ (fatigué/fatigant/épuisé) pour lui: elle était changeante. (STENDHAL)

6) Voilà trois ans qu'il est question de lui, tu as eu le temps de l'étudier, et, s'il t'est resté fidèle, tu ne devrais pas prolonger une situation _____ (fatiguée/fatigante/épuisée) pour lui.

7) Son âme, _____ (fatiguée/fatigante/épuisée) par tout ce qu'elle venait d'éprouver, n'avait plus de sensibilité au service des passions.

8) Le maréchal, devenu blême, se laissa tomber sur le divan de son cabinet, _____ (fatigué/fatigant/épuisé) par ces solennelles paroles.

9) Les Anciens chancelaient, _____ (fatigués/fatigants/épuisés) ; ils aspiraient à pleins poumons la fraîcheur de l'air

10) Cet orateur a la manie de faire des discours _____ (fatigués/fatigants/épuisés).

第57组

fuir/s'enfuir/s'échapper

fuir v.intr. 1. *S'éloigner à toute vitesse, par un motif de crainte.*（逃走，逃跑）

1) Les ennemis fuyaient en désordre.（敌人混乱一片，仓皇而逃。）
2) fuir de son pays, hors de son pays（逃离家乡）

2. *Il se dit, par analogie, des choses qui courent ou se meuvent avec quelque rapidité, qui s'éloignent ou semblent s'éloigner, qui s'échappent ou semblent s'échapper.*（跑出，流逝）

1) un ruisseau qui fuit dans la prairie（草原上流淌的小溪）
2) Les nuages fuient et le ciel se découvre.（云快速移开，天空显露出来。）

3. *Il s'emploie aussi comme verbe transitif et alors il signifie en général, tant au propre qu'au figuré, éviter quelqu'un ou quelque chose en s'en éloignant, par aversion, etc.*（躲避，避开）

1) Tout le monde fuit cet homme.（所有的人都躲避他。）
2) fuir le danger（避开危险）

s'enfuir v.pr. 1. *Fuir de quelque lieu.*（逃离，逃跑）

1) s'enfuir de la prison（越狱逃跑）
2) Il voulait s'enfuir, on l'a arrêté.（他要越狱逃跑，又被逮着了。）
3) Si vous me parlez encore de cela, je m'enfuis.（如果您还和我说这话，我就走开。）

2. *Se dit figurément de certaines choses qui passent, disparaissent, se dissipent, etc.*（消逝，流逝）

1) Le temps s'enfuit.（时光飞逝。）
2) Mon bonheur s'est enfui pour jamais.（我的幸福永远离我而去。）
3) Il regrette sans cesse sa jeunesse enfuie.（他总是怀念他逝去的青春。）

s'échapper v.pr. *Se sauver des mains de quelqu'un, d'une prison, de quelque péril, etc.*（逃离，逃跑）

1) laisser s'échapper un prisonnier（让一个罪犯逃跑了）
2) Tous ses compagnons furent massacrés, et lui-même n'échappa qu'à grand-peine.（他所有的伙伴全部被杀，只有他勉强逃出。）
3) L'oiseau que j'avais pris s'est échappé.（我抓到的那只鸟逃了。）

辨析： fuir 作不及物动词时，意义同 s'enfuir 很相近，但更为抽象；s'enfuir 的词义所指则比较具体；s'échapper 则多指受监管的人趁人不备从某各地方逃脱。

Exercices 练习

Des mots entre parenthèses, choisissez celui qui convient pour compléter les phrases.

1) C'est un homme à _____ (fuir/s'enfuir/s'échapper).
2) Ces deux personnes _____ (se fuyaient/s'enfuyaient/s'échappaient) l'une l'autre.
3) Nos beaux jours _____ (fuient/s'enfuient/s'échappent) rapidement.
4) L'animal rompit son lien et _____ (fuit/s'enfuit/s'échappa).
5) Cette conduite de gaz _____ (fuit/s'enfuit/s'échappe).
6) La fumée ne _____ (fuyait/s'enfuyait/s'échappait) que par une étroite ouverture.
7) Julien sauta le mur d'une terrasse, fit à couvert une cinquantaine de pas, et se remit à _____ (fuir/s'enfuir/s'échapper) dans une autre direction.
8) Il songeait à _____ (fuir/s'enfuir/s'échapper) après souper, et pour apprendre toujours quelque chose sur le pays, il quitta sa chambre pour aller se chauffer au feu de la cuisine.
9) Chaque mot centuplait l'affreux malheur de Julien. Il voulut _____ (fuir/s'enfuir/s'échapper), Mlle de La Mole le retint par le bras avec autorité. (STENDHAL)
10) Je _____ (fuis/m'enfuis/m'échappe) l'abominable vie que l'on mène en province.
11) Demain matin nous commandons un bon déjeuner; pendant qu'on le prépare nous allons nous promener, nous _____ (fuiyons/nous enfuyons/nous échappons), nous louons des chevaux et gagnons la poste prochaine.
12) Elle _____ (fuit/s'enfuit/s'échappa) dans sa chambre, s'y enferma, s'appliqua beaucoup, chercha sérieusement à faire le portrait de Julien, mais elle ne put réussir.
13) Pendant toute la journée du lendemain elle épia les occasions de s'assurer de son triomphe sur sa folle passion. Son grand but fut de déplaire en tout à Julien; mais aucun de ses mouvements ne lui _____ (fuit/enfuit/échappa). (STENDHAL)
14) Vers les neuf heures, Mlle de La Mole parut sur le seuil de la porte de la bibliothèque,

lui jeta une lettre et _____ (fuit/s'enfuit/s'échappa). (STENDHAL)

15) Après dîner, Mlle de La Mole, loin de _____ (fuir/s'enfuir/s'échapper) Julien, lui parla et l'engagea en quelque sorte à la suivre au jardin. (STENDHAL)

第58组

garder/conserver/maintenir

garder v.tr. 1. *Empêcher qu'une chose ne se perde, ne se gâte, ne disparaisse.*（保存，储藏）

1) Ce vin ne se gardera pas.（这种酒不能长久保存。）
2) Gardez soigneusement ces papiers, ils pourront vous être utiles.
   （保存好这些证件，将来会有用的。）

2. *En parlant des êtres animés, il signifie préserver de toute atteinte, de tout danger, veiller à leur conservation.*（保护，看管）

1) garder les troupeaux（看管畜群）
2) On l'a chargée de garder les enfants.（人们让她照看孩子。）

conserver v.tr. *Maintenir en bon état, apporter le soin nécessaire pour empêcher qu'une chose ne se gâte, ne dépérisse.*（保存，保鲜，储藏）

1) conserver des fruits（保存水果）
2) Cette femme a grand soin de conserver son teint.
   （这位妇女很注意保养自己的皮肤。）
3) Les cornichons se conservent dans le vinaigre.（小黄瓜要放在醋里保存。）

maintenir v.tr. *Tenir ferme et fixe, conserver dans le même état.*（维护，维持，保持）

1) Cette barre de fer maintient la charpente.（这个铁栅栏保护斜坡。）
2) Il vous a nommé à cette place, il vous y maintiendra.
   （他把您安置在这个位置，他会维护您的。）
3) maintenir l'ordre（维护秩序）

辨析： garder 和 conserver 常可通用，maintenir 常指维持、保持事物原有的状态。

Exercices 练习

Des mots entre parenthèses, choisissez celui qui convient pour compléter les phrases.

1) On ne peut pas _____ (garder/conserver/maintenir) plus longtemps ce gibier, il faut le manger.

2) Comme Jésus a beaucoup de succès auprès des masses, les classes dominantes cherchent à s'en débarrasser afin de _____ (garder/conserver/maintenir) leurs privilèges.

3) La famille tout entière _____ (gardait/conservait/maintenait) un silence profond autour de ce père, assez spirituel pour savoir ce que dénotait ce silence.

4) Il avait besoin de toute l'énergie de son caractère pour _____ (se garder/se conserver/se maintenir) au-dessus du désespoir.

5) Il _____ (gardait/conservait/maintenait) son chapeau à la main d'une façon dégagée que Valérie lui avait apprise. (BALZAC)

6) Une vie réglée _____ (garde/conserve/maintient) la santé.

7) Hulot devint blême et _____ (garda/conserva/maintint) le silence, il traversa l'antichambre, les salons, et arriva, les pulsations du coeur troublées, à la porte du cabinet. (BALZAC)

8) «Nous n'avons pas su lui faire de la gloire», dit le président, «il fallait le _____ (garder/conserver/maintenir) immortel.»

9) —«A sa famille maintenant!» reprit-il. «Il vous arrache le pain que je vous _____ (gardais/conservais/maintenais), le fruit de trente années d'économie, le trésor des privations du vieux soldat!» (BALZAC)

10) Ce n'est pas qu'ils nous manquent, bien au contraire; mais peut-être ce qu'il vit au séminaire est-il trop noir pour le coloris modéré que l'on a cherché à _____ (garder/conserver/maintenir) dans ces feuilles. (FLAUBERT)

11) On espérait beaucoup de la vieille présidente de Rubempré; cette dame, âgée de quatre-vingt-dix ans, _____ (gardait/conservait/maintenait), depuis soixante-dix au moins, ses robes de noce en superbes étoffes de Lyon, brochées d'or. (FLAUBERT)

12) Voulez-vous être mon secrétaire, avec huit mille francs d'appointements ou bien avec le double? J'y gagnerai encore, je vous jure; et je fais mon affaire de vous _____ (garder/conserver/maintenir) votre belle cure, pour le jour où nous ne nous conviendrons plus. (FLAUBERT)

13) Assises dans un petit kiosque, au milieu du jardinet que la truelle de la spéculation avait respecté par un caprice du constructeur, qui croyait _____ (garder/conserver/maintenir) ces cent pieds carrés pour lui-même, elles jouissaient de ces premières pousses des lilas. (FLAUBERT)

14) Norbert y _____ (gardait/conservait/maintenait) décemment le jeune secrétaire

de son père, en lui adressant la parole ou en le nommant une ou deux fois par soirée. (BALZAC)

15) Ainsi, la rareté des entrevues _____ (gardait/conservait/maintenait) chez Crevel le désir à l'état de passion. Il s'y heurtait toujours contre la dureté vertueuse de Valérie, qui jouait le remords, qui parlait de ce que son père devait penser d'elle dans le paradis des braves. (BALZAC)

16) Il en résulte cette habitude du labeur, cette perpétuelle connaissance des difficultés qui les _____ (garde/conserve/maintient) en concubinage avec la muse, avec ses forces créatrices. Canova vivait dans son atelier, comme Voltaire a vécu dans son cabinet, Homère et Phidias ont dû vivre ainsi. (FLAUBERT)

17) Porter des lunettes noires en plein soleil _____ (garde/conserve/maintient) la vue.

第59组

gros/gras/obèse

gros adj. *Qui a beaucoup de volume, il est opposé à «menu» et à «petit».* (大的，胖的)

1) un gros homme（一个胖男人）
2) une grosse femme（一个胖女人）
3) Il est gros et gras.（他又高又胖。）

gras adj. *Qui est formé de graisse.* (肥的，有脂肪的)

1) Je n'aime pas les matières grasses.（我不喜欢吃肥肉。）
2) Ce bouillon est trop gras.（这汤太浓了。）

obèse adj. *Qui est d'un embonpoint excessif.* (肥胖的)

Il n'a cessé de manger, de sorte qu'il est maintenant devenu obèse.
（他不住嘴地吃，最后变成了大胖子。）

辨析： 指人时，gros强调粗壮；gras强调肥胖；obèse强调过于肥胖，常指病态，现多用于贬义。

Exercices 练习

Des mots entre parenthèses, choisissez celui qui convient pour compléter les phrases.

1) Si j'étais toi, je revendrais _____ (ma grosse/ma grasse/mon obèse) Mercédes.
2) Pour maigrir, évitez les matières _____ (grosses/grasses/obèses).
3) J'ai un _____ (gros/gras/obèse) problème d'argent.
4) A chaque plaisanterie douteuse, il éclatait d'un rire _____ (gros/gras/obèse).
5) J'ai fait un _____ (gros/gras/obèse) gâteau.
6) Demain c'est dimanche. Je vais faire une _____ (grosse/grasse/obèse) matinée.
7) Peu de temps après, —c'était Liébard, le fermier de Toucques, petit, rouge, _____ (gros/gras/obèse), portant une veste grise et des houseaux armés d'éperons.
8) Le pays a connu de _____ (grosses/grasses/obèses) difficultés économiques, ce qui explique le taux de chômage élevé.
9) J'aime bien Monsieur Duval, il est une _____ (grosse/grasse/obèse) tête.
10) Tiens, tu as reçu un _____ (gros/gras/obèse) paquet!

第60组

habiter/(se) loger

habiter v.tr. *Faire sa demeure, faire son séjour en quelque lieu.*（居住，长住）

1) Où habitez-vous?（您住哪里？）
2) Il a longtemps habité à la campagne.（他曾很长时间住在农村。）

(se) loger v.intr. *Séjourner, avoir sa demeure habituelle ou temporaire dans un logis.*（住，逗留）

1) Où irez-vous loger?（您到哪里去住？）
2) Les hôtels étaient si pleins qu'il ne put trouver où loger.
（旅馆全客满，他找不到住的地方了。）

辨析： habiter指长期居住某个地方，而(se) loger则指短期地居住。

Exercices 练习

Des mots entre parenthèses, choisissez celui qui convient pour compléter les phrases.

1) On dépeint ici les conditions dans lesquelles ces jeunes gens _____ (habitent/sont logés).

2) C'est la vie moderne: on dépense plus d'argent pour _____ (habiter/se loger).

3) Dire que _____ (j'habite/je loge) ce quartier depuis quarante ans!

4) Dans leur rêve, ils construisent le logement idéal qu'ils _____ (n'habiteront/ne logeront) probablement jamais.

5) Après mon mariage, je suis venu, selon la coutume, _____ (habiter/loger) chez mes beaux parents.

6) Depuis six mois que Narr'Havas y _____ (habitait/logeait), il n'avait point encore aperçu Salammbô. (FLAUBERT)

7) Les uns allèrent _____ (habiter/loger) dans les maisons, les autres campèrent au pied des murs, et les gens de la ville vinrent causer avec les soldats.

8) Nous étions à table plusieurs, joyeux, en devoir de bien faire, quand tout à coup arrive et sans être annoncé, notre camarade Bonaparte, nouveau propriétaire de la vieille maison, _____ (habitant/logeant) le premier étage.

9) —On voit bien, dit l'abbé Pirard, que vous _____ (habitez/logez) Paris.

10) Ma femme et moi, nous _____ (habitions/logions) dans un taudis à Paris.

第61组

humide/mouillé

humide adj. *Qui tient de la nature de l'eau, l'humide est opposé au sec.* (潮湿的)

1) les humides plaines (湿漉漉的草原)
2) La terre est encore tout humide. (土地还很潮湿呢。)
3) un linge humide (潮湿的衣服)

mouillé adj. *Etre imprégné plus ou moins d'un liquide.* (被浸湿的)

1) Sa chemise est mouillée de sueur. (他的衬衫被汗水浸湿了。)
2) Il est rentré, mouillé. (他回来了,浑身湿漉漉的。)
3) Elle a le visage mouillé de larmes. (她满脸泪水。)

辨析： humide 多指自然的含水分多的潮湿，mouillé 则多指"弄湿"。

Exercices 练习

Des mots entre parenthèses, choisissez celui qui convient pour compléter les phrases.

1) Mais un homme que l'on ne connaissait pas entra, _____ (humide/mouillé) de sueur, effaré, les pieds saignants, la ceinture dénouée.

2) Spendius tâta le sol et reconnut qu'il était soigneusement tapissé avec des peaux de lynx ; puis il leur sembla qu'une grosse corde _____ (humide/mouillée), froide et visqueuse, glissait entre leurs jambes.

3) Julien lui avait donné l'idée d'un petit chemin sablé, qui circulerait dans le verger et sous les grands noyers (胡桃树), et permettrait aux enfants de se promener dès le matin, sans que leurs souliers fussent _____ (humides/mouillés) par la rosée (露水). (STENDHAL)

4) Les gens fuient ce pays froid et _____ (humide/mouillé).

5) Le mouvement de ta bouche quand tu parles se reproduit dans mon souvenir, plein de grâce, d'attrait, irrésistible, provocant; ta bouche, toute rose et _____ (humide/mouillée), qui appelle le baiser, qui l'attire à elle avec une aspiration sans pareille...

6) Elle était très émue, les yeux tout _____ (humides/mouillés).

7) — «Surtout», lui dit Mme Derville, lorsqu'elle vit arriver Julien, «indisposée (不方便的) comme tu l'es, tu n'iras pas ce soir au jardin, l'air _____ (humide/mouillé) redoublerait (增加) ton malaise». (STENDHAL)

8) Elle a mal à la tête, parce qu'elle a dormi les cheveux _____ (humides/mouillés).

9) La blanche lumière semblait l'envelopper (包裹着) d'un brouillard d'argent, la forme de ses pas _____ (humides/mouillés) brillait sur les dalles (石板), des étoiles palpitaient dans la profondeur de l'eau.

10) Son doigt, _____ (humide/mouillé) de salive, commençait à tourner la page.

第62组

insister/tenir à

insister v.intr. *Appuyer sur quelque chose, s'y arrêter avec force.* (强调,坚持)

1) Il insista beaucoup sur cette preuve. (他强调这个证据。)

2) L'avocat insista principalement sur ce moyen. (律师主要强调这个办法。)
3) Je n'insisterai pas sur ce point. (在这一点上我不再坚持了。)
4) Il insiste pour être reçu. (他一定要被接待。)

tenir à 1. *Etre attaché à.* (在乎,珍惜,依恋)

1) Il tient beaucoup à ses amis. (他很依恋他的朋友。)
2) Elle tient à sa réputation. (她很在乎自己的名声。)

2. *Avoir la ferme volonté de.* (一定要,坚持要)

1) Il tient à retrouver son enfant perdu. (他一定要找到他丢失的那个孩子。)
2) Elle tient à vous revoir. (她坚持要再见到您。)

辨析: 两词都有"坚持"的意思,但区别在于:
  1) 两词使用结构不同;
  2) insister 强调"坚持"某种观点,而 tenir à 强调有一定要做某事的决心和意志。

Exercices 练习

Des mots entre parenthèses, choisissez celui qui convient pour compléter les phrases.

1) — Tu _____ (insistes/tiens) vraiment à aller à la Toque d'or?
2) _____ (N'insistez/Ne tenez) pas davantage sur cette prétention.
3) Tout d'abord, _____ (j'insiste/je tiens) à m'excuser pour les petits problèmes que vous avez rencontrés à votre arrivée.
4) — Je vous ai dit que je voulais la rouge. Si vous _____ (insistez/tenez) encore, je vais chez Renault.
5) — «Mon cher ami,» répondit le directeur du personnel, «permettez-moi de vous faire observer que, pour vous-même, vous ne devriez pas _____ (insister/tenir) sur cette nomination.»
6) En premier lieu, _____ (j'insiste/je tiens) à féliciter tout le monde pour l'excellent travail accompli cette année.
7) «Je ne le crois pas,» reprit M. de La Mole après le tumulte (喧闹). Il _____ (insista/tint) sur le Je, avec une insolence (傲慢) qui charma Julien. (STENDHAL)
8) La spéculation (投机) est écrite sur cette plate et atroce figure. Mais ne deviez-vous pas beaucoup _____ (insister/tenir) à une certaine lettre écrite par cette femme et où il est question de l'enfant?
9) Si, au lieu de se tenir caché dans un lieu écarté, il eût erré au jardin et dans l'hôtel, de manière à _____ (insister/se tenir) à la portée des occasions, il eût peut-être en

un seul instant changé en bonheur le plus vif son affreux malheur.

10) Quoique le temps fût charmant ce soir-là, elle _____ (insista/tint) pour ne pas aller au jardin.

11) La voix forte et claire de la Lorraine lui permettait de causer avec le vieillard. Elle fatiguait ses poumons, tant elle _____ (insistait/tenait) à démontrer à son futur qu'il ne serait jamais sourd avec elle.

12) Il a fortement _____ (insisté/tenu) sur la nécessité de mettre un terme à ces abus.

13) Sa contenance devenait de plus en plus embarrassée; car enfin, quelque effort qu'il fît, il ne pouvait pas ne pas entendre, et quelque peu d'expérience qu'il eût, il comprenait toute l'importance des choses dont on parlait sans aucun déguisement; et combien les hauts personnages qu'il avait apparemment sous les yeux devaient _____ (insister/tenir) à ce qu'elles restassent secrètes! (STENDHAL)

第63组

instruire/éduquer/enseigner

instruire v.tr. *Enseigner quelqu'un, lui apprendre quelque chose, lui donner des leçons, des préceptes pour les moeurs, pour quelque science, etc.* (教育)

1) Ces enfants sont bien instruits. (这些孩子受到好的教育。)
2) C'est un homme fort instruit. (这是一位学识渊博的人。)
3) On s'intruit mieux par la pratique que par la théorie.
   (从实践中比从理论上更能学到知识。)

éduquer v.tr. *Former l'esprit, développer ses aptitudes intellectuelles, apprendre à qn les usages de la société, les bonnes manières.* (教育,使有教养)

1) Les parents éduquent bien leurs enfants. (家长教育孩子。)
2) C'est un enfant bien éduqué. (这是一个有教养的孩子。)

enseigner v.tr. *FIndiquer, faire connaître quelque chose que ce soit.* (教授)

1) Enseignez-moi une recette. (教我这个菜谱吧。)
2) C'est une bonne méthode pour enseigner les langues. (这是一个教语言的好方法。)

辨析： instruire 专指传授知识技能；éduquer 强调全面教育；enseigner 强调"教授"某一门课程。

Exercices 练习

Des mots entre parenthèses, choisissez celui qui convient pour compléter les phrases.

1) Jésus avait dit:«Allez et _____ (instruisez/éduquez/enseignez).» Mais il n'avait pas dit: «Allez avec des gendarmes, instruisez de par le préfet.» (STENDHAL)

2) Madame De Rênal _____ (instruit/éduque/enseigne) les mathématiques dans une école. (STENDHAL)

3) Mme de Rênal, de son côté, trouvait la plus douce des voluptés (满足) morales à _____ (instruire/éduquer/enseigner) ainsi, dans une foule de petites choses, ce jeune homme rempli de génie, et qui était regardé par tout le monde comme devant un jour aller si loin. (STENDHAL)

4) Elle m'avait _____ (instruit/éduqué/enseigné) comment vivre en société.

5) La nature nous _____ (instruit/éduque/enseigne) que tous les excès sont pernicieux.

6) Enfin M. de Maugiron, le serrant dans ses bras de l'air le plus paterne, lui proposa de quitter M. de Rênal et d'entrer chez un fonctionnaire qui avait des enfants à _____ (instruire/éduquer/enseigner). (STENDHAL)

7) Les domestiques n'avaient pas manqué de leur conter qu'on lui offrait deux cents francs de plus pour _____ (instruire/éduquer/enseigner) les petits Valenod. (BALZAC)

8) Où t'a-t-on _____ (instruit/éduqué/enseigné) pour parler de cette façon ?

9) La vie et les malheurs l'ont _____ (instruit/éduqué/enseigné).

10) Si on les écoutait, ils prétendraient encore à être seuls professeurs, sous prétexte qu'il faut savoir pour _____ (instruire/éduquer/enseigner).

11) C'était l'abbé Chas-Bernard, directeur des cérémonies de la cathédrale, où, depuis quinze ans, on lui faisait espérer une place de chanoine (议事司铎); en attendant, il _____ (instruisait/éduquait/enseignait) l'éloquence sacrée au séminaire (修道院). Dans le temps de son aveuglement, ce cours était un de ceux où Julien se trouvait le plus habituellement le premier. (STENDHAL)

12) Oui et non, répondit la baronne. Je suis riche pour les bonnes petites filles comme toi, quand elles veulent se laisser _____ (instruire/éduquer/enseigner) des devoirs du chrétien par un prêtre, et aller dans le bon chemin. (STENDHAL)

13) On ne nous a pas _____ (instruit/éduqué/enseigné) des conclusions du rapport.

14) Il faut _____ (instruire/éduquer/enseigner) le téléspectateur par des émissions scientifiques.

第64组

intérieur/interne

intérieur adj. *Qui est au dedans, ou qui a rapport au dedans, il est opposé à extérieur.* (内部的)

1) Il sent un feu intérieur qui le consume. (他觉得内心的怒火在慢慢地煎熬着他。)
2) maintenir la tranquillité intérieure (保持内心的平静)
3) le commerce intérieur (对内贸易)

interne adj. *Qui est en dedans, qui appartient au dedans.* (体内的,内部的)

1) une maladie interne (内科病)
2) La pathologie interne est une science qui s'occupe des maladies internes. (内科学是研究内科病的科学。)
3) L'estomac est un organe interne. (胃是体内器官。)
4) L'entreprise a des problèmes internes. (企业有一些内部问题。)

辨析： intérieur是普通用词；interne是科学术语,多用于医学、物理学等方面。

Exercices 练习

Des mots entre parenthèses, choisissez celui qui convient pour compléter les phrases.

1) On poursuivra la stratégie de l'accroissement de la demande _____ (intérieure/interne) et surtout on s'efforcera d'accroître la consommation, afin de renforcer le rôle de stimulation de la consommation dans le développement économique.

2) Dans ces conditions, ceux-ci sont tenus de mener vigoureusement leur réforme _____ (intérieure/interne) aussi bien que leur propre édification.

3) Les nombreuses conditions _____ (intérieures/internes) favorables coexisteront avec une quantité non négligeable de contraintes et de difficultés.

4) On s'efforcera de normaliser leur structure de management, de perfectionner leurs mécanismes de contrôle _____ (intérieur/interne) et leur système de gestion, et de promouvoir les innovations de système.

5) A son grand chagrin, cette petite ouverture n'était pas éclairée par la lumière _____ (intérieure/interne) d'une veilleuse.

6) On lui demandait une réponse décisive avec une hauteur qui augmenta sa gaieté _____ (intérieure/interne).

7) La face _____ (intérieure/interne) d'un dôme est appelée «coupole»

8) Si tu savais toutes les forces _____ (intérieures/internes) qui m'ont épuisé, toutes les folies qui m'ont passé par la tête, tout ce que j'ai essayé et expérimenté en fait de sentiments et de passions, tu verrais que je ne suis pas si jeune.

9) La critique structuraliste envisage l'oeuvre comme un système de mots obéissant à des lois _____ (intérieures/internes).

10) Votre première question n'est pas la question à laquelle doit répondre le porte-parole du Ministère chinois des Affaires étrangères, ce sont les affaires _____ (intérieures/internes) de la RPDC.

第65组

jour/journée

jour n.m. 1. *Clarté, lumière que le soleil répand lorsqu'il est sur l'horizon, ou qu'il en est proche.*（太阳光，日光）

1) Maintenant, il fait jour à cinq heures du matin.（现在五点天就亮了。）
2) en plein jour（光天化日）

2. *Il signifie aussi certain espace de temps par lequel on divise les mois et les années, période de 24 heures.*（日子，天）

1) Il y a sept jours dans une semaine.（一周有七天。）
2) Quel jour est-ce aujourd'hui?（今天星期几？）
3) les nouvelles du jour（当日新闻）

journée n.f. *Espace de temps qui s'écoule entre le lever et le coucher du soleil.*（日子）

1) Il a passé la journée tristement.（他一整天都很伤心。）
2) Il a bien employé la journée.（他一天时间利用得很好。）
3) La journée fut très belle, nous n'eûmes pas une goutte de pluie.
（一天天气都很好，没有一滴雨。）
4) Je garderai longtemps le souvenir de cette délicieuse journée.
（我将把这美好的一天铭记在心。）

辨析： jour 强调时间单位，journée 强调时间的延续。

Exercices 练习

Des mots entre parenthèses, choisissez celui qui convient pour compléter les phrases.

1) On ne se battit point _____ (ce jour/cette journée) -là, tous étant trop accablés.

2) Il n'était plus question du mouvement qui, pendant huit _____ (jours/journées), lui avait fait trouver tant de plaisir à traiter Julien comme l'ami le plus intime. (STENDHAL)

3) _____ (Ce jour/Cette journée) passa comme un éclair. Julien était au comble du bonheur. (STENDHAL)

4) Il s'en tint _____ (le jour suivant/la journée suivante) à tuer de fatigue lui et son cheval.

5) Il y avait déjà plusieurs _____ (jours/journées) que Julien la fuyait, et les jeunes gens si brillants qui avaient tout ce qui manquait à cet être si pâle et si sombre, autrefois aimé d'elle, n'avaient plus le pouvoir de la tirer de sa rêverie. (STENDHAL)

6) Pendant _____ (tout le jour/toute la journée) du lendemain elle épia les occasions de s'assurer de son triomphe sur sa folle passion.

7) _____ (Le jour/La journée) va bientôt paraître.

8) Au total, sa vie était moins affreuse que lorsque _____ (ses jours/ses journées) se passaient dans l'inaction.

9) Cuba a donc vécu hier _____ (son premier jour/sa première journée) sans «Fidel» depuis le renversement du dictateur Batista le 1er janvier 1959.

10) Le médecin lui conseille de prendre un médicament pendant trois _____ (jours/journées) consécutifs.

第66组

langue/langage

langue n.f. *Désigne l'idiome d'une nation, d'une race.* （语言）

1) Il parle plusieurs langues. （他讲好几种语言。）
2) professeur de langue grecque （教授希腊语的老师）
3) La poésie est la langue des dieux. （诗是神的语言。）

常与之搭配使用的动词：connaître, posséder, étudier, parler, s'assimiler, pratiquer, apprendre, transformer, affirmer une langue 等。

常用的修饰形容词：vulgaire, savante, vivante, morte, familière, claire, précise, harmonieuse, belle, riche 等。

> **langage** n.m. 1. *Emploi que l'homme fait des sons et des articulations de la voix pour exprimer ses pensées et ses sentiments, Il désigne plus particulièrement la manière de s'exprimer, soit par rapport aux mots qu'on emploie, soit par rapport au sens.*（语言）

1) On a publié de nombreux écrits sur l'origine du langage.
（已经出版了很多有关探寻语言之源的书。）
2) poème écrit en beau langage（用很美的语言写成的诗）
3) Les oiseaux ont une sorte de langage.（鸟也有语言。）

> 2. *Il se dit encore, figurément, de tout ce qui sert à exprimer des idées et des sensations.*（所有表达思想和感觉的语言）

1) langage du geste（肢体语言）
2) le langage symbolique des fleurs（花的象征语言）

常与之搭配使用的动词：tenir, parler, posséder, estropier, baragouiller un langage 等。
常用的修饰形容词：châtié, choisi, pur, délicieux, noble, vulgaire, commun, grossier, trival, odieux, ignole, rustique, incohérent, simple, câlin, riche, facile, disert, volubile, énergique, exubérant, loquace, nerveux, autre, cru, imagé 等。

辨析： iangue 多指不同种类的语言；langage 比 langue 用途广，常指语言的运用。

Exercices 练习

Des mots entre parenthèses, choisissez celui qui convient pour compléter les phrases.

1) On a composé, pour les sourds-muets, _____ (une langue/un langage) au moyen de divers mouvements de la main et des doigts.
2) «Si vous ne m'étiez pas recommandé,» dit l'abbé Pirard en reprenant _____ (la langue latine/le langage latin) avec un plaisir marqué, «si vous ne m'étiez pas recommandé par un homme tel que l'abbé Chélan, je vous parlerais _____ (la vaine langue/le vain langage) de ce monde auquel il paraît que vous êtes trop accoutumé.» (STENDHAL)
3) La pantomime (表意手势，动作) est _____ (une langue muette/un langage muet).

4) Julien répondit en inventant ses idées, et perdit assez de sa timidité pour montrer, non pas de l'esprit, chose impossible à qui ne sait pas _____ (la langue/le langage) dont on se sert à Paris, mais il eut des idées nouvelles quoique présentées sans grâce ni à propos et l'on vit qu'il savait parfaitement le latin. (STENDHAL)

5) Tout ce qui appartient à _____ (cette langue/ce langage) m'assomme démesurément.

6) Vous me tenez là _____ (une étrange langue/un étrange langage).

7) C'était comme _____ (une langue étrangère/un langage étranger) qu'il eût compris(e), mais qu'il n'eût pu parler.

8) Il était étonné de sa manière singulière de remuer _____ (la langue/le langage) en prononçant les mots... Mais enfin, dans tout cela, il n'y avait pas la plus petite raison de lui chercher querelle.

9) Cette trahison de _____ (langue/langage) est une des légèretés les plus ordinaires de la vie parisienne.

10) — Oui, monsieur le baron, ils sont en _____ (langue/langage) russe et en _____ (langue/langage) allemand(e), mais sans légalisation (合法化，认证). (STENDHAL)

11) — «Et pourquoi parler?» s'écria-t-elle en s'adressant un reproche à elle-même. «Ah! je n'en ai jamais tant dit, allez!... La triche (欺骗，作假) en reviendra à son maître!...» ajouta-t-elle après une pause, en employant une expression _____ (de la langue enfantine/du langage enfantin).

12) Quand il ne sera plus en colère, il tiendra _____ (une youte autre langue/un tout autre langage).

13) — «Et comment moi m'en aller?» dit Julien d'un ton plaisant, et en affectant _____ (la langue/le langage) créole. (STENDHAL)

第67组

maigre/mince

maigre adj. *Qui n'a point de graisse, ou qui en a très peu.* (瘦的，没有脂肪的)

1) Cet homme est si maigre que les os lui percent la peau.
   （这个人那么瘦，都露出骨头了。）

2) un poulet maigre（一只瘦鸡）

3) Il a acheté des boeufs maigres pour les engraisser.（他买了几头瘦牛来催肥。）

> **mince** adj. *Qui est peu épais, qui a peu de largeur, dont les formes sont fines.*（薄的，细的，苗条的）

1) Tu coupes cette viande en tranches minces.（你把这块肉切成薄片。）
2) Un mince filet d'eau coule à travers les champs.（一条细细的水流流过田野。）
3) Les filles s'empêchent de manger pour rester minces.
   （女孩子们为了让自己有个苗条的身材而少吃饭。）

辨析： 两词在指人时，maigre 强调"瘦"，没有脂肪；mince 强调单薄、细长、苗条。另外 mince 一词常修饰物。

Exercices 练习

Des mots entre parenthèses, choisissez celui qui convient pour compléter les phrases.

1) Il a fait beaucoup d'efforts pour de _____ (maigres/minces) résultats.
2) C'est une femme _____ (maigre/mince) et élégante.
3) C'est une région désertique, recouverte par endroits d'une _____ (maigre/mince) végétation.
4) Il a risqué le tout pour le tout malgré ses _____ (maigres/minces) chances de réussite et, à la surprise générale, il l'a emporté au cours du 3ᵉ set.
5) Il avait un visage _____ (maigre/mince), marqué par la faim et les privations.
6) Ce n'est pas une _____ (maigre/mince) affaire que d'élever 8 enfants!
7) L'île est reliée à la terre par une _____ (maigre/mince) bande de sable recouverte par la mer à la marée haute.
8) Cosette était _____ (maigre/mince) et pâle. Tous ses vêtements étaient en haillons. On voyait sa peau ça et là.
9) En 1924, Giovanni accompagnée de sa fille Lydia arrive donc à Marseille, leurs _____ (maigres/minces) biens entassés dans des sacs.
10) Sa voix _____ (maigre/mince) semblait trop faible pour son petit corps courbé, et elle allait d'un pas un peu traînant, avec des gestes endormis.

第68组

malin/malicieux/rusé

> **malin** adj. 1. *Qui est porté à nuire, à faire du mal à autrui.*（恶意的）

1) tumeur maligne（恶性肿瘤）

> 2. *En parlant des personnes, il signifie, dans le langage familier, qui est fin, rusé. Il se prend plus souvent dans un sens qui n'a rien de défavorable et il signifie alors qui se plaît à faire ou à dire des choses malicieuses, seulement pour s'amuser, se divertir.*（机灵的，聪敏的，狡猾的）

1) Il est trop malin pour se laisser attraper.（他很聪敏,不会被抓到。）
2) Il a dit cela d'un air malin.（他一脸狡黠地说了这些。）
3) Il est malin comme un singe.（他像个猴子一样淘气。）

malicieux adj. *Qui est porté à nuire, à mal faire, qui est porté à la plaisanterie.*（恶作剧的,调皮的,狡黠的）

1) un enfant malicieux（调皮的孩子）
2) Son esprit malicieux égaie la conversation.（他的风趣使谈话很愉快。）

rusé adj. *Qui agit avec la ruse.*（狡猾,狡诈）

1) C'est un homme très rusé, je ne veux pas lui parler.
   （他是一个非常狡猾的人,我不愿意和他说话。）
2) Julien est rusé comme un renard.（于连狡猾得像只老狐狸。）

辨析：malin 一词强调机智狡黠,词义多褒义；malicieux 强调恶作剧的一面；rusé 多用于贬义。

Exercices 练习

Des mots entre parenthèses, choisissez celui qui convient pour compléter les phrases.

1) Il éprouve un _____ (malin/malicieux/rusé) plaisir à se moquer de moi.
2) C'est un enfant _____ (malin/malicieux/rusé). Il est très débrouillard.
3) Tu es une fille trop _____ (maligne/malicieuse/rusée) pour ne pas finir par le deviner, et il vaut mieux te le dire.
4) — « Il y a pourtant quelque chose là-dessous, » répliqua le paysan _____ (malin/malicieux/rusé), et il se tut un instant; « mais je ne saurai rien de toi, maudit hypocrite. »
5) Quand Olympe Bijou fut partie, Josépha regarda le baron d'un air _____ (malin/malicieux/rusé).
6) C'était un homme dévot（虔诚的）, _____ (malin/malicieux/rusé), impitoyable aux gens d'Afrique, un vrai Carthaginois.

7) Mais le fils Judici a tout mangé avec de mauvaises femmes, et il a fini par en épouser une plus _____ (maligne/malicieuse/rusée) que les autres, celle dont il a eu cette pauvre petite fille, qui sort d'avoir quinze ans.

8) — Ce n'était pas nécessaire, dit l'Italienne, et, quoique le bonhomme Vyder ne soit pas un homme absolument méchant, je crois qu'il est assez _____ (malin/malicieux/rusé) pour vouloir être maître de la petite.

9) Il est trop _____ malin/malicieux/rusé) pour se laisser prendre à ce piège.

10) Il a l'esprit aussi _____ (malin/malicieux/rusé) qu'il a le cœur bon.

第69组

méprisant/méprisable

méprisant adj. *Qui marque du mépris.*（轻蔑的,蔑视的）

1) des manières méprisantes（蔑视人的举止）
2) un air méprisant（一副轻蔑的样子）
3) Il lui a parlé d'un ton méprisant.（他用轻蔑的口气对他说话。）

méprisable adj. *Qui est digne de mépris.*（可鄙的,令人鄙视的）

1) Elle s'est rendue méprisable par sa mauvaise conduite.（她的行为使她令人鄙视。）
2) une action méprisable（可鄙的行经）
3) Voilà une observation qui n'est pas méprisable.（这是一个不可小视的看法。）

辨析： méprisant是对某人或某事表示出"轻蔑的,蔑视的",所表之义是主动的;而méprisable是指某人或某事本身是"可鄙的,令人鄙视的"。

Exercices 练习

Des mots entre parenthèses, choisissez celui qui convient pour compléter les phrases.

1) Ils se sont enrichis en volant de pauvres gens, ils sont _____ (méprisants/méprisables).

2) A l'école, comme il était pauvrement vêtu, les autres enfants lui parlaient d'un ton _____ (méprisant/méprisable)

3) «...Enfin, tu comprends ta conduite; sois doux, poli, point _____ (méprisant/

méprisable) avec ces grossiers personnages, je te le demande à genoux: ils vont être les arbitres de notre sort.» (BALZAC)

4) Elle lui répugnait depuis qu'il connaissait sa manière de vivre, il la jugeait _____ (méprisante/méprisable) méprisable entre toutes. (HUYSMANS)

5) Crevel, épouvanté par le regard fixe et _____ (méprisant/méprisable) de Valérie, s'arrêta. (BALZAC)

6) Les femmes peuvent là se faire, à volonté, _____ (méprisantes/méprisables) jusqu'à l'insulte, humbles jusqu'à l'esclavage de l'Orient.

7) Grand Dieu! vais-je me rendre _____ (méprisant/méprisable)? Il me méprisera lui-même.

8) «J'ai vaincu le désespoir au séminaire», se disait-il: «pourtant quelle affreuse perspective j'avais alors! je faisais ou je manquais ma fortune, dans l'un comme dans l'autre cas, je me voyais obligé de passer toute ma vie en société intime avec ce qu'il y a sous le ciel de plus _____ (méprisant/méprisable) et de plus dégoûtant».

9) Je ne laisse aucune obligation non remplie, je ne dois rien à personne; ma mort n'a rien de honteux que l'instrument: cela seul, il est vrai, suffit richement pour ma honte aux yeux des bourgeois de Verrières; mais sous le rapport intellectuel, quoi de plus _____ (méprisant/méprisable)! (STENDHAL)

10) Il affiche sa supériorité avec des airs _____ (méprisants/méprisables).

第70组

mouiller/tremper

mouiller v.tr. *Imprégner plus ou moins d'un liquide un corps, une surface, etc.* (弄湿，浸湿)

1) Je suis tout mouillé. (我被弄湿了。)
2) La pluie a mouillé les chemins. (雨水把道路弄湿了。)
3) Il tombe une petite pluie qui mouille beaucoup. (下了小雨，到处都湿漉漉的。)
4) mouiller un linge (把衣服浸湿)

tremper v.tr. *Mouiller une chose en la mettant dans quelque liquide.* (把……浸入，使湿透)

1) tremper un linge dans de l'eau (把衣服浸泡在水里)

2) tremper du pain dans du vin（把面包浸泡在酒里）

3) se tremper dans l'eau（浸泡在水里）

4) Il est tout trempé de sueur.（他的汗水湿透了衣衫。）

辨析： mouiller 和 tremper 表"湿"的词义时，强调的程度不同，tremper 表"湿透，用水浸透"；而 mouiller 只表"弄湿"，湿的程度较轻。

Exercices 练习

Des mots entre parenthèses, choisissez celui qui convient pour compléter les phrases.

1) Elle est aussi _____ (mouillée/trempée) que si elle avait marché sous une pluie torrentielle.

2) _____ (Mouillez/Trempez) votre torchon pour mieux essuyer.

3) Vous ne faites que _____ (mouiller/tremper) ce verre sale, il faudrait le _____ (mouiller/tremper) dans l'eau tiède au moins dix minutes pour bien le nettoyer.

4) — «Monsieur», dit Mme Hulot qui pleurait à _____ (mouiller/tremper) son mouchoir, «assez! assez»! (BALZAC)

5) Puis, arrivé au bord du lac, il retirait son manteau, dénouait la corde qui attachait ses longs cheveux rouges et les _____ (mouillait/trempait) dans l'eau.

6) Le brouillard _____ (a mouillé/a trempé) la pelouse.

7) Je ne veux pas avoir l'air de _____ (mouiller/tremper) dans la ruine de ma famille, moi qui ne suis là depuis trois ans que pour l'empêcher.

8) Tu vois mes larmes, elles tombent sur mon papier, elles le _____ (mouillent/trempent)! pourras-tu me lire, mon cher Hector? Ah! ne plus te voir, renoncer à toi, quand j'ai en moi un peu de ta vie comme je crois avoir ton cœur, c'est à en mourir. (BALZAC)

9) — Ah, monstre! s'écria Julien à demi haut, et des larmes généreuses vinrent _____ (mouiller/tremper) ses yeux. Ah, petit gueux（卑鄙无耻的人，无赖）! pensa-t-il, je te revaudrai（报复）ce propos. (STENDHAL)

10) Il voulait découvrir tous ceux qui _____ (avaient mouillé/avaient trempé) dans ce crime.

signe/signal

signe n.m. 1. *Chose, phénomène perceptible ou observable qui indique la probabilité de l'existence ou de la vérité d'une chose, qui la manifeste, la démontre ou permet de la prévoir. Chose, phénomène perceptible ou observable considéré comme de bon ou de mauvais augure, bon ou mauvais présage.* （征兆，预兆，迹象）

1) C'est bon signe(=bon augure.)（这是好的征兆。）
2) Quand les hirondelles volent bas, on croit que c'est le signe de pluie.
   （当燕子低飞的时候，人们认为这是要下雨的征兆。）
3) Voici un cadeau en signe d'amitié.（这是表示友谊的礼物。）
4) Elle montra des signes de faiblesse.（她表现出虚弱的征象。）

2. *Élément, trait caractéristique d'une personne ou d'une chose permettant de la distinguer, signe caractéristique.*（特征）

1) Il a un signe caractéristique: une cicatrice sur la joue gauche.
   (他有一个突出的特征：左面颊上有一个刀痕。)
2) Chaque hôtel parisien a des signes particuliers.
   （巴黎每家酒店都有自己独特的标志。）

3. *Geste, mimique ou mouvement volontaire destiné à communiquer quelque chose à quelqu'un, à manifester ou faire savoir quelque chose.*（示意动作）

1) «Tu devrais aller te coucher», dit Henri en marchant vers la porte. Il fit un petit signe de la main: « Salut ... » (BEAUVOIR)
   （你应该去睡觉，亨利边朝着门走边说道。接着，他做了一个手势：再见……）
2) Les sourds-muets communiquent grâce au langage des signes.（聋哑人靠手语交流。）

常与之搭配使用的词：signe évident, perceptible, visible; signe avant-coureur, prémonitoire, précurseur de qqc.; signe de brume, de chaleur, de neige, de pluie; savoir, reconnaître, prévoir qqc. à certains signes, signes diagnostiques, indicatifs, pathologiques, signe affirmatif; signe d'amitié, de détresse; faire un signe désespéré; communiquer, s'exprimer par signes 等。

> *signal* n.m. 1. *Signe convenu par lequel quelqu'un donne une information, un avertissement à quelqu'un, indique à quelqu'un le moment de faire quelque chose.* (信号,暗号)

1) donner le signal du départ（下达出发的信号）
2) Ce ne sont pas des feux de bergers, ce sont des signaux.
   （这不是牧羊人的火堆,而是信号。）
3) Vous entrerez à mon signal.（我发出信号,你们就进来。）

> 2. *Fait, événement qui annonce quelque chose, par lequel une action, un processus commence.*（标志,表示,异因）

1) C'était sur notre décadence que l'Allemagne avait compté. Elle avait cru que la guerre serait chez nous le signal d'une révolution. (BAINVILLE)
   （德国人靠的是我们自己的衰败,它以为战争在我们这里就是一场革命的开始。）
2) La prise de la Bastille a été le signal de la Révolution.
   （攻克巴士底狱是法国大革命的信号。）

常与之搭配使用的动词：donner, entendre, jeter, lancer, édicter, méconnaître, retirer, obéir à un signal/au signal 等。

常用的修饰词：signal acoustique, lumineux, optique, phonique, sonore; signaux visuels; signal d'alarme, signal radio-électrique; signal vidéo; signal de référence; signal d'espacement, d'interruption; composante, onde, vitesse de signal 等。

辨析： 在表"信号"的词义时，signe 适用范围比 signal 广，signe 可表各种"征兆,信号"，而 signal 则单指人为约定的信号。

Exercices 练习

Des mots entre parenthèses, choisissez celui qui convient pour compléter les phrases.

1) Il jetait un coup d'œil aux compas（罗经）, disait deux mots au timonier（舵手,信号工）, deux mots aussi au matelot（水手）chargé d'actionner（启动）le _____ (signal/signe) de brume. (Peisson)
2) Mme Nourrisson hocha la tête en _____ (signal/signe) d'assentiment（同意）. (BALZAC)
3) Elle fit _____ (signal/signe) à Cydalise de descendre avec Montès, et resta seule avec Carabine. (BALZAC)
4) La femme du fumiste（取暖设备装修工）fit un _____ (signal/signe) à sa fille aînée,

qui partit aussitôt. (BALZAC)

5) Ils étaient convenus, elle et Rodolphe, qu'en cas d'événement extraordinaire, elle attacherait à la persienne (百叶窗) un petit chiffon de papier blanc, afin que, si par hasard il se trouvait à Yonville, il accourût dans la ruelle, derrière la maison. Emma fit le _____ (signal/signe); elle attendait depuis trois quarts d'heure, quand tout à coup elle aperçut Rodolphe au coin des halles (菜市场). (FLAUBERT)

6) La baronne, indiquant à Crevel un fauteuil dont les bras étaient terminés par des têtes de sphinx (狮子) bronzées dont la peinture s'en allait par écailles en laissant voir le bois par places, lui fit _____ (signal/signe) de s'asseoir. (BALZAC)

7) Le monsieur, ramenant l'éventail, l'offrit à la dame, respectueusement; elle le remercia d'un _____ (signal/signe) de tête et se mit à respirer son bouquet. (FLAUBERT)

8) Enfin, vers les trois heures, toute cette foule fut agitée, on apercevait un grand feu sur un rocher à deux lieues de Verrières. Ce _____ (signal/signe) annonçait que le roi venait d'entrer sur le territoire du département. (STENDHAL)

9) Les autres membres du jury balançaient lentement leur menton dans leur gilet, en _____ (signal/signe) d'approbation.

10) L'enfant envoya de loin un baiser; sa mère lui répondit d'un _____ (signal/signe) avec le pommeau (圆头) de sa cravache (马鞭).

11) Néanmoins, la vieille fille ne sortit pas sans faire un petit salut affectueux à M. Crevel, salut auquel ce personnage répondit par un _____ (signal/signe) d'intelligence (默契). (BALZAC)

12) Il se leva pour partir; et, comme si ce geste qu'il faisait eût été le _____ (signal/signe) de leur fuite, Emma, tout à coup, prenant un air gai:
— Tu as les passeports? (FLAUBERT)

13) Les trois coups sonnaient; c'est un _____ (signal/signe) bien connu dans les villages de France et qui, après les diverses sonneries de la matinée, annonce le commencement immédiat de la messe. (STENDHAL)

14) Comme j'ai le sang rouge! ce doit être bon _____ (signal/signe), n'est-ce pas?

15) Mme de Rênal avait monté en courant les cent vingt marches du colombier (鸽子窝); elle attachait le coin d'un mouchoir blanc à l'un des barreaux de fer de la petite fenêtre. Elle était la plus heureuse des femmes. Les larmes aux yeux, elle regardait vers les grands bois de la montagne. Sans doute, se disait-elle, de dessous un de ces hêtres touffus, Julien épie ce _____ (signal/signe) heureux. (STENDHAL)

16) Admis aux honneurs officiels pour les services rendus, enrichi par les gouverneurs et respecté par les tribus (部落), il ne lui manquait rien, semble-t-il, des richesses visibles. Mais une nuit, sans qu'un _____ (signal/signe) l'ait fait prévoir, il massacra les officiers qu'il accompagnait dans le désert, s'empara des chameaux, des fusils, et rejoignit les tribus insoumises. (Saint-Exup)

17) Comment n'a-t-il pas l'esprit, se dit-elle tout attendrie, d'inventer quelque ____ (signal/signe) pour me dire que son bonheur est égal au mien? Elle ne descendit du colombier que quand elle eut peur que son mari ne vînt l'y chercher. (STENDHAL)

18) Sans dire une parole, l'homme noir lui fit _____ (signal/signe) de le suivre. (STENDHAL)

19) Il regarda le ciel et fit un _____ (signal/signe) de croix. (STENDHAL)

20) Le vice-roi ne m'aime plus! Il me donne le gouvernement du Mexique. Il m'éloigne de lui. C'est _____ (signal/signe) qu'il ne m'aime plus. (Claudel)

21) Julien avait tressailli: une feuille d'arbre était tombée à ses pieds; c'était le _____ (signal/signe) dont il était convenu avec l'abbé Pirard. (STENDHAL)

22) Enfin, pendant la nuit du troisième jour, elle entendit de loin le _____ (signal/signe) convenu. Après avoir traversé mille dangers, Julien parut devant elle. (STENDHAL)

23) Un coup dans le ventre le jeta à terre. Et ce fut le _____ (signal/signe) d'une scène terrible. Les six gendarmes s'étaient lancés sur lui, le piétinaient, le martelaient de coups de bottes. (VAN DER MEERSCH)

第72组

nouveau/neuf

nouveau adj. *Qui est récent, qui commence d'être ou de paraître, qui n'existe ou qui n'est connu que depuis peu de temps.*（新的）

1) nouveau fruit（新水果）
2) nouvelles pommes de terre（新土豆）
3) un nouveau livre（新书）
4) un nouveau modèle（新样子）
5) une nouvelle invention（新发明）

neuf adj. 1. *Qui est fait depuis peu, qui n'a point encore servi, qui a peu servi.*（新的，未曾使用过的）

1) maison neuve（新房子）
2) habit neuf（新衣服）
3) chapeau neuf（新帽子）
4) des souliers neufs（新鞋子）

5) Cet habit n'est pas usé, il est encore tout neuf. (这件衣服不旧,还新着呢。)

> **2.** *En parlant des personnes, signifie qui est novice, qui n'a point encore d'expérience en quelque chose.* (新手,没有经验的)

1) Il est tout neuf dans ce métier-là. (他在这种工作方面还是生手呢。)
2) Il est neuf aux affaires. (他在生意方面还是新手。)
3) Si on lui donne cet emploi, il y sera bien neuf.
(要是让他干这个工作,那他可还没有经验。)

辨析: 当 nouveau 和 neuf 都指"新的"词义时,nouveau 强调"刚出现的",如:
—Tiens, tu as une nouvelle voiture?(喂,你又有了一辆新车?)
—Oui, c'est une voiture d'occasion que j'ai achetée hier.
(是的,是辆二手车,我昨天刚买的。)
而 neuf 则强调"未曾使用过的",如:Elle porte un habit tout neuf.
(她穿着一身新衣服。)

Exercices 练习

Des mots entre parenthèses, choisissez celui qui convient pour compléter les phrases.

1) On s'attend à de _____ (nouvelles/neuves) tensions sociales.
2) Il a une _____ (nouvelle/neuve) montre.
3) Voilà un habit que je garde _____ (nouveau/neuf) depuis deux mois.
4) Il a tenté une _____ (nouvelle/neuve) fois, sans succès, de battre le reccord du monde de vitesse.
5) Ses idées _____ (nouvelles/neuves) ont séduit une large partie de l'électorat.
6) Donnez ce cahier _____ (nouveau/neuf) au _____ (nouvel/neuf) élève.
7) Les _____ (nouvelles/neuves) technologies de l'information ouvrent sans doute un nouveau cycle de croissance.
8) Il faut avouer que M. Sorel est bien _____ (nouveau/neuf) aux affaires.
9) Mme de Rênal voulait un habit _____ (nouveau/neuf), et il ne lui restait que quatre jours pour envoyer à Besançon, et en faire revenir l'habit d'uniforme, les armes, le chapeau, etc., tout ce qui fait un garde d'honneur(荣誉军团士兵). (STENDHAL)
10) Dans le flot de ce monde _____ (nouveau/neuf) pour Julien, il crut découvrir un honnête homme. (STENDHAL)
11) C'est pour moi une chose _____ (nouvelle/neuve).
12) Ces souliers sont _____ (nouveaux/neufs), je ne les ai pas encore mis.
13) Le beaujolais _____ (nouveau/neuf) est arrivé.

第73组

obtenir/acquérir

> **obtenir** v.tr. *Se faire accorder par tel ou tel moyen une chose que l'on désire.*（获得，得到）

1) J'ai obtenu de lui qu'il demeurerait encore trois jours avec nous.
（我终于使他决定再和我们多待三天。）
2) obtenir une permission（获得一个允许）
3) obtenir par faveur un emploi（通过照顾获得一个职业）

> **acquérir** v.tr. *Devenir possesseur par suite d'un achat, d'un contrat, etc. Il se dit particulièrement en parlant d'immeubles et d'autres choses qui procurent des profits ou des avantages d'une certaine durée. Il s'emploie aussi figurément en parlant de toutes les choses qui peuvent être mises au nombre des biens et des avantages réels.*（通过购买、继承交换等方式或靠努力和经验等获得、得到）

1) acquérir une terre, une maison, un pré, une rente（购得一块土地）
2) acquérir du bien légitimement（合法获得财产）
3) Il s'est acquis quantité d'amis.（他得到许多朋友。）
4) Vous avez acquis de la gloire dans cette occasion.（您借这个机会得到荣誉。）

辨析： obtenir 不强调"获得"的形式和手段；acquérir 则强调通过购买、继承交换等方式或靠努力和经验等"获得"或"得到"。

Exercices 练习

Des mots entre parenthèses, choisissez celui qui convient pour compléter les phrases.

1) L'objet que vous pouvez _____ (obtenir/acquérir) aujourd'hui est un répondeur téléphonique.
2) —J'ai réussi à t'_____ (obtenir/acquérir) deux places pour le concert de Souchon.
   —Merci. C'est super!
3) La presse spécialisée a _____ (obtenu/acquis) droit de cité.

4) Parmi les 5 millions d'immigrés, il y a 1,5 million de personnes nées hors de France qui avaient _____ (obtenu/acquis) la nationalité française.

5) Enfin, j'étais comme je vous vois en ce moment. Votre fille! c'est, pour moi, le moyen de vous _____ (obtenir/acquérir).

6) Les enfants ont plus besoin d'_____ (obtenir/acquérir) les principaux mécanismes de base.

7) Il lui aurait fallu quelque preuve, une manifestation des Dieux, et, dans l'espoir de l'_____ (obtenir/acquérir), le prêtre imagina une entreprise qui pouvait à la fois sauver sa patrie et sa croyance.

8) Paris attire les jeunes qui viennent y faire leurs études ou y _____ (obtenir/acquérir) une formation professionnelle.

9) Malgré l'insistance de Delage, Giraud ne se décide pas et Delage part sans avoir _____ (obtenu/acquis) satisfaction.

10) La centralisation jacobine de la France, réflexe _____ (obtenu/acquis) depuis Louis XIV et renforcé encore par la Révolution est une des causes du refus de l'étalement des vacances des Français.

11) Le paysan place mal son argent, il attend la prochaine vente, l'occasion d'_____ (obtenir/acquérir) de nouvelles terrres.

organisation/organisme

> **organisation** n.f. *Manière dont un corps est organisé, il se dit, figurément, en parlant des Etats, des établissements publics ou particuliers.*（组织，构成，团体）

1) l'organisation du corps humain（人体的结构）
2) l'organisation des végétaux（植物构造）
3) l'organisation de l'armée（军队部门）
4) l'organisation de l'enseignement（教育部门）
5) une organisation syndicale（工会组织）

常与之搭配使用的动词：confier une organisation, charger, doter d'une organisation, mettre unu organisation sur pied, participer, prendre part, procéder à; une organisation satisfait, laisse à désirer 等。

常用的修饰词：modèle, puissante, parfaite, imparfaite, incomplète 等。

> ***organisme*** n.m. *1. L'ensemble des organes qui exécutent les fonctions de la vie.*（有机体）

1) organisme intact（肌体组织无恙）
2) les besoins de l'organisme（人体组织的需要）

> *2. LIl se dit au figuré d'un ensemble organisé dans la vie sociale ou politique, ce corps, cette société constituent un organisme particulier, indépendant.*（政治、经济和社会生活中的组织体，机构体，机制）

1) les différents organismes qui assurent la vie de l'Etat（保障政府运转的各个部门）
2) l'organisme économique du pays（国家的经济运行机制）

常用的修饰词：organisme adulte, complexe, humain, inférieur, larvaire, microscopique, supérieur, organisme mental, psychique, organisme central, interministériel, international, national, officiel, régional ; organisme administratif, bancaire, commercial, économique, politique, professionnel, syndical ; organisme assureur, payeur, de Sécurité Sociale 等。

辨析： organisation 强调一个独立的、可命名的"团队，组织"，如：L'Organisation des Nations-Unies；而 organisme 强调一个整体内部的"组织体，机构体"，在少数情况下可通用。

Exercices 练习

Des mots entre parenthèses, choisissez celui qui convient pour compléter les phrases.

1) En 1975, les congés payés sont de quatre semaines et _____ (certaines organisations/certains organismes) réclament une cinquème semaine de vacances.

2) On continuera à améliorer le système des minima sociaux dans les villes. L'élaboration du projet de réforme du système d'assurance vieillesse pour le personnel des _____ (organisations/organismes) d'Etat et des institutions publiques sera inscrite à l'ordre du jour.

3) Les ordinateurs actuels peuvent être utilisés pour: le calcul scientifique, le travail comptable, la gestion des entreprises, l' _____ (organisation/organisme) des transports et des marchés, l'enseignement, la médecine, etc.

4) C'était prévu pour le mois de septembre: le départ de David Khayat, président de l'Institut national du cancer (Inca), au centre depuis quelques mois d'une série de

polémiques portant sur sa gestion et sur la mise en place de l'_____ (organisation/organisme) phare du plan anticancer, devait se faire en douceur.

5) Au nom du Conseil des Affaires d'Etat, je voudrais à cette occasion adresser mes sincères remerciements à notre peuple multiethnique, aux partis et groupements démocratiques, aux _____ (organisations/organismes) populaires et aux différents milieux sociaux du pays(Wen Jiabao)

6) Khayat confirme qu'il quittera «tranquillement» à la fin de l'année la direction de _____ (cette organisation/cet organisme): «Ma gestion est impéccable. En ce qui me concerne, mon honneur est restauré.»

7) On développera activement les œuvres de bien-être social et de bienfaisance à travers l'_____ (organisation/organisme) de dons et secours sociaux sous diverses formes.

8) L'évaporation rapide de la sueur donne une illusion de fraîcheur, et ce vent qui déssèche l'_____ (organisation/organisme) paraît presque agréable.

9) Au cours de cette année, les Chefs d'Etat et les Premiers Ministres des deux pays se sont respectivement rencontrés lors de la réunion de l'_____ (Organisation/Organisme) de Coopération de Shanghai.

10) Outre leurs aspects politiques, les interventions de l'Etat dans la vie de l'indivdu sont nombreuses: un grand nombre d'_____ (organisations/organismes) et d'institutions sont nationales: enseignement, chemins de fer, médecine, etc.

originaire/original

originaire adj. *Qui tire son origine de tel ou tel lieu, il s'emploie absolument pour signifier qui est à la source d'une chose.* （来源于，出生于，产于，原始的）

1) Il est né à Paris, mais sa famille est originaire du Languedoc.
（他出生在巴黎，但他的祖籍为朗格多克。）
2) Le tabac est une plante originaire d'Amérique.（烟草原产于美洲。）
3) l'état originaire d'une chose（一个事物的原始状态）

original adj. *Qui n'a pas été fait d'après un modèle et qui sert de modèle pour des copies ou des imitations.*（独特的，独创的；原文的，原版的）

1) un style original（独特的风格）
2) des pensées originales（有创见的思想）
3) Le manuscrit original est conservé à la Bibliothèque du Vatican.
   （原始手稿保存在梵蒂冈图书馆。）
4) L'acte original n'existe plus.（原始条款不复存在了。）
5) La pièce originale a disparu.（原版的丢了。）
6) C'est une copie du tableau original.（这是原画的复制品。）

辨析： originaire 和 original 两词的差异比较明显，originaire 强调一个事物"来源于，产生于"某物；而 original 则专指艺术、文稿等方面的内容，强调"原文的，原版的"。

Exercices 练习

Des mots entre parenthèses, choisissez celui qui convient pour compléter les phrases.

1) Le sujet de cette pièce est assez _____ (originaire/original).
2) Il m'a dit que c'était l'idée la plus _____ (originaire/originale) qu'on lui avait proposée jusqu'ici.
3) Dieu est la cause _____ (originaire/originale) des êtres.
4) Hamburger-frites. Quelle excellente idée! Ce sera très _____ (originaire/original) pour un repas de mariage!
5) «On s'occupe bien de nous ici», dit Abbas, _____ (originaire/original) d'un village proche de la frontière israélienne.
6) On s'attache bien à un bel épagneul (哈巴狗), se disait le marquis, pourquoi ai-je tant de honte de m'attacher à ce petit abbé? il est _____ (originaire/original). (STENDHAL)
7) Démêler ce qu'il y a d'_____ (originaire/original) et d'artificiel dans la nature actuelle de l'homme est toujours difficile.
8) «Il est possible qu'il soit très, très malade, ou mort», a déclaré Mel Martinez, sénateur américain de Floride, _____ (originaire/original) de Cuba.
9) Les éditions _____ (originaires/originales) de cet auteur sont très recherchées.
10) Le secteur le plus _____ (originaire/original) et le plus riche est celui de la betterave à sucre.

第76组

personnage/personnalité

personnage n.m. 1. Personne. En ce sens, il se dit principalement des hommes, et il comporte une certaine idée de grandeur, d'autorité, d'importance sociale.（名人，要人）

1) les plus grands personnages de l'antiquité（古代最伟大的人物）
2) Il se croit un personnage.（他自以为是个人物哩。）

2. Il s'emploie quelquefois comme terme de dénigrement, et alors sa signification est ordinairement déterminée par une épithète.（……的人）表此意义时，有时用于贬义，并常伴有形容词修饰

1) C'est un fort sot personnage.（这是一个愚蠢的家伙。）
2) C'est le plus ridicule personnage que l'on puisse voir.
（这是天底下最可笑的家伙。）

3. Il se dit encore des personnes mises en action dans un ouvrage dramatique; en ce sens, il s'applique aux femmes comme aux hommes.（文艺作品中的人物，角色）

1) le personnage de Figaro（费加罗这个角色）
2) Il joue le personnage principal.（他扮演主要角色。）
3) Il y a dans cette pièce trop de personnages accessoires.（这个剧中配角太多。）
4) Il joue bien son personnage.（他扮演的角色演得很好。）

常与 personnage 一词配合使用的词有：éminent, important, influent, notable, haut, étrange, curieux, drôle, énigmatique 等。

personnalité n.f. 1. Ensemble des comportement, des attitudes dont l'unité et la permanence constituent l'individualité, la singularité de chacun, caractère.（人格，品格，个性，性格）

1) Il a une forte personnalité.（他个性极强。）
2) Sa personnalité s'impose.（他的人格服众。）

3) Il faut aider cet enfant à développer sa personnalité.
（要帮助这个孩子发展其个性。）

> **2.** *Personne connue en raison de son rôle social, de son influence.*
> （知名人士）主要指社会地位高的名流

1) Des hautes personnalités sont venues assister à la cérémonie.
（一些知名人士也来参加了仪式。）
2) Cette femme est une personnalité politique.（这个女人是政界要人。）
3) C'est une personnalité du monde du spectacle.（这是个演艺界大腕。）

常与personnalité一词配合使用的词有：captivante, impérieuse, blessante, injurieuse 等。

辨析： personnage 和 personnalité 在指有社会地位的"要人"时同义，但使用略有差别：personnage 后常有一个形容词来修饰，如：un grand personnage, un personnage important 等；personnalité 则不需要任何修饰性形容词，有时可通用。

Exercices 练习

Des mots entre parenthèses, choisissez celui qui convient pour compléter les phrases.

1) Julien sortit en effet, mais lentement. N'est-il pas de mon devoir, se répétait-il, d'aller regarder à mon tour en soufflant _____ (ce grossier personnage/cette grossière personnalité)? (STENDHAL)

2) Frédéric joint une de ses connaissances, Sophie, elle aussi _____ (personnage très actif/personnalité très active) à Sète.

3) Pour que je puisse m'y reconnaître, il faut, se dit Julien, que j'écrive les noms et un mot sur le caractère des _____ (personnages/personnalités) que je vois arriver dans ce salon. (STENDHAL)

4) C'est _____ (un personnage/une personnalité) très célèbre dans le milieu des affaires.

5) Mme de La Mole proposa à son mari de l'envoyer en mission les jours où l'on avait à dîner _____ (certains personnages/certaines personnalités).

6) Ces nobles _____ (personnages/personnalités) ne dissimulaient pas le mépris sincère pour tout ce qui n'était pas issu de gens montant dans les carrosses du roi. (STENDHAL)

7) Le goût de l'indépendance individuelle est un sentiment noble, moral, qui tire sa puissance de la nature morale de l'homme; c'est le plaisir de se sentir homme, le sentiment de _____ (le personnage/la personnalité), de la spontanéité humaine

dans son libre développement. (GUIZOT)

8) Ce n'était pas son homme de la veille. Son étonnement fut tel de rencontrer un être aussi distingué au lieu _____ (du grossier personnage/de la grossière personnalité) rencontré au café, qu'il ne put trouver une seule parole. Il présenta une des cartes qu'on lui avait jetées.

9) Ces demi-artistes sont d'ailleurs charmants, les hommes les aiment et les enivrent de louanges; ils paraissent supérieurs aux véritables artistes, taxés de _____ (personnage/personnalité), de sauvagerie, de rébellion aux lois du monde.

10) Les députés à l'Assemblée populaire, les membres de la Conférence consultative politique et les _____ (personnages/personnalités) de tous les milieux sont invités à formuler des remarques pour le XIe plan quinquennal. (Wen Jiabao)

第77组

poser/déposer

poser v.tr. *Placer, mettre sur quelque chose.*（放置）

1) poser un vase sur un buffet（在橱柜上放一只花瓶）
2) Posez cela doucement sur la table.（把这个轻轻地放到桌子上。）
3) poser un paquet à terre, par terre（把一个包裹放在地上）

déposer v.tr. 1. *Poser une chose que l'on portait.*（把……放下来，放置）

1) Il déposa son fardeau.（他把身上的负担放下来。）
2) Il a déposé une gerbe de fleurs sur la tombe.（她在坟墓上放了一束花。）
3) Défense de déposer des ordures.（此处请勿倒垃圾。）

2. *Il signifie aussi placer, mettre, laisser une chose en quelque endroit, et se dit surtout en parlant de ce qui ne doit rester qu'un certain temps dans le lieu où on l'a mis.*（存放，暂存）

1) Il a déposé son parapluie au vestiaire.（他把雨伞存放在衣帽间。）
2) On déposa le corps dans une chapelle en attendant qu'il pût être transporté dans le caveau de famille.（人们把遗体暂存在教堂，等着安葬在家族墓地里。）
3) Ils déposent leur argent à la banque.（他们把钱存在银行。）

辨析： poser 和 déposer 都有"放置"的词义，但 déposer 强调"暂时存放"。

Exercices 练习

Des mots entre parenthèses, choisissez celui qui convient pour compléter les phrases.

1) A mon avis, ça ne devrait pas _____ (poser/déposer) de problème.

2) Va _____ (poser/déposer) ton prix à la caisse d'amortissement（分期偿还）, cours, car je ne te reçois plus sans le récépissé de la somme. Va! et vite, et tôt!

3) Son vêtement, ensuite, retombait des deux côtés sur le siège, en bouffant, plein de plis, et s'étalait jusqu'à terre. Quand Léon parfois sentait la semelle de sa botte _____ (poser/déposer) dessus, il s'écartait, comme s'il eût marché sur quelqu'un. (FLAUBERT)

4) Le courrier en passant apportera le journal à six heures comme à l'ordinaire; à huit heures, après que M. de Rênal l'aura lu, Elisa, marchant sur la pointe du pied, viendra le _____ (poser/déposer) sur son lit. (STENDHAL)

5) Souvent elle s'arrêtait une minute à regarder où _____ (poser/déposer) sa bottine, — et, chancelant sur le caillou qui tremblait, les coudes en l'air, la taille penchée, l'oeil indécis, elle riait alors, de peur de tomber dans les flaques d'eau.

6) — «Voilà donc», dit-elle en venant _____ (se poser/se déposer) devant le Brésilien et lui montrant Cydalise, «de quoi est doublée votre fidélité»?

7) Mais, pour que le venin ne se répandît pas dans la maison, le secrétaire avait l'ordre de _____ (poser/déposer) ces livres dans une petite bibliothèque placée dans la chambre même du marquis.

8) «Madame, je suis à vous sans condition»! dit-il dans un élan de générosité. «Nous allons examiner l'affaire, et... Que voulez-vous?... tenez! l'impossible?... je le ferai. Je _____ (poserai/déposerai) des rentes à la banque, et, dans deux heures, vous aurez votre argent...»

9) — «Vous serez belle encore dix ans», reprit Crevel en position, «ayez des bontés pour moi, et Mlle Hortense est mariée. Hulot m'a donné le droit, comme je vous disais, de _____ (poser/déposer) le marché tout crûment, et il ne se fâchera pas. Depuis trois ans, j'ai fait valoir mes capitaux, car mes fredaines ont été restreintes». (BALZAC)

10) — «Du vinaigre»! Cria-t-il. «Ah! mon Dieu, deux à la fois! Et, dans son émotion, il avait peine à _____ (poser/déposer) la compresse (敷料纱布)». (BALZAC)

第78组

pressé/occupé

pressé adj. 1. *Qui se hâte, urgent.*（急忙的，急匆匆的，紧急的，刻不容缓的）

1) Il est pressé de partir.（他急着走。）
2) Puisque vous êtes pressé, je vous laisse faire le premier.
   （既然您忙，那我就让您先做吧。）
3) C'est un travail très pressé.（这是一个很紧急的工作。）
4) Il n'a rien de pressé que de regarder la télé sitôt rentré à la maison.
   （他除了一到家就忙着看电视没什么急的了。）

occupé adj. 1. *Qui est pris, utilisé par qn.*（被占用的）

1) Toutes les chambres sont occupées.（所有房间全部客满。）
2) —Cette place est libre, S.V.P?（请问，这个座位有人吗？）
   —Non, elle est occupée.（有，有人了。）

2. *Qui est pris par une tâche, une activité, qui n'est pas disponible.*（忙碌的，忙的）

1) Il est toujours très occupé dans son travail.（他工作一直很忙。）
2) Il est occupé à ranger la maison, car il va recevoir des amis.
   （他忙着收拾屋子，因为有客人要来。）

辨析： pressé 和 occupé 都有"忙"的意思，但 pressé 强调赶时间，而 occupé 则强调因被某事占用了时间而没有空闲。

Exercices 练习

Des mots entre parenthèses, choisissez celui qui convient pour compléter les phrases.

1) Comme j'étais _____ (pressé/occupé), je n'ai pas pu lui dire au revoir.
2) Ce dernier, tout _____ (pressé/occupé) d'affaires, portant des lunettes à branches d'or et favoris rouges sur cravate blanche, n'entendait rien aux délicatesses de l'esprit, quoiqu'il affectât un genre raide et anglais qui avait ébloui le clerc dans les premiers temps. (BALZAC)

3) — Madame il faut que vous alliez tout de suite chez M. Homais. C'est pour quelque chose de _____ (pressé/occupé). (FLAUBERT)

4) — «Elle m'en fait bien d'autres», disait-elle, «et je ne suis _____ (pressée/occupée) qu'à la rincer continuellement! Si vous aviez donc la complaisance de commander à Camus l'épicier, qu'il me laisse prendre un peu de savon lorsqu'il m'en faut»?

5) Julien n'était point _____ (pressé/occupé) de le voir, lui ni aucun autre être humain.

6) Elle tirait de l'autre main un pauvre marmot chétif, couvert de scrofules au visage, le fils d'un bonnetier de Rouen, que ses parents trop _____ (pressés/occupés) de leur négoce laissaient à la campagne. (FLAUBERT)

7) A son air _____ (pressé/occupé) ces messieurs le crurent mandé par l'évêque et le laissèrent passer.

8) Ce regard est peut-être une comédie, pensa Julien; mais cette respiration _____ (pressée/occupée), mais tout ce trouble! (STENDHAL)

9) Dans le journée, Emma était si _____ (pressée/occupée) qu'elle n'avait pas le temps de penser aux siens.

10) — On est _____ (pressé/occupé) de me voir finir, dit-il avec feu et en laissant tout à fait de côté cette politesse souriante et ce langage plein de mesure que Julien croyait l'expression de son caractère. (STENDHAL)

prochain/suivant

prochain adj. *Qui est voisin, qui est le plus voisin. Il se dit aussi des époques et des choses qui sont près d'arriver.* (临近的,最近的,即将发生的)

1) au prochain village (在临村)
2) le mois prochain (下个月)
3) l'année prochaine (明年)
4) Je vois sa perte prochaine. (不久我就会看到他破产。)
5) On résoudra cela à la prochaine séance. (下次会议解决这个问题。)
6) Je le lui dirai à la prochaine occasion. (下次有机会我告诉他。)

suivant　adj. *Qui est après, qui vient après.*（如下的，接续的，后面的）

1) Le livre suivant contient une histoire d'enfant.（下一部书内容是有关儿童故事的。）
2) Le jour suivant il se mit en route.（接下来的日子他出发了。）
3) La personne suivante peut entrer.（下一个人可以进来了。）

辨析： prochain 多指一个临近的时间要发生的事，与说话人所处的时间相对应；suivant 多用于间接引语，讲述过去的时间里发生的事。

Exercices 练习

Des mots entre parenthèses, choisissez celui qui convient pour compléter les phrases.

1) Il est recommandé, soit de s'arrêter au _____ (prochain/suivant) garage, pour effectuer la vérification des bougies, soit de les changer toutes sur place. (CHAPELAIN)
2) Son départ est _____ (prochain/suivant).
3) Il en a usé de la sorte pour les raisons _____ (prochaines/suivantes).
4) J'aurai fini la semaine _____ (prochaine/suivante).
5) _____ (La prochaine/La suivante) éclipse de lune aura lieu en 2018.
6) La vente aura lieu mardi _____ (prochain/suivant) et jours _____ (prochains/suivants).
7) _____ La prochaine/La suivante) fois, préviens-moi!
8) Son _____ (prochain/suivant) livre aura pour titre *Le bruit du silence*.
9) Faites entrer la personne _____ (prochaine/suivante)!
10) Au chapitre _____ (prochain/suivant), il a écrit sa propre vie à la campagne.

第80组

produit/production

produit　n.m. *Ce que rapporte une charge, une terre, une ferme, une maison, etc., en argent, en denrées, en droits, des productions de l'agriculture et de l'industrie etc.* (产品，成果，收获)

1) Le produit de cette ferme se vend bien.（这个农场的产品销售很好。）

2) Il vit du produit de sa plume.（他靠笔耕过活。）

3) les produits agricoles（农产品）

4) les produits de l'industrie（工业产品）

5) Cette province n'a pas de débouchés pour l'écoulement de ses produits.
（这个省的产品找不到销路。）

常与之配合使用的动词：importer, exporter, rationner 等。

常用的修饰形容词：indigne, exotique, brut, net, alimentaire 等。

production n.f. 1. *Action de produire, de donner naissance.*（生产，出产，生产过程，产量）

1) la production du blé（小麦产量）

2) La production du tabac est contrôlée par l'Etat.（烟草的生产由国家控制。）

3) Dans une société capitaliste, les moyens de production appartiennent à l'entreprise.
（在资本主义社会里，生产资料属于企业。）

2. *Il signifie plus ordinairement ouvrage, ce qui est produit; et il se dit également des ouvrages de la nature et de ceux de l'art et de l'esprit.*（大自然的创作，艺术作品，精神产品）

1) Les productions de la nature sont admirables.（大自然的杰作是令人赞叹的。）

2) C'est une des plus belles productions de l'art.（这是最杰出的艺术品之一。）

3) Ce romancier a une production importante.（这个小说家发表了大量作品。）

4) De toutes ses productions, c'est cette peinture que je préfère.
（在他所有的作品当中，我最喜欢的就是这幅画。）

常与之配合使用的动词：assurer la production; écouler, exporter, vendre sa production, améliorer, varier sa production, accélérer, accroître, augmenter, doubler, écouler, réduire, régulariser, stimuler la production 等。

常用的修饰词：production agro-alimentaire, alimentaire, croissante, déficitaire, excédentaire, insuffisante, médiocre, production industrielle, production agricole, exotique, fourragère, fruitière, laitière; productions locales; production pétrolière, automobile, charbonnière, commerciale, industrielle, métallurgique, artistique, épique, intellectuelle, musicale, romantique, élevée, intensive, irrégulière, médiocre, suffisante; production d'agrumes, d'avoine, de blé, de gaz naturel, de la nature, de la mer, de la terre, du sol, du terroir, d'alliages, d'aluminium, d'engrais, de fonte, de papier, conditions, coût, diminution de la production; facteurs, moyens de production; organisation, ralentissement de la production; techniques de production; centres, coopérative, usine de production; prix d'achat à la production, production du génie, de l'intelligence, rythme, volume de production, méthodes d'évaluation de la production 等。

辨析： 在表"产品"词义时，production 常用来表艺术作品、精神产品等。

Exercices 练习

Des mots entre parenthèses, choisissez celui qui convient pour compléter les phrases.

1) Nous sommes très présents au Japon où nos _____ (produits/productions) de qualité sont appréciés.

2) Si nous n'achetions que très peu de téléviseurs, ou de voitures, nous ne nous étonnerions pas que ces _____ (produits/productions) soient chers.

3) C'est _____ (le produit/la production) de masse qui permet les bas prix.

4) Quand nous achetons _____ (un produit/une production) alimentaire, nous sommes très attentifs à son origine.

5) Les acheteurs seront sensibles à l'aspect écologoque si le prix de nos _____ (produits/productions) n'est pas plus élevé que ceux de la concurrence.

6) Dans des hameaux perdus, le boulanger, l'épicier, le boucher ne passent pas tous les jours avec leur voiture pour vendre leurs _____ (produits/productions).

7) _____ (Le produit/La production) agricole, surtout la production céréalière, a connu un important regain.

8) Il faudra continuer à améliorer la capacité générale de _____ (produit/production) agricole, à promouvoir la restructuration de l'agriculture, à renforcer la construction d'infrastructures rurales et à augmenter les revenus des paysans.

9) Les progrès techniques dans la fabrication du papier et l'impression, la distribution plus rapide grâce aux nouveaux moyens de transport, ont facilité _____ (un produit/une production) plus abondante.

10) Les pays arabes contrôlaient les routes commerciales de la Méditerranée et avaient le monopole des _____ (produits/productions) provenant de l'Extrême-Orient.

第81组

projet/plan/programme

projet n.m. 1. *Dessein, idée de ce qu'on pense réaliser, conception des moyens qu'on croit utiles pour exécuter ce qu'on médite.* （计划，想法，设想，意图，打算）

1) faire des projets（制订计划）
2) exécuter un projet（执行计划）
3) Je seconderai votre projet.（我支持您的计划。）
4) Je m'oppose à votre projet.（我反对您的计划。）

> 2. *Il se dit aussi de la première pensée, de la première rédaction d'un acte ou d'écrit quelconque.*（草案，初步设计）

1) Le gouvernement a fait un projet de loi.（政府制定了一项法律草案。）
2) C'est un projet à peine ébauché.（这是个刚刚草拟的方案。）
3) Ce n'est encore qu'un simple projet.（这还只是一个初步的设想。）

常与之配合使用的动词：Former, élaborer, concevoir, envisager, ébaucher, enfanter, esquisser, mûrir, encourager, décourager, contrarier, abandonner, reprendre, réaliser, accomplir, réussir, seconder, soumettre, amender, déposer, présenter, faire un projet, saisir, justifier, reprendre, prendre en considération, admettre, rejeter, ajourner, un projet, s'opposer à, renoncer à un projet, un projet tend à quelque chose, réussit, échoue, avorte, existe, tombe, reste lettre morte, a chance d'aboutir, aboutit 等。

常用的修饰形容词：beau, vaste, sage, hardi, impraticable, irréalisable, caduc, chimérique, machiavélique, arrêté, optatif, analogue, constitutionnel, inconstitutionnel, logique, illogique, dangereux 等。

> *plan* adj. *Désigne, au figuré, le dessein, le projet d'un ouvrage.*（作品的提纲，计划）

1) Voilà mon plan.（这是我的创作提纲。）
2) J'ai mon plan dans la tête.（我在脑海里已经有了提纲。）
3) le plan de la campagne prochaine（下一个运动的计划）

常与之配合使用的动词：arrêter, modifier, approuver, rejeter 等。
常用的修饰形容词：grandiose, détaillé, succinct, directeu, machiavélique 等。

> *programme* n.m. *Écrit donnant le détail d'une fête, d'une cérémonie, d'un spectacle, d'un concert, etc.; annonce des matières d'un cours, du sujet d'un prix, etc.*（日程、节目、仪式等的安排，纲领）

1) distribuer des programmes（分发节目单）
2) Ce morceau n'était pas sur le programme.（节目单上没这个节目。）
3) Il n'a pas encore donné le programme de son cours.
（他还没有给出他的课程安排。）

常与之配合使用的动词：composer, dresser, élaborer, présenter, publier, suivre un programme, inscrire, figurer au programme, adhérer à un programme, un programme captive, promet, séduit 等。

常用的修饰形容词：captivant, alléchant, prometteur, séduisant, fourni, rempli, maigre, copieux 等。

辨析： projet 和 plan 有时可通用，但个别时候都各自有固定搭配；programme 则侧重于大型的纲领性的规划。

Exercices 练习

Des mots entre parenthèses, choisissez celui qui convient pour compléter les phrases.

1) Quinette est aujourd'hui sur ce marché, une PME reconnue au plan mondial. Elle développe des _____ (projets/plans/programmes) en Amérique du sud.

2) On s'est mis d'accord sur un _____ (projet/plan/programme) de travail et on se revoit dans quinze jours pour faire le point.

3) Elle a critiqué ton _____ (projet/plan/programme) en disant qu'il était totalement farfelu.

4) Ils traitent tous deux le même sujet, mais ils y travaillent sur des _____ (projets/plans/programmes) différents.

5) Quels sont vos _____ (projets/plans/programmes) après ce film au Canada?

6) Je ne changerai rien à mon _____ (projet/plan/programme) de conduite.

7) Je disais que c'est un _____ (projet/plan/programme) ambitieux que nous avons pour nos enfants.

8) Delage rappelle à Giraud leur _____ (projet/plan/programme) d'acheter ensemble un pressoir moderne.

9) —Ah, je vois que vous avez entendu parler de mon _____ (projet/plan/programme) de lancer un Festival à Propriano en Corse, mais ce n'est encore qu'un projet.

10) La division droite-gauche existe toujours, malgré des tentatives de _____ (projets/plans/programmes) communs en 1936 ou dans les années 70.

11) Il m'a fait voir le _____ (projet/plan/programme) de l'ouvrage qu'il veut donner au public.

12) Ce prince avait conçu un vaste _____ (projet/plan/programme) de domination.

第82组

progrès/progression

progrès n.m. *Se dit figurément de toute sorte d'avancement, d'augmentation en bien ou en mal.* (进步,发展)

1) empêcher les progrès d'une maladie (阻止一种疾病的发展)
2) Il a fait de grands progrès dans ses études. (他学习上进步很大。)
3) Les sciences ont fait de grands progrès dans ce siècle.
   (这个世纪科学取得了巨大的进步。)
3) Je m'intéresse aux progrès de cet écolier. (我对这个孩子的进步很感兴趣。)

常与之配合使用的动词：réaliser, accomplir, constater, enregistrer, marquer, stabiliser, assurer, étendre, promouvoir, manifester, remarquer, observer 等。

常用的修饰形容词：marquant, visible, évident, important, énorme, étonnant, sensible, insensible, immense, tangible, lent, rapide, imperceptible, nul, sérieux, incroyable, formidable, économique 等。

progression n.f. *Marche en avant. Il signifie encore avancement, développement par degrés.* (增长,进展,推进,渐进)

1) la progression d'un impôt (税收的增长)
2) La progression naturelle de l'esprit humain devait amener ce changement.
   (人类智慧的逐渐完善必然导致这样的变化。)
3) On a remarqué, ces dernières années, une progression de la délinquance en ville comme à la campagne.
   (最近这几年,无论是在城市还是在农村,青少年犯罪均有所增长。)

辨析：progrès 和 progression 都有"发展,进展"之意,但 progrès 常从结果的角度看；而 progression 则更强调"发展,进展"的过程。

Exercices 练习

Des mots entre parenthèses, choisissez celui qui convient pour compléter les phrases.

1) La plupart des animaux sont doués du mouvement de _____ (progrès/progression)

2) Il y a dans cet ouvrage _____ (un progrès/une progression) d'intérêt bien soutenue.

3) Il faut établir _____ (un progrès/une progression) dans ces études, dans ces exercices physiques.

4) Nous devons assurer pour certains projets prioritaires _____ (un progrès/une progression) par grandes enjambées et soutenir vigoureusement le développement actuel.

5) Toutes ces réalisations prouvent que la Chine a accompli de _____ (nouveaux progrès substantiels/nouvelles progressions substantielles) dans l'édification en grand d'une société au niveau de vie relativement aisé.

6) Notre pays a atteint un nouveau palier et il poursuit _____ (son progrès/sa progression) dans le contexte historique de l'édification en grand d'une société au niveau de vie relativement aisé.

7) Notre pays est entré dans une nouvelle ère historique où le développement économique et social dépend davantage _____ (du progrès/de la progression) et de l'innovation scientifique et technologique.

8) Mené durant plus de deux ans, le recensement économique nous a permis de mieux connaître les conditions fondamentales régissant le développement économique et _____ (le progrès social/la progression sociale) de notre pays, de délimiter avec précision le volume du PIB et les proportions respectives de chacun des trois secteurs.

9) Qu'il existe enfin une véritable tour de contrôle dans la lutte contre le cancer en France, à un moment où les chiffres montrent _____ (un progrès/une progression) spectaculaire des personnes touchées.

10) Cette circonstance a ralenti _____ (le progrès/la progression) de la civilisation.

11) Mais cette évolution ne résoudra pas le fait que _____ (le progrès/la progression) du pourcentage des Français qui partent en vacances ne concerne encore qu'une minorité sociale ayant des revenus relativement importants.

12) Je remarque _____ (un grand progrès/une grande progression) dans l'intelligence de cet enfant.

13) En 2005, notre œuvre de modernisation socialiste a enregistré des _____ (progrès/progressions) remarquables.

第83组

résultat/effet/conséquence

> **résultat** n.m. *Ce qui résulte, ce qui s'ensuit d'une délibération, d'un principe, d'une opération, d'un événement, etc.* (结果,结局,成果)

1) Je ne m'attache qu'au résultat. (我只重视结果。)
2) le résultat d'une expérience chimique (一个化学试验的结果)
3) La misère du peuple fut l'unique résultat de cette guerre.
   (这场战争唯一的结果就是人民的穷困。)

常与之配合使用的动词：obtenir, acquérir, produire, enregister, apprécier un certain résultat, poursuivre, atteindre, manquer, compromettre un résultat, comparer, confronter, proclamer des résultats 等。

常用的修饰形容词：satisfaisant, appréciable, inappréciable, heureux, malheureux, beau, tangible, effectif, positif, négatif, souhaité, grandiose, surprenant, piètre, insignifiant, mirobolant, médiocre, collectif, même, pareil, identique, différent, incroyable, extraordinaire 等。

> **effet** n.m. *Ce qui est produit par quelque cause.* (结果,结局,效果)

1) remonter des effets aux causes (由因及果)
2) Il n'y a point d'effet sans cause. (无风不起浪。)
3) Les menaces ne firent sur lui aucun effet. (威胁对他没有任何作用。)

常与之配合使用的动词：produire, annuler, détruire, escompter, espérer, attendre un effet, sortir des effets, un effet se produit 等。

常用的修饰形容词：néfaste, heureux, malheureux, plein, attendu, inattendu, espéré, inespéré, énorme, souverain, merveilleux, radical, douteux, sûr, certain, désastreux 等。

> **conséquence** n.f. *Suite qu'une action ou un événement peut avoir.* (后果,结果)

1) Cela peut avoir de graves conséquences. (这会导致很严重的后果。)
2) prévoir les conséquences d'une démarche (预测一个措施可能导致的后果)
3) Si j'ai commis une erreur, je suis prêt à en subir toutes les conséquences.
   (如果我做错了事,我随时准备承担后果。)

常与之配合使用的动词：entraîner, développer, peser, suppter, mesurer, détuire, subir, supporter, comporter, éviter, éluter, craindre, redouter une ou des conséquences, une conséquence résulte, découle; remédier aux conséquences 等。

常用的修饰形容词：heureuse, malheureuse, regrettable, fâcheuse, funeste, redoutable, inévitable, irrémédiable, inéluctable, incalculable, nécessaire, forcée, ultime, suprême 等。

辨析：résultat 使用最广，可表事情的一切结果；effet 强调因果和效果；conséquence 强调事情的后果。

Exercices 练习

Des mots entre parenthèses, choisissez celui qui convient pour compléter les phrases.

1) Voilà tout _____ (le résultat/l'effet/la conséquence) de ce que l'on a dit.

2) _____ (L'un des résultats/L'un des effets/L'une des conséquences) de cette situation est que l'on n'apprend pas aux enfants à mesurer leur «réussite» future par rapport à leurs propres désirs et à leurs capacités, mais à partir de critères matériels et uniformes: position professionnelle, salaire, attributs.

3) _____ (Les résultats commerciaux/Les effets commerciaux/Les conséquences commerciales) ont été décevant(e)s.

4) Nos _____ (résultats/effet/conséquences) seront amélioré(e)s si on parvient à supprimer ce défaut.

5) Les talus ont _____ (un résultat régulateur/un effet régulateur/une conséquence régulatrice) sur les phénomènes hydrauliques, climatiques et biologiques qui gouvernent la vie du sol, des plantes et des animaux.

6) Le rendement des cultures non abritées par des talus ou par des haies, donc non protégées de l'action du plein vent, baisse de 20 à 40% pour la pomme de terre. Mêmes _____ (résultats/effets/conséquences) pour le bétail.

7) _____ (Les résultats/Les effets/Les conséquences) scolaires prennent une place considérable et tous les moyens sont bons pour tenter de les améliorer.

8) Cette forme d'organisation, en effet, a pour _____ (résultats/effets/conséquences) une contagion simplificatrice de fermetures d'entreprise.

9) Mais de réelles vacances supposent sur la plan physique et psychologique une durée d'au moins trois semaines pour avoir leur _____ (plein résultat/plein effet/pleine conséquence)

10) «Il en est de même des paysages de montagnes», reprit Léon. «J'ai un cousin qui a voyagé en Suisse l'année dernière, et qui me disait qu'on ne peut se figurer la poésie des lacs, le charme des cascades, _____ (le résultat/l'effet/la conséquence) gigantesque des glaciers.»

11) Tant de peines n'ont abouti à _____ (aucun résultat/aucun effet/aucune conséquence).

12) Supprimez la cause, vous supprimerez _____ (le résultat/l'effet/la conséquence).

13) Les _____ (résultats/effets/conséquences) de la lumière se joue dans le feuillage.

14) _____ (Les résultats/Les effets/Les conséquences) de la suppression du bocage ne sont pas immédiats (immédiates), et il faut un certain nombre d'années pour faire le bilan des échecs.

15) Toutes leurs tentatives ont eu _____ (le même résultat/le même effet/la même conséquence).

第84组

spécial/spécialisé

spécial *adj. Qui est exclusivement destiné à quelque chose en particulier; qui a un caractère particulier.* (专门的,特别的;怪的)

1) Il faut des chaussures spéciales pour patiner. (滑冰需要专门的鞋。)
2) Il vous faut une autorisation spéciale pour entrer. (您须有特别准许才能进入。)
3) Il a fait, sur cette matière, des études spéciales. (他在这方面做了专门研究。)
4) Il a une mentalité un peu spéciale. (他的心理有点怪。)

spécialisé *adj. Limité à une spécialité, affecté à un travail déterminé.* (专门的,专业的)

1) Nous allons fonder une association spécialisée dans l'aide des personnes agées.
   (我们要建立一个专门为老年人提供帮助的组织。)
2) Il travaille au Centre hospitalier spécialisé de Grenoble.
   (他在格勒诺布尔精神病医院工作。)
3) Il connaît un juriste spécialisé dans le droit international.
   (他认识一个专门搞国际法的人。)
4) Il travaille dans une entreprise spécialisée dans la fabrication d'instruments d'optique.
   (他在一个专门生产光学仪器的企业工作。)

辨析： 从上述例句中可以看出,两词都有"专门的"意思,但spécialisé常需要一个补充成分来说明"专"在哪一方面。

Exercices 练习

Des mots entre parenthèses, choisissez celui qui convient pour compléter les phrases.

1) Le lecteur de la presse _____ (spéciale/spécialisée) est aussi exigeant, d'autant plus qu'il est souvent passionné.

2) Notre soutien total est acquis aux chefs des exécutifs ainsi qu'aux exécutifs de ces deux zones administratives _____ (spéciales/spécialisées) dans leurs efforts en vue de gouverner en vertu de la loi.

3) La moire (波纹闪光) des étoffes était, comme la splendeur de sa peau, quelque chose de _____ (spécial/spécialisé) et n'appartenant qu'à elle.

4) A force de demander, elle réussit à découvrir l'atelier des Florent et Chanor, maison _____ (spéciale/spécialisée) où l'on fondait, où l'on ciselait (雕刻, 镌) les bronzes riches et les services d'argenterie luxueux.

5) La virginité (童贞, 清白), comme toutes les monstruosités, a des richesses _____ (spéciales/spécialisées), des grandeurs absorbantes.

6) On promouvra la réforme des banques _____ (spéciales/spécialisées), des caisses d'épargne de la Poste et des autres établissements financiers.

7) On veillera à mettre en place un régime de protection sociale adapté aux conditions _____ (spéciales/spécialisées) des paysans travaillant dans les villes.

8) Une politique économique _____ (spéciale/spécialisée) sera mise en œuvre afin d'assurer la sécurité dans la production.

9) On poursuivra les opérations _____ (spéciales/spécialisées) destinées à assurer la sécurité dans la production.

10) Ces jeunes sont encadrés par des éducateurs, des moniteurs professionnels et des enseignants _____ (spéciales/spécialisées).

11) Cela est exprimé par une clause _____ (spéciale/spécialisée).

12) Il a sur ce sujet des connaissances _____ (spéciales/spécialisés).

第85组

sur/au dessus de

sur *Préposition de lieu, qui sert à marquer la situation d'une personne, d'une chose à l'égard de ce qui la soutient. Il sert aussi à marquer la situation de ce qui est simplement au-dessus.*（在……上面，靠着）

1) Sa maison est placée sur le penchant d'une colline.（他的房子建在丘陵的斜坡上。）
2) monter sur un vaisseau（登上战船）
3) Il a son chapeau sur la tête.（他头上戴着帽子。）
4) s'asseoir sur une chaise（坐在椅子上）
5) monter sur une échelle（爬梯子）
6) Le soleil est sur l'horizon.（太阳在地平线上。）

au dessus de *loc.prép. 1. Plus haut que.*（在……上方）

1) au-dessus de la montagne（在山的上方）
2) Au-dessus de la porte étaient écrits ces mots.（在门的上方写着这些字。）
3) Cet arbre s'élève au-dessus de tous les autres.（这颗树比其他的树都高。）
4) Sa taille est fort au-dessus de la moyenne.（他的身高超过中等。）
5) Le thermomètre est à quinze degrés au-dessus de zéro.（气温表指向零上15度。）

2. Il s'emploie figurément pour exprimer toute espèce de supériorité, de prééminence, ou d'excès.（优越于，超出）

1) être au-dessus du commun des hommes.（超过普通人）
2) Cet ouvrage me semble bien au-dessus dess autre.（这本书好像比别的书都好。）
3) Cela est bien au-dessus de l'idée que je m'en faisais.（这比我想象的好得多。）
4) Cela est au-dessus de son génie.（这超出了他的能力。）
5) Il est au-dessus de tous par son mérite.（论才能他超越所有的人。）

辨析： sur与受力面接触，au dessus de没有受力面。

Exercices 练习

Des mots entre parenthèses, choisissez celui qui convient pour compléter les phrases.

1) La mer est belle. J'ai mis les pagaies (短桨) au fond du bateau et je me suis laissé flotter _____ (sur/au dessus de) la mer qui est très calme.

2) Il faut vous dire qu'il y a juste _____ (sur/au dessus) une planchette pour mettre les bougies et les allumettes.

3) L'oiseau est venu se poser _____ (sur/au dessus de) le sommet de l'arbre.

4) Tous s'étaient rangés _____ (sur le/au dessus du) bord de la mer, en une grande ligne droite.

5) Allongés sur les rochers, nous regardons tranquillement les libellules voler _____ (sur/au dessus de) l'eau...

6) En effet, Narr'Havas ne gouvernait que les Massyliens; et d'ailleurs, une coutume leur permettant après les revers d'abandonner le roi, ils s'étaient rassemblés _____ (sur le/au dessus du) Zaine, puis l'avaient franchi au premier mouvement d'Hamilcar.

7) Elle avait pris à deux mains son épaisse chevelure blonde, et elle la secouait _____ (sur/au dessus de) la cuvette d'argent.

8) Ils avaient des caleçons (男衬裤) en fils d'écorce, des tuniques d'herbes desséchées, des mufles (鼻尖, 鼻端) de bêtes fauves _____ (sur/au dessus de) la tête.

9) L'habitude l'entraînant, il se versait à boire coup _____ (sur/au dessus de) coup et lâchait des gaillardises (轻浮的话, 放肆的话).

10) _____ (Sur/Au dessus de) la porte, où seraient les orgues (风琴), se tient un jubé (祭廊) pour les hommes, avec un escalier tournant qui retentit sous les sabots.

11) On enrôla (招募) tous les citoyens _____ (sur/au dessus de) dix-huit ans.

12) Tu as vendu ta voiture _____ (sur/au dessus de) sa valeur.

13) Elle montra une fermeté _____ (sur/au dessus de) son sexe.

14) Une poutre qui ne pose pas assez _____ (sur/au dessus de) le mur.

15) _____ (Sur/Au dessus de) la base de la forte croissance de l'année précédente, le volume global de la production céréalière (粮食的) s'est accru de 14,54 millions de tonnes, pour atteindre 484,01 millions de tonnes.

16) Il est fort _____ (sur/au dessus de) nous tous en richesse.

17) Ils le plaçaient _____ (sur/au dessus d') Alexandre et de César.

18) Cela le met _____ (sur/au dessus de) tous ses rivaux.

第86组

ton/voix

ton *n.m. Degré d'élévation ou d'abaissement de la voix ou de quelque autre son. Il se dit, par extension, de la manière de parler, non seulement par rapport au son de la voix, mais relativement aux sentiments qu'elle exprime, à la nature des paroles.* （声调，口气，口吻）

1) Il a haussé le ton.（他提高声调。）
2) un ton aigre（尖酸的口吻）
3) un ton doux（温柔的语调）
4) parler d'un ton de maître（以主人的口气说话）

常与之配合使用的动词：hausser, élever, baisser, changer, le ton monte, s'élève, baisse, change 等。

常用的修饰形容词：cordial, courroucé, hargneux, ému 等。

voix *n.f. Son qui sort de la bouche de l'homme.* （嗓音，嗓门）

1) J'entends une voix qui m'appelle.（我听到一个声音在叫我。）
2) Les brebis connaissent la voix du berger.（羊群听得出牧羊人的声音。）
3) Sa voix lui manque.（他说不出话。）

常与之配合使用的动词：élever, joindre, étouffer, enfler, forcer, contrefaire, imiter, écouter, faire entendre, ôter la voix, articuler d'une voix ou à voix, la voix retentit, s'élève, résonne, s'enfle, se joint, tonne, implore, mue, s'affaiblit, prend 等。

常用的修饰形容词：forte, faible, câline, étouffée, chantante, aigue, perçante, éclatante, retentissante, tonnante, tonitruante, assurée, nette, ferme, impérieuse, impérative, posée, calme, chaude, prenante, âpre, coupante, incisive, sévère, irritée, distincte, indistincte, intelligible, inintelligible, argentine, cristaline, caverneuse, gutturale, sépulcrale, nasillarde, enchiffrenée, chevrotante, tremblante, suppliante, pathétique, altérée, éraillée, sombre, sourde, assourdie, touchante, émouvante, dolente, entrecoupée, émue, contenue, lente, lamentable, puissante, cuivrée, glapissante, froide, décidée, acerbe, extraordinaire, autorisée, grave, haute, basse, frémissante, criarde, rauque, cordiale 等。

辨析： ton 强调说话人讲话时使用的"语气，口吻"，voix 强调"嗓音，嗓门"。

Exercices 练习

Des mots entre parenthèses, choisissez celui qui convient pour compléter les phrases.

1) L'aubergiste (旅店主) a parlé _____ (d'un ton/d'une voix) qui ne souffrait aucune réplique (反驳).

2) Ma mère me chantait souvent _____ (d'un ton doux et grave/d'une voix douce et grave) une chanson dont j'ai retenu quelques paroles.

3) Né en 1945, Patrick Modiano est un romancier qui a apporté à la littérature actuelle un univers et _____ (un ton nouveau/une voix nouvelle).

4) Elle avait dit d'_____ (un ton sec/une voix sèche) à Gérard Van Bever:
—Tu pourrais l'aider.

5) _____ (Son ton dénaturé/Sa voix dénaturée) ressemblait à un rugissement (狂吼).

6) Par _____ (le ton/la voix), mélange de désespoir et de gaieté: le monde lui apparaît comme une sorte de farce tragique.

7) Le mélange des _____ (tons/voix): tragique et comique sont indissolublement (不可分解的) liés dans les pièces de l'anti-théâtre, car ils sont, comme le dit Ionesco, les deux faces de l'absurde.

8) Mais des cris bizarres, à la fois rauques et aigus, arrivaient dans la salle, par-dessus _____ (le ton/la voix) d'Hannon et le retentissement des plats que l'on posait autour de lui.

9) — Elle parle peu, mais bien, dit à _____ (ton bas/voix basse) Carabine à Mme Nourrisson.

10) Tous les convives comptaient ensemble, d'_____ (un ton fort/une voix forte):
— Une, — deux, — trois.

第87组

se tromper/avoir tort

se tromper   Se tromper, avec le pronom personnel. errer, s'abuser. (搞错,弄错)

1) Vous vous trompez, cela n'est pas ainsi. (您搞错了,不是这样的。)
2) Il se trompe dans son calcul. (他计算有错误。)
3) Il s'est trompé de date. (他弄错了日期。)

avoir tort n.m. *État de celui qui n'a pas le droit, la raison de son côté.* (有错误)

1) Lequel des deux a tort? (两个人中哪个错了?)
2) Vous avez grand tort de parler comme vous faites. (您说的和做的都大错特错了。)
3) Ils ont tort tous deux. (他们俩全不对。)
4) Le tort est de votre côté. (错在您这一方。)

辨析： se tromper 指因没有弄清楚而"搞错,弄错"; avoir tort 则指有过错,不占理。

Exercices 练习

Des mots entre parenthèses, choisissez celui qui convient pour compléter les phrases.

1) Vous _____ (vous êtes trompé/avez tort), vous n'auriez pas dû laisser partir votre ami à une heure si tardive.
2) C'est un homme qui ne _____ (se trompe/a tort) qu'à son profit.
3) Je ne crois pas qu'ils _____ (se soient trompés/aient tort) de direction.
4) Le notaire _____ (ne se trompait pas/n'avait pas tort), le bandit venait pour se venger.
5) Il _____ (s'est trompé/a eu tort) à son détriment.
6) Tu _____ (te serais joliment trompé/aurais eu joliment tort) de ne pas lui faire porter ça.
7) Elle _____ (se trompait/avait tort) en ceci. Les sentiments nobles poussés à l'absolu produisent des résultats semblables à ceux des plus grands vices.
8) Madeleine lui représentait qu'il _____ (se trompait/avait grand tort) de n'y vouloir pas aller.
9) Le Barbare _____ (se trompait/avait tort) ; Hannon était dans une de ces extrémités où l'on ne considère plus rien, et d'ailleurs il exécrait tellement Hamilcar que, sur le moindre espoir de salut, il l'aurait sacrifié avec tous ses soldats.
10) Vous _____ (vous trompez/avez tort) de m'en vouloir de mes observations, je n'ai voulu que votre bien.
11) Il faisait des efforts pour se convaincre qu'il _____ (se trompait/avait tort), qu'il n'y en avait qu'une seule, et même pour croire qu'il n'y en avait pas du tout.

vague/flou/obscure

vague   adj. Qui est indéfini, qui n'a point de bornes fixes et déterminées. Qui est incertain, qui manque de précision, de fixité, de solidité.（模糊的，不确定的）

1) espaces vagues（模糊的空间）
2) douleurs vagues（隐痛）
3) pensées vagues（模糊的思想）
4) expressions vagues（模糊的表述）
5) répondre d'une manière vague（含糊其辞地回答）

flou   adj. 1. Il est employé surtout en termes de peinture pour exprimer un coloris sans vigueur; en termes de sculpture et de gravure pour désigner des arêtes, des contours qui manquent de netteté.（色彩模糊，线条模糊）

1) des tons flous（模糊的语气）
2) un dessin flou（模糊的图案）
3) Tu as dû bouger en prenant la photo, elle est floue.
   （你可能在照相时动了，照片是模糊的。）

2. Il se dit aussi, d'une façon générale, d'une chose un peu indistincte, dont le caractère n'est pas facilement déterminable.（模糊）

1) description floue（模糊的描述）
2) Je n'ai que des souvenirs flous de cette soirée.（我对这个晚会只有模糊的记忆。）
3) Elle a les cheveux flous.（她头发蓬松。）

obscur   adj. Où il y a peu, où il n'y a pas de lumière. Au figuré qui n'est pas clair, intelligible, qui ne se fait pas comprendre, ou se fait difficilement comprendre.（无光亮的，不清晰的）

1) chambre obscure（昏暗的房间）
2) nuit obscure（黑暗的夜晚）
3) Il fait obscur.（天空昏暗。）
4) discours obscur（含糊其辞的演讲）

辨析： vague 强调事物本身不清楚，不明确；flou 专指艺术方面"朦胧的，模糊的"，后引申指"模糊"；obscure 则指光线的"暗"，后引申形容文字、讲话的"晦涩难懂"。

Exercices 练习

Des mots entre parenthèses, choisissez celui qui convient pour compléter les phrases.

1) C'est un _____ (vague/flou/obscur) cousin.

2) Cet auteur est _____ (vague/flou/obscur).

3) Cet écrivain a un style _____ (vague/flou/obscur).

4) Il fait _____ (vague/flou/obscur) dans cet endroit, on n'y voit pas clair.

5) Il a un _____ (vague/flou/obscur) projet de voyage en Amérique du Sud.

6) Derrière moi, il y avait un terrain _____ (vague/flou/obscur)

7) J'ai _____ (la vague/la flou/l'obscur) impression qu'il se moque de moi.

8) Hamilcar ne savait pas lui-même si c'était par un conseil des Dieux ou le _____ (vague/flou/obscur) souvenir d'une révélation que son père autrefois lui aurait faite.

9) Les surréalistes font confiance au «hasard objectif», qui révèle en fait les cheminements _____ (vagues/flous/obscurs) du désir.

10) Il évoqua la voix mélodieuse, ses rêves d'une vie _____ (vague/floue/obscure) et laborieuse.

11) Lisbeth répondit jésuitiquement à Wenceslas que, le créancier (债主) ne lui ayant fait que de _____ (vagues/floues/obscures) promesses, elle ne comptait l'aller délivrer que le lendemain, et que leur prêteur, honteux d'une ignoble persécution, avait sans doute pris les devants. (BALZAC)

12) — « Et tous les germes, ô Déesse ! fermentent dans les _____ (vagues/floues/obscures) profondeurs de ton humidité. »

13) Ils contenaient chacun une pierre ronde, _____ (vague/floue/obscure), et qui paraissait très lourde.

14) Hortense riait comme lorsqu'on s'efforce de rire, car elle était envahie par un amour que toutes les jeunes filles ont subi, l'amour de l'inconnu, l'amour à l'état _____ (vague/flou/obscur) et dont les pensées se concrètent autour d'une figure qui leur est jetée par hasard, comme les floraisons de la gelée se prennent à des brins de paille suspendus par le vent à la marge d'une fenêtre. (BALZAC)

15) Or, pendant la maladie de la baronne, ce quartier, pour lequel elle était une seconde providence, avait acquis un écrivain public établi dans le passage du Soleil, dont le nom est une de ces antithèses familières aux Parisiens, car ce passage est doublement _____ (vague/flou/obscur). (BALZAC)

第89组

regarder/voir

regarder v.tr. *Porter sa vue sur quelque chose, porter son regard sur quelque chose.* (看)

1) regarder le ciel（看天）
2) regarder la campagne（看田野）
3) regarder par la fenêtre（从窗子往外看）

voir v.tr. *Percevoir l'image des objets par la vue.* (看到，瞧见)

1) Je vois un homme.（我看到一个人。）
2) Il craint d'être vu.（他怕被人看见。）
3) Il ne voit pas les objets à deux pas de lui.（他看不到离他两步远的东西。）

辨析：regarder 强调"看"的动作，voir 侧重"看"的结果。

Exercices 练习

Des mots entre parenthèses, choisissez celui qui convient pour compléter les phrases.

1) — Si madame _____ (regarde/voit) qu'on me l'a porté, elle me battra.

2) — Tiens, ce soir, on pourrait inviter les Delarue, il y a longtemps que je ne les ai pas _____ (regardés/vus).

3) Deux escaliers latéraux（侧面的） conduisaient à son sommet; on n'en _____ (regardait/voyait) pas les pierres.

4) Puis l'on _____ (regardait/voyait) disposées, par sommes inégales, des pièces de toutes les valeurs, de toutes les dimensions, de tous les âges.

5) Ils se sont _____ (regardés/vus) pendant un long moment sans rien se dire.

6) Cette femme passe les jours entiers à _____ (se regarder/se voir) dans son miroir.

7) Je l'ai _____ (regardé/vu) de mes propres yeux.

8) — Nick, _____ (regarde/vois)! Une ville! Des maisons! Tu te rends compte! Nous pourrions nous y abriter.

9) Aujourd'hui, Claudine voyage toujours, mais elle _____ (regarde/voit) les choses autrement: elle a appris à goûter les plus petits bonheurs de l'existence.

10) La psychanalyse _____ (regarde/voit) l'origine de l'acte littéraire dans les pulsions de l'individu.

第90组

vrai/véritable/authentique/réel

vrai adj. *Qui est conforme à la vérité, à ce qui est réellement.* （真实的）

1) Cela n'est pas vrai. （这不是真的。）
2) Dites des choses vraies, si vous voulez qu'on vous croie.
   （如果您想让人相信您，那您就说实话。）
3) Cette nouvelle n'est pas vraie. （这个消息不真实。）

véritable adj. *Qui dit toujours la vérité, qui est conforme à la vérité, qui est vrai, conforme à ce qui est énoncé, par opposition à falsifié, qui est réel.* （确实的，真正的）

1) un véritable ami （真正的朋友）
2) histoire véritable （真实的故事）
3) Je vous garantis cela véritable. （我向您保证这是真的。）
4) de l'or véritable （真金）
5) Il connaît le véritable prix des choses. （他知道这些事的真实代价。）

authentique adj. *Qui est certifié par des officiers publics et dans les formes requises.* （真的）

1) pièce authentique （真品）
2) contrat authentique （合同原件）
3) écrits authentiques （原稿）

réel adj. *Qui est véritable, effectif, sans fiction ni figure.* （真实的）

1) un être réel （一个真实的生命）
2) Ce ne sont pas des chimères, ce sont des choses réelles.
   （这不是幻想的，这都是真实的事情。）
3) On a peint dans ce roman un personnage très réel.

(这部小说中刻画的人物非常真实。)

辨析: vrai 最常用,常可取代其他词;véritable 比 vrai 语气更肯定,但使用远不如 vrai 广泛; authentique 只用于对物的修饰,强调著作、艺术品等都为真品,而非赝品;réel 强调所涉及的事情都是真实的,而非杜撰的。

Exercices 练习

Des mots entre parenthèses, choisissez celui qui convient pour compléter les phrases.

1) Il passe pour être avare, or ce n'est pas _____ (vrai/authentique/véritable/réel), il aide toute sa famille.

2) Ils ont dans leur collection une statuette grecque _____ (vraie/authentique/véritable/réelle) qui date de 1500 ans avant J.-C.

3) L'enregistrement que vous allez écouter est _____ (vrai/authentique/véritable/réel).

4) Il est _____ (vrai/authentique/véritable/réel) que nous ne sommes pas satisfaits de la somme que vous nous avez payée.

5) Elle avait de _____ (vrais/authentiques/véritables/réels) cheveux et des yeux en émail.

6) Cette opération a été pour moi une _____ (vraie/authentique/véritable/réelle) épreuve.

7) C'est une _____ (vraie/authentique/véritable/réelle) catastrophe!

8) Je voudrais savoir si ce bijou est en or _____ (vrai/authentique/véritable/réel).

9) J'ai une _____ (vraie/authentique/véritable/réelle) passion pour le théâtre.

10) Georges? C'est un _____ (vrai/authentique/véritable/réel) diplomate! Il devrait travailler dans une ambassade.

11) La chasse au « _____ (vrai/authentique/véritable/réel)» Français fait le délice du touriste étranger traditionnel.

12) Jeannie est, pour beaucoup d'entre nous, une _____ (vraie/authentique/véritable/réelle) amie.

13) La révolution du virtuel ne fait que commencer. Il s'agit d'un _____ (vrai/authentique/véritable/réel) «cyberbang» dont les conséquences économiques, sociales, politiques sont incalculables.

14) C'est un _____ (vrai/authentique/véritable/réel) phénomène de génération: les jeunes, aujourd'hui, sont plus nombreux à avoir pratiqué une activité artistique dans le cadre de leurs loisirs que ceux des générations précédentes.

15) Le débat qui a suivi lui a donné l'occasion de faire des propositions concrètes pour une _____ (vraie/authentique/véritable/réelle) presse d'information.

16) Les tentatives les plus diverses n'ont pas pu parvenir à un _____ (vrai/authentique/véritable/réel) étalement des vacances.

17) Les Institutions d'Éducation surveillée sont de _____ (vrais/authentiques/véritables/réels) collèges d'enseignement technique avec des ateliers multiples.

18) Voilà la _____ (vraie/authentique/véritable/réelle) cause de sa disgrâce.

19) Vous m'avez rendu un _____ (vrai/authentique/véritable/réel) service.

20) Il s'agit de la présence _____ (vraie/authentique/véritable/réelle) du corps de JÉSUS- CHRIST dans l'Eucharistie(圣体圣事).

21) Je ne vois rien de _____ (vrai/authentique/véritable/réel) dans les offres que vous me faites.

第91组

empoisonner/intoxiquer

empoisonner v.tr. *Faire mourir ou intoxiquer par le poison, mettre du poison dans.* (毒杀,使中毒)

1) Elle a été empoisonnée par son mari. (她被丈夫毒杀。)
2) Certains peuples tuent les ennemis avec des flèches empoisonnées.
   (一些部族用毒箭射杀敌人。)
3) Il a été empoisonné par des champignons. (他食用毒蘑菇中毒。)
4) Toute la famille a été empoisonnée par des conserves avariées.
   (全家都由于吃变质的罐头而中毒。)
5) Ces petits soucis empoisonnent la vie. (这些小事扰乱生活。)

intoxiquer v. tr. *Empoisonner, imprégner de substances toxiques.* (使中毒)

1) Il a été intoxiqué par des champignons. (他食用毒蘑菇中毒。)
2) Les ouvriers ont été intoxiqués par des produits chimiques.
   (这些工人化学品中毒了。)
3) Toute sa famille a été intoxiquée par des émanations de gaz. (他全家都煤气中毒了。)

辨析： empoisonner 一般指蓄意的行为；intoxiquer 则是一技术词语,非有意的谋害。

Exercices 练习

Des mots entre parenthèses, choisissez celui qui convient pour compléter les phrases.

1) Elle cherchait à prendre sur elle, elle voulait ne pas _____ (empoisonner/intoxiquer) la vie de ceux qu'elle aimait.

2) Quelle honte pour moi si je suis éconduit! ce sera un remords à _____ (empoisonner/intoxiquer) toute ma vie, se disait-il, jamais elle ne m'écrira.

3) Mais Narr'Havas avait _____ (empoisonné/intoxiqué) les vainqueurs avec l'eau des citernes.

4) Quelqu'un cria qu'il était _____ (empoisonné/intoxiqué). (FLAUBERT)

5) Le lecteur a sans doute oublié ce petit homme de lettres, nommé Tanbeau, neveu de l'académicien et futur professeur qui, par ses basses calomnies, semblait chargé d' _____ (empoisonner/intoxiquer) le salon de l'hôtel de La Mole. (STENDHAL)

6) N'en doutez point, l'affreuse idée qu'à cause de moi un innocent a été conduit à la mort _____ (empoisonnerait/intoxiquerait) le reste de ma vie et sans doute l'abrègerait.

7) — Et même j'ai lu que différentes personnes s'étaient trouvées _____ (empoisonnées/intoxiquées), docteur, et comme foudroyées par des boudins qui avaient subi une trop véhémente fumigation! (FLAUBERT)

8) Pye Carr lisait le soupçon partout. Dans les regards qu'on lui lançait. Dans les conversations interrompues à son passage. Dans l'attitude de plusieurs de ses amis, convaincus qu'il avait _____ (empoisonné/intoxiqué) sa femme.

9) Demande à un fumeur que la nicotine (尼古丁) _____ (empoisonne/intoxique) s'il peut renoncer à son habitude délicieuse et mortelle. Il te dira qu'il a essayé cent fois sans y parvenir. (MAUPASSANT)

10) Il a été _____ (empoisonné/intoxiqué) après avoir mangé des huîtres (牡蛎).

第92组

source/ressource

source n.f. 1. *Eau qui sourd, qui sort de terre; endroit d'où l'eau sort.* (水源,源头)

1) source limpide (清澈的水泉)

2) source qui ne tarit jamais (永不枯竭的泉水)

3) découvrir une source（发现一个水泉）

> 2. *Il désigne figurément le principe, la cause d'où une chose procède, l'origine, le premier auteur de quelque chose.*（根源，来源）

1) la source de tous les biens（各种善源）
2) Vos malheurs et les miens viennent de la même source.
   （您的不幸和我的不幸根源相同。）
3) Les étudiants écrivent un texte en donnant des exemples, des citations et doivent citer leurs sources.（学生们写文章引用原文应注明出处。）

常与之配合使用的动词：puiser à une source, une source sort, jaillit, tarit, s'épuise 等。
常用的修饰形容词：intermittente, vive, pure, claire, limpide, jaillissante, thermale, ferrugineuse, alcaline, médicinale, saline 等。

> **ressource** n.f. *Ce qui peut fournir ce dont on a besoin; moyen d'action.*（财源，资源，）

1) Il n'a point de ressources.（他没有什么经济来源。）
2) Nous avons épuisé toutes nos ressources.（我们把所有的储备全消耗没了。）
3) Les ressources minières de la région sont abondantes.
   （这个地区的矿产资源非常丰富。）

常与之配合使用的动词：disposer de, posséder, épuiser des ressources 等。
常用的修饰形容词：matérielle, énorme, maigre, alimentaire, inépuisable, principale, économique, infinie 等。

辨析： source 强调水流出的地方，指源头；ressource 则强调"财源，资源"。

Exercices 练习

Des mots entre parenthèses, choisissez celui qui convient pour compléter les phrases.

1) Ce barrage (大坝) serait une _____ (source/ressource) de richesse pour ce pays pauvre.
2) Il est sans _____ (source/ressource) dans son malheur.
3) Le Suffète avait trouvé des _____ (sources/ressources) au bas de la falaise.
4) Dans la persécution (折磨) que j'ai soufferte, Dieu a été ma seule _____ (source/ressource).
5) Mais, dès le second jour, les _____ (sources/ressources) diminuèrent ; le soir du troisième, elles étaient complètement taries.

6) Ce sera ma dernière _____ (source/ressource).

7) Je tiens cette nouvelle de bonne _____ (source/ressource).

8) Ce ruisseau coule de _____ (source/ressource).

9) Il est perdu, il est ruiné sans _____ (source/ressource).

10) Ses infortunes eurent leur _____ (source/ressource) dans un amour-propre sans mesure.

11) Ce préjugé prend sa _____ (source/ressource) dans un sentiment louable.

12) Ce fatal événement est la _____ (source/ressource) de tous nos maux.

13) Il n'a pour vivre que de modestes _____ (sources/ressources).

14) La vanité est une _____ (source/ressource) inépuisable de ridicules.

15) Quand ils buvaient à une _____ (source/ressource), elle était empoisonnée.

16) Sais-tu dans quelle région la Seine prend sa _____ (source/ressource)?

17) En s'apercevant du singulier pouvoir que Lisbeth et sa femme lui avaient conféré, ce mauvais drôle s'en amusait, il en jouait comme d'un instrument; et, les cartes de salon étant la dernière _____ (source/ressource) de cette âme aussi usée que le corps, il plumait Crevel, qui se croyait obligé de filer doux avec le respectable fonctionnaire qu'il trompait! (BALZAC)

18) Cet historien a utilisé toutes les _____ (sources/ressources) pour la rédaction de son ouvrage.

第93组

sévère/exigeant

sévère adj. *Qui est rigide, sans indulgence, qui est austère.*（严厉的,不留情面的）

1) un juge sévère（严厉的法官）

2) Ce père est trop sévère et se fait moins aimer que craindre de ses enfants.
（这位父亲太严厉,孩子们不喜欢他,而是怕他。）

3) une loi sévère（严酷的法律）

4) une critique sévère（严厉的批评）

exigeant adj. *Qui est dans l'habitude d'exiger beaucoup ou trop de déférence, d'attention, de travail, d'argent, de services.*（苛求的,挑剔的,要求过高的）

1) Vous êtes bien exigeant. (您真挑剔。)
2) Elle est trop exigeante. (她太挑剔了。)
3) se montrer exigeant (表现苛刻)
4) un maître exigeant (一个要求高的师傅)

辨析： 两词中，sévère 使用最广，指人时强调"严肃而厉害"；exigeant 语气比 sévère 略轻，指"要求高，苛求，挑剔"。

Exercices 练习

Des mots entre parenthèses, choisissez celui qui convient pour compléter les phrases.

1) Son père est un homme _____ (sévère/exigeant), ses enfants n'osent pas s'approcher de lui.

2) Il a formulé de _____ (sévères/exigeantes) critiques sur la politique du gouvernement.

3) Les lecteurs d'aujourd'hui sont déjà très informés, ils veulent comprendre le sens des événements et sont donc très _____ (sévères/exigeants).

4) _____ (Sévère/Exigeante) et solitaire, elle s'est juré de ne jamais se décevoir, ni s'ennuyer, au risque de rompre et de choquer.

5) Grâce à tant de secours, une Parisienne _____ (sévère/exigeante) eût été satisfaite de l'installation du jeune ménage dans l'appartement qu'il avait choisi, rue Saint-Dominique, près de l'esplanade des Invalides.

6) — «Valérie», répondit Marneffe, en imitant Crevel en position, «j'espère que M. le baron Hulot aura soin de son fils, et qu'il n'en chargera pas un pauvre employé; je compte me montrer très _____ (sévère/exigeant) avec lui». (BALZAC)

7) —Vous allez peut-être devenir un fat, lui dit l'abbé d'un air _____ (sévère/exigeant).

8) Mais elle était simple comme peut l'être l'épouse légitime d'un notaire de province, et lui plus _____ (sévère/exigeant) qu'un pacha à trois queues. (MAUPASSANT)

9) Julien entendit la marquise qui disait un mot _____ (sévère/exigeant), en élevant un peu la voix. (STENDHAL)

10) C'est une femme bien _____ (sévère/exigeante), elle n'est jamais contente de ce qu'elle a.

第94组

occasion/chance

occasion n.f. *Circonstance qui se présente à propos et pendant une durée limitée.*（机会，时机）

1) L'occasion était belle.（机会难得。）
2) C'est l'occasion ou jamais!（机不可失，时不再来。）
3) Il faut saisir l'occasion.（必须抓住机会。）

常与之搭配使用的动词：attendre, épier, guetter, manquer, négliger, provoquer, rater l'/une occasion; courir après l'/une occasion; profiter de l'occasion; bondir, sauter (fam.), se précipiter sur l'/une occasion; laisser échapper, s'envoler, passer, perdre l'/une occasion; attendre une meilleure occasion; se réserver pour une autre occasion; l'/une occasion mûrit, naît, s'offre, se présente, tarde, vient 等。

常用的修饰形容词：alléchante, engageante, exceptionnelle, favorable, inespérée, magnifique, propice, providentielle, rare, sûre, tentante, unique 等。

chance n.f. *Sort favorable; part d'imprévu heureux inhérent aux événements.*（运气，幸运，好运）

1) Il a de la chance cette année.（他今年走运。）
2) Je l'ai rencontré par chance.（很幸运我碰到了他。）
3) Il tente de faire cesser la mauvaise chance.（他试图改变这坏运气。）

常与之搭配使用的动词：tenter, courir la chance, posseder, augmenter, gâcher, perdre, diminuer, réduire, supputer, calculer ses chances, les chances augmentent, diminuent, la chance tourne 等。

常用的修饰形容词：grande, maigre, mince, inespérée, inouie, incroyable, immense, énorme, nombreuse 等。

辨析：occasion 强调做某事的良好时机，chance 则多指做成某件事的机会和可能性。

Exercices 练习

Des mots entre parenthèses, choisissez celui qui convient pour compléter les phrases.

1) Jamais un pauvre diable, jeté aussi bas que moi par le hasard, ne retrouvera une telle _____ (occasion/chance); j'aurai des bonnes fortunes. (STENDHAL)

2) «Quelle bonne _____ (occasion/chance) de déconcerter (使不自在) ces messieurs s'ils sont aux écoutes, et d'éviter la bataille!» pensa Julien. (STENDHAL)

3) Ses camarades ne comprenaient pas pourquoi, avant le combat, il paraissait espérer quelque chose, et ne devinaient point que d'Auverney, de toutes _____ (les occasions/les chances) de la guerre, ne désirait que la mort. (HUGO)

4) Mathilde tantôt semblait rechercher, tantôt ne fuyait pas les _____ (occasions/chances) de lui parler. (STENDHAL)

5) Pendant toute la journée du lendemain elle épia (窥探, 密切观察) les _____ (occasions/chances) de s'assurer de son triomphe sur sa folle passion. (STENDHAL)

6) — On voudrait être très riche dans ces _____ (occasions/chances), ajoutait Nana. Enfin, chacun fait ce qu'il peut... Croyez bien, messieurs, que si j'avais su... (ZOLA)

7) Nana battit des mains. Il ne venait pas, quelle _____ (occasion/chance)! Elle serait donc libre! (ZOLA)

8) Caroline Héquet, née à Bordeaux, d'un petit employé mort de honte, avait la bonne _____ (occasion/chance) de posséder pour mère une femme de tête. (ZOLA)

9) Où est l'homme qui n'a pas rencontré dans sa vie une seule _____ (occasion/chance) d'être amoureux? (BALZAC)

10) Pas de _____ (occasion/chance), mourir sans avoir même le temps de déballer (陈列, 展示) ses affaires; et ajoutez qu'elle avait des sous avec ça, quelque chose comme un million. (ZOLA)

11) Le temps de prendre conscience et déjà _____ (l'occasion/la chance) est irrémédiablement passée, en ne laissant derrière elle que le repentir (后悔) pour tout héritage. (JANKÉL)

12) Un esprit vif et calculateur, prompt à prendre une décision, apte à saisir _____ (l'occasion/la chance) au vol, quitte à courir un risque. (CENDRARS)

13) — La police! dit-elle toute blanche. Ah! nom d'un chien! pas de _____ (occasion/chance)!... Nous sommes foutues! (ZOLA)

14) Les charbonniers s'exprimaient avec lenteur, cherchant leurs idées et pesant tous leurs termes, en hommes qui passent leur vie dans la solitude des bois, et n'ont guère _____ (l'occasion/la chance) de bavarder. (MOSELLY)

15) J'ai saisi _____ (l'occasion/la chance) d'un petit tête-à-tête avec Jibé pour lui

demander, non sans égards, s'il avait envoyé la somme. (DUHAMEL)

16) Les vicissitudes (荣辱兴衰) de ma jeunesse n'avaient pas été assez nombreuses et assez variées pour me fournir _____ (l'occasion/la chance) d'embrasser sous tous les aspects toutes les chances d'une existence complète. Je regrettais de n'avoir éprouvé ni assez de malheurs, ni surtout assez de prospérités pour être sûr de ma résolution dans tous les événements de la vie. (NODIER)

17) J'ai vu, depuis vingt ans, le monde par son envers, dans ses caves, et j'ai reconnu qu'il y a dans la marche des choses une force que vous nommez la providence (天意), que j'appelais le hasard, que mes compagnons appellent _____ (l'occasion/la chance). (BALZAC)

18) Si, au lieu de se tenir caché dans un lieu écarté, il eût erré au jardin et dans l'hôtel, de manière à se tenir à la portée des _____ (occasions/chances), il eût peut-être en un seul instant changé en bonheur le plus vif son affreux malheur. (STENDHAL)

第95组

produire/fabriquer

> **produire** v.tr. 1. *Faire exister une chose grâce à l'activité agricole, industrielle, scientifique de l'homme.*（生产,制造）

1) La France produit du vin.（法国生产葡萄酒。）
2) Cette usine produit de l'électricité.（这家工厂发电。）
3) Il faut tailler cet arbre pour qu'il produise plus de fruits.
（应当把这棵果树修剪一下,才能结更多的果实。）

> 2. *Faire naître, causer, provoquer (un phénomène naturel ou non, un mouvement, une impression ou un sentiment).*（产生,引起,招致,造成）

1) La nouvelle a produit une vive impression.（这则消息产生了强烈的影响。）
2) Son discours n'a pas produit un bon effet.（他的讲话没产生好的效果。）
3) Ce remède n'a produit aucun effet.（这种药没产生任何效果。）

> **fabriquer** v.tr.1. *Faire, réaliser (un objet), une chose applicable à un usage déterminé, à partir d'une ou plusieurs matières données, par un travail manuel ou artisanal.*（制作,制造,生产）

1) Comme il est très bricoleur, il a fabriqué lui-même sa bibliothèque.
（由于他是喜欢修修弄弄的人，他自己做了书柜。）
2) Cette usine fabrique de la porcelaine.（这家工厂生产瓷器。）
3) Ces outils sont fabriqués en série.（这些工具是成套生产的。）

> 2. *Composer au moyen de procédés, de techniques. Créer, inventer par un travail d'imagination.*（伪造，虚构）

1) Les faussaires ont fabriqué de faux billets de banque.（假币制造者造假币。）
2) Il a fabriqué de fausses nouvelles.（他制造假新闻。）
3) Je ne comprends pas pourquoi il a fabriqué un tel mensonge.
（我不明白他为了什么制造这样的谎言。）

辨析： produire 词义比 fabriquer 广，可指各种生产，但 fabriquer 常指通过对原材料的技术加工而进行的"制造，生产"。

Exercices 练习

Des mots entre parenthèses, choisissez celui qui convient pour compléter les phrases.

1) Il lui semblait que certains lieux sur la terre devaient _____ (produire/fabriquer) du bonheur, comme une plante particulière au sol et qui pousse mal tout autre part. (FLAUBERT)

2) Il raccommodait (缝补) ses joujoux, lui _____ (produisait/fabriquait) des pantins (木偶) avec du carton, ou recousait le ventre déchiré de ses poupées. (FLAUBERT)

3) Qui _____ (produit/fabrique) le blé, c'est-à-dire le pain pour tous? Le paysan! Qui fait venir l'avoine, l'orge, toutes les céréales? Le paysan! Qui élève le bétail pour procurer la viande? Le paysan! Qui _____ (produit/fabrique) le vin, le cidre? Le paysan! Qui nourrit le gibier? Le paysan! (R. BAZIN)

4) Voilà la raison de l'impatience que j'ai de vous voir en état de _____ (produire/fabriquer) des objets qui puissent se vendre. (BALZAC)

5) Les philosophes savent que les mêmes causes _____ (produisent/fabriquent) toujours les mêmes effets. (A. FRANCE)

6) La table ronde, immobile au milieu du salon, offrait un marbre incrusté de tous les marbres italiens et antiques venus de Rome, où _____ (se produisent/se fabriquent) ces espèces de cartes minéralogiques semblables à des échantillons de tailleurs qui faisait périodiquement l'admiration de tous les bourgeois que recevait Crevel. (BALZAC)

7) Elle racontait que les crémières de Paris _____ (produisaient/fabriquaient) des

oeufs avec de la colle et du safran. (Zola)

8) On distingua sur l'autre rive un lourd chariot chargé de foin (草), qui, en touchant le radeau (木筏子), _____ (produisit/fabriqua) un coup sourd dont l'ébranlement imitait le bruit du canon. (René Boylesve)

9) Aussi la moindre chose qu'il disait _____ (produisait/fabriquait)-elle une grande épouvante. (RENE BOYLESVE)

10) Qu'est-ce qu'il _____ (produit/fabrique)? Qu'est-ce qu'il _____ (produit/fabrique)? Voilà près de dix minutes que j'attends. (COURTELINE)

11) Il est vrai qu'il _____ (s'était produit/s'était fabriqué) quelques interruptions dans le séjour de tout ce monde-là, au château. (RENE BOYLESVE)

12) Pourquoi ce qui produit les êtres vivants les _____ (produit/fabrique)-il mortels? (VALÉRY)

13) Il est inacceptable que le système éducatif _____ («produise»/«fabrique») des élèves (jeunes ou adultes), en totale indifférence et en totale ignorance des besoins en main-d'oeuvre. (B. SCHWARTZ)

14) Que ne suis-je un homme du peuple! Car ils vivent simplement l'un près de l'autre avec amitié. La brebis donne sa laine et son lait et la terre _____ (produit/fabrique) l'herbe avec le grain. (CLAUDEL)

15) Le beau-père avait gagné près de quatre millions en trente ans à _____ (produire/fabriquer) des uniformes pour les armées du grand Empereur. (GONCOURT)

16) Sur une production mondiale d'environ 140 millions d'hectolitres (百升), la France _____ (produisait/fabriquait) dans les années qui ont précédé la seconde guerre mondiale de 40 à 65 millions d'hectolitres de vin, ce qui nous plaçait en tête des pays vinicoles (产葡萄酒的). (BRUNERIE)

17) Aussi, jamais le docteur n'avait-il eu à rougir de sa mère, qu'il vénérait, et dont le défaut d'éducation était bien compensé (补偿) par cette sublime tendresse. La vente du fonds de culottier avait _____ (produit/fabriqué) environ vingt mille francs, la veuve les avait placés sur le grand-livre en 1820, et les onze cents francs de rente qu'elle en avait eus composaient toute sa fortune. (BALZAC)

18) Chacun doit travailler, _____ (produire/fabriquer), suivant ses aptitudes (MARX, ENGELS).

19) Le bourgeois ne _____ (produit/fabrique) pas: il dirige, administre, répartit, achète et vend. (SARTRE)

20) Hugo dit dans son enquête sur les théâtres «Je range les tragédies de Voltaire parmi les oeuvres les plus informes que l'esprit humain ait jamais _____ (produites/fabriquées)». (DELACROIX)

21) Un orchestre comme celui de Jack Hylton ne _____ (produit/fabrique) pas de la musique de jazz authentique. (PANASSIÉ)

22) Le dégoût que lui inspirèrent ses compositions anciennes, _____ (produites/ fabriquées) sans passion, fit qu'avec son exagération coutumière, il décida de ne plus rien écrire qu'il ne fût contraint d'écrire par une nécessité passionnée; et, laissant là sa poursuite aux idées, il jura de renoncer pour toujours à la musique, si la création ne s'imposait, à coups de tonnerre. (ROLLAND)

23) Jusqu'à 1914, le cinéma français fut le premier du monde et _____ (produisit/ fabriqua) 90 des films projetés. (LESOURD)

24) Et l'amour, comment _____ (produit/fabrique)-t-il cette jalousie qui, en retour, lui ajoutera le désir d'enlever Odette à tout autre? Et comment, délivré de ce désir, va-t-il de nouveau fabriquer de la tendresse? (SARTRE)

découvrir/inventer

> **découvrir** v.tr. 1. *Dévoiler, révéler à quelqu'un quelque chose que l'on tenait jusque là cachée. Mettre à jour quelqu'un qui se dissimulait ou quelque chose qui était tenu caché.*（吐露,倾吐,表露意愿）

1) découvrir ses projets（吐露他的计划）
2) On a découvert ses intentions.（人们发现了他的企图。）

> 2. *Apercevoir quelqu'un ou quelque chose dont la présence, l'existence se révèlent soudain à la vue. Parvenir à la connaissance et à la compréhension d'une chose dont on n'était pas conscient jusque là.* （发现）

1) découvrir les dessous d'une affaire（发现了一个事件的内幕）
2) Christophe Colomb a découvert le continent américain.（哥伦布发现了美洲大陆。）
3) On a découvert encore un champ pétrolifère.（人们又发现了一个油田。）

> **inventer** v.tr. 1. *créer le premier, en faisant preuve d'ingéniosité, ce qui n'existait pas encore et dont personne n'avait eu l'idée.*（发明,创造）

1) Les Chinois ont inventé l'imprimerie.（中国人发明了印刷术。）
2) Pasteur a inventé la Pasteurisation.（巴斯德发明了巴斯德灭菌法。）
3) C'est lui qui a inventé ce mot.（是他发明了这个词。）

2. *Créer de toutes pièces, tirer de son imagination ce que l'on fait passer pour réel ou vrai.* (捏造,杜撰,虚构)

1) C'est un menteur, il a inventé l'histoire de son profit.
（这是个说谎者,他编造了有利于他的故事。）

2) Il a inventé un prétexte pour sortir.（他编了个借口走了出去。）

3) Il ne sait quoi inventer pour se faire remarquer.（他不知道想什么招来出风头了。）

辨析：découvrir 强调对一个已经存在的事物的"发现"；inventer 强调对尚未存在的事物的"创造,发明"。

Exercices 练习

Des mots entre parenthèses, choisissez celui qui convient pour compléter les phrases.

1) Et, chaque matin, l'apothicaire (药剂师) se précipitait sur le journal pour y _____ (découvrir/inventer) sa nomination: elle ne venait pas. (FLAUBERT)

2) Il dévora jusqu'à la dernière, fouilla dans tous les coins, tous les meubles, tous les tiroirs, derrière les murs, sanglotant, hurlant, éperdu, fou. Il _____ (découvrit/inventa) une boîte, la défonça d'un coup de pied. (FLAUBERT)

3) — Je _____ (ne découvre/n'invente) rien. Ce que je dis est vrai. (Dict. XXe s.)

4) Sur votre passé, oui, j'aurais bien aimé _____ (découvrir/inventer) quelques calomnies sordides. Mais je me suis aperçu qu'on en savait beaucoup plus que moi.（ROMAINS）

5) Le lendemain, en revanche, il semblait un autre homme. C'est lui plutôt que l'on eût pris pour la vierge de la veille, tandis que la mariée ne laissait rien _____ (découvrir/inventer) où l'on pût deviner quelque chose. (FLAUBERT)

6) On quitte la grande route à la Boissière et l'on continue à plat jusqu'au haut de la côte des Leux, d'où l'on _____ (découvre/invente) la vallée. (FLAUBERT)

7) Elle s'inquiétait de ses démarches; elle épiait son visage; elle _____ (découvrit/inventa) toute une histoire pour trouver prétexte à visiter sa chambre. (FLAUBERT)

8) Et elle se mit à lui raconter tout, à la hâte, sans suite, exagérant les faits, en _____ (découvrant/inventant) plusieurs, et prodiguant les parenthèses si abondamment qu'il n'y comprenait rien. (FLAUBERT)

9) Il est impossible qu'en parlant si longuement de soi et de ce qui est autour de soi, on ne _____ (se découvre/s'invente). Les aveux percent, les qualités vraies se déclarent, les prétentions se trahissent. (Sainte-Beuve)

10) Mais elle éprouvait une telle lassitude dans l'esprit, que jamais elle ne put _____ (découvrir/inventer) un prétexte à sortir de table. (FLAUBERT)

11) Alors il entama une explication de sa conduite, s'excusant en termes vagues, faute de

pouvoir _____ (découvrir/inventer) mieux. (FLAUBERT)

12) Cette nouvelle lecture _____ (me découvre/m'invente) des richesses que je n'avais pas su voir autrefois. (Green, Journal)

13) Il pensa que c'était la peste. Et la seule réaction qu'il put avoir alors, fut de courir vers le haut de la ville, et là, d'une petite place, d'où l'on ne découvrait toujours pas la mer, mais d'où l'on voyait un peu plus de ciel, il appela sa femme avec un grand cri, par-dessus les murs de la ville. Rentré chez lui et ne _____ (découvrant/inventant) sur son corps aucun signe d'infection, il n'avait pas été très fier de cette crise soudaine. (Camus)

14) Quand ils auront leur saoul d'argent, ils se mettront peut-être à _____ (découvrir/inventer) le bonheur. (BERNANOS)

15) Cette femme était une pauvre jeune fille, sans avenir. Un homme la _____ (découvrit/inventa) dans son humilité. (Dumas père)

16) Le maître mourut assassiné, le 22 octobre 1764, en rentrant chez lui, rue Martel. On ne _____ (découvrit/inventa) jamais le coupable, ni les causes du crime. (Grillet)

17) Il n'a pas inventé la poudre. Il est très naïf, ou, il n'est pas très intelligent. Cet excellent maître de forges n'a pas _____ (découvert/inventé) la poudre, mais il sait quelquefois suivre un bon conseil, faire des sacrifices à propos. (STENDHAL)

18) Il faut toujours que je finisse par _____ (découvrir/inventer) de l'argent. (Maupassant)

19) Marchant ainsi, _____ (je découvris/j'inventai) le puits au lever du jour. (Saint-Exup.)

20) C'est une jeune fille qui vient de _____ (découvrir/inventer) la douceur de vivre.

21) On _____ (découvrit/inventa) que pendant les trois derniers mois il avait fait quinze mille francs de dettes. (Maupassant)

第97组

faute/erreur

faute n.f. 1. *Le fait de manquer à quelque chose, manquement à une règle morale, à une règle de conduite; action considérée comme mauvaise.*（过失，过错）

1) Il a commis une faute très grave.（他犯了严重的错误。）
2) Il a été licencié pour faute professionnelle.（他由于工作上的失误而被解雇。）
3) Avouez votre faute.（承认您的错误吧。）

> 2. *Responsabilité que quelqu'un ou quelque chose a dans une action coupable, regrettable.* (责任,负责)

1) Faire retomber sur les autres la faute de ce qu'on ne fera pas. C'est là la grande lâcheté. (RIVIÈRE) (把责任推卸到别人头上是最大的懦弱。)
2) Il a échoué, et c'est sa faute. (他失败了,这是他的责任。)
3) Elle est malheureuse par la faute de son mari. (她丈夫的错误使她很不幸。)

常与之搭配使用的动词:commettre une faute (envers qqn), se rendre coupable d'une faute, avoir une faute à se reprocher; avouer, reconnaître une faute; rougir, se repentir d'une faute; porter sa faute, payer une faute, répondre de ses fautes; racheter, réparer une faute; cacher une faute; excuser, pardonner une faute; passer sur une faute, fermer les yeux sur une faute, couvrir la faute de qqn, laver qqn d'une faute; sanctionner une faute, punir qqn d'une faute, reprocher une faute à qqn. Acte qui constitue une faute; faute qui consiste en…等。
常用的修饰形容词:faute légère, pardonnable, excusable; faute grave, lourde, impardonnable, irréparable 等。

> **erreur** n.f. 1. *Action, fait de se tromper, de tenir pour vrai ce qui est faux et inversement. État de celui qui se trompe. Faute commise en se trompant. Assertion fausse, opinion qui s'écarte de la vérité généralement admise.* (弄错,谬误,谬论,误想)

1) Vous faites erreur, ce n'est pas la maison de M. Dubois.
   (您弄错了,这不是杜伯瓦先生的家。)
2) Supposons que nous soyons en erreur; cela peut être. (VOLNEY)
   (假设我们弄错了,那也是可以的。)
3) Je croyais ce qu'il m'a dit mais il m'a induit en erreur.
   (我曾相信他对我说的话,但他误导了我。)
4) Cette erreur est très rèpandue. (这种谬论很流行。)

> 2. *Action inconsidérée, contraire au bon sens, à la réflexion et imputable à l'ignorance ou à l'étourderie. Erreur de savoir-vivre, de bienséance, de tactique.* (过失,过错,疏忽)

1) Il a commis une grosse erreur en n'invitant pas sa famille à son mariage.
   (他没邀请他的家人参加他的婚礼是犯了个大错误。)
2) Le gouvernement a fait une erreur de tactique en s'opposant aux syndicats.
   (政府与工会作对,从而犯了策略错误。)
3) Il a fait quelques erreurs de jeunesse. (他有年轻人的行为偏差。)

常与之搭配使用的动词：Combattre, commettre, découvrir, démontrer, éviter, reconnaître, réparer une erreur;. être, tomber, s'entêter 等。

常与之搭配使用的名词及短语：une erreur d'appréciation, de jugement, d'optique, de perspective; être une cause, une source d'erreur; être sujet à l'erreur, persévérer dans l'erreur; tirer qqn de l'erreur 等。

常用的修饰形容词：une erreur commune, complète, déplorable, fondamentale, grossière, profonde 等。

辨析： faute 一般多指应受到责备的"错误"；而 erreur 则多指由于粗心或错误判断等出的"差错"，在极个别情况下，两词可以互换。

Exercices 练习

Des mots entre parenthèses, choisissez celui qui convient pour compléter les phrases.

1) Je ne suis rien, je ne sais rien par _____ (ta faute/ton erreur), par la faute de ton égoïsme maternel. (MAUPASSANT)

2) Que trouvera-t-il de sa Valérie? un fumier. Bah! ce sera _____ (sa faute/son erreur) et non la mienne, pourquoi tarde-t-il tant à revenir? Peut-être aussi aura-t-il fait naufrage, comme ma vertu. (BALZAC)

3) — « _____ (Faute! faute!/Erreur! erreur!) » objecta le Sadducéen Jonathas. « La loi condamne ces mariages, sans les proscrire absolument. » (MAUPASSANT)

4) J'ai trompé mon père. Ma tromperie fut consciente, renouvelée, ce fut _____ (la faute/l'erreur) la plus grave et la plus endurcie contre le devoir d'obéissance. (JOUVE)

5) Alors Rival lui fit des recommandations minutieuses, car il tenait à ce que son client ne commît aucune _____ (faute/erreur). Il insistait sur chaque point plusieurs fois:
— Quand on demandera: Etes-vous prêts, messieurs? vous répondrez d'une voix forte: Oui! (MAUPASSANT)

6) L'autre continuait à la sermonner, prédisant qu'ils finiraient à l'hôpital. D'ailleurs, c'était _____ (la faute/l'erreur) de Bovary. (FLAUBERT)

7) Je rejette les mots de rachat ou de rédemption, car je n'ai commis ni crime réel, ni _____ (faute/erreur) assez grave pour légitimer l'usage de ces termes un peu romantiques et gâtés par les cagots...(DUHAMEL)

8) Certes, quiconque, jetant un regard sur les premières _____ (fautes/erreurs) de sa vie, y reprendra quelques-uns de ces délicieux détails, comprendra peut-être, sans les excuser, les folies des Hulot et des Crevel. (BALZAC)

9) Pourquoi faut-il que je vous aie connue? Pourquoi étiez-vous si belle? Est-ce _____ (ma faute/mon erreur)? O mon Dieu! non, non, n'en accusez

que la fatalité! (FLAUBERT)

10) Je n'ai qu'à reprendre mon article sur le dernier venu et à le copier mot pour mot. Ce qui change, par exemple, c'est leur tête, leur nom, leurs titres, leur âge, leur suite. Oh! là-dessus, il ne faut pas _____ (de faute/d'erreur), parce que je serais relevé raide par le Figaro ou le Gaulois. (MAUPASSANT)

Est-ce que c'est de notre faute s'il a un nom étranger et du sang juif... (TRIOLET)

11) — Ah! çà! quelle est _____ (ma faute/mon erreur) en ceci, Adeline? demanda la Lorraine en se levant et prenant une attitude menaçante à laquelle, dans son trouble, la baronne ne fit aucune attention. (BALZAC)

12) _____ (Faute/Erreur) avouée est à moitié, à demi pardonnée.

13) Duroy se trouvait placé entre Mme de Marelle et sa fille. Il se sentait de nouveau gêné, ayant peur de commettre quelque _____ (faute/erreur) dans le maniement conventionnel de la fourchette, de la cuiller ou des verres. Il y en avait quatre, dont un légèrement teinté de bleu. Que pouvait-on boire dans celui-là? (MAUPASSANT)

14) M. Joseph Reinach sera révoqué de son grade de capitaine de cavalerie de réserve, comme ayant commis « une _____ (faute/erreur) grave contre la discipline.» (CLEMENCEAU)

15) J'ai peur que vous ne vous imaginiez que Madame De Châteaubedeau n'est point jolie à voir en cet état, parce que j'ai dit qu'elle était forte. Ce serait une _____ (faute/erreur). Assurément elle avait perdu ce qu'on est convenu d'appeler la fleur de la jeunesse, et on lui donnait bon gré malgré la quarantaine. (René Boylesve)

16) Il existe donc des gens ainsi constitués qu'ils s'imaginent la vie faite pour s'embêter. Tout ce qui paraît être amusement devient aussitôt une _____ (faute/erreur) de savoir-vivre ou de morale. (MAUPASSANT)

17) Cet arpent donne quelquefois vingt-quatre pièces ou poinçons de vin aux bonnes années, quelquefois rien: produit moyen, douze poinçons, qui se vendent chacun soixante francs; somme, sauf _____ (faute/erreur), sept cent vingt. (René Boylesve)

18) L'obstination de la dame d'honneur de la princesse de Parme à voir en moi un neveu de l'amiral Jurien de La Gravière avait en soi quelque chose de vulgairement risible. Mais l'erreur qu'elle commettait n'était que le type excessif et desséché de tant _____ (de fautes/d'erreurs) plus légères, mieux nuancées, involontaires ou voulues, qui accompagnent notre nom dans la « fiche » que le monde établit relativement à nous. (PROUST)

19) D'après Confucius et Meng-Tseu, l'impiété est une plus grande _____ (faute/erreur) que l'assassinat. (DURKHEIM)

20) Vous avez découvert dans un des personnages de ce tableau une _____ (faute/

erreur) grossière de dessin, un membre cassé ou un muscle hors nature. (MUSSET)

21) Je ferai pour expier mes _____ (fautes/erreurs) envers vous tout ce qu'il vous plaira de m'ordonner. (BALZAC)

22) Un traducteur grec a commis _____ (la faute/l'erreur) d'employer le mot jeune fille pour traduire un mot hébreu qui signifie jeune femme! (MARTIN DU G.)

23) J'ai relevé une _____ (faute/erreur) d'étourderie assez inexplicable chez quelqu'un d'aussi scrupuleux. (GREEN)

24) Je l'ai connue petite ouvrière, je l'ai aimée, et lui ai donné chevaux, voiture, une _____ (faute/erreur) impardonnable quand on veut être aimé. (PONSON DU TERR.)

第98组

compréhension/interprétation

> **compréhension** n.f. 1. *Capacité de comprendre (ou d'être compris); action de comprendre, résultat de cette action. Faculté/action de saisir intellectuellement le sens de...*（理解力，领悟，明白）

1) compréhension du langage（对言语的理解）
2) La ponctuation aide à la compréhension d'un texte.（标点符号有助于文章的理解。）
3) Sa rapidité de compréhension est étonnante.（他理解的速度惊人。）

> 2. *Qualité, attitude d'une personne compréhensive, capable de saisir la nature profonde d'autrui dans une communion affective, spirituelle allant parfois jusqu'à une très indulgente complicité.*（理解，谅解，宽容）

1) Merci de votre compréhension.（谢谢您的谅解。）
2) La compréhension mutuelle est indispensable pour maintenir les bonnes relations diplomatiques entre les deux pays.
（两国的相互理解是维护双边外交关系所必需的。）
3) Le directeur a fait preuve de compréhension.（经理表现出善解人意。）

常与之搭配使用的动词：approfondir, saisir, étendre 等。
常与之搭配使用的词组：compréhension mutuelle, réciproque, sympathique, universelle; grande, meilleure compréhension; manquer de compréhension 等。

> **interprétation** n.f. Action d'expliquer, de chercher à rendre compréhensible ce qui est dense, compliqué ou ambigu; résultat de cette action, synon. commentaire, déchiffrage, élucidation.（解释，阐释，诠释）

1) interprétation d'un passage difficile（对一段很难的文字的解释）
2) Il a commis une erreur d'interprétation.（他的诠释有错误。）
3) interprétation d'un décret（对一项法令的解释）
4) L'interprétation des rêves joue dans la psychanalyse un rôle important. (FREUD)（对梦的解释在心理分析中很重要。）

常与之搭配使用的词组：interprétation d'un événement, d'un résultat; interprétation arbitraire, clairvoyante, cohérente, difficile, minutieuse, rationnelle; interprétation philosophique, religieuse de l'univers; interprétation marxiste de l'histoire; donner son interprétation personnelle; hésiter devant deux interprétations possibles; méconnaître les faiblesses, les finesses de l'interprétation; donner lieu, prêter à des interprétations multiples 等。

辨析： compréhension 指把某事（如一篇文章）理解、弄明白，而 interprétation 则强调对其做何种"阐释，理解"。

Exercices 练习

Des mots entre parenthèses, choisissez celui qui convient pour compléter les phrases.

1) Vous dites, ma belle? ajouta-t-il en s'interrompant et voyant, à l'air de son ouvrière, que la haute politique était hors de _____ (sa compréhension/son interprétation). (BALZAC)

2) Il n'empêche que cette lumière inaccoutumée dans laquelle la nouvelle distribution du Théâtre-Français nous montre Alceste, ne laisse pas d'être fort excitante pour l'esprit malgré les faiblesses certaines de _____ (la compréhension/l'interprétation). (MAURIAC)

3) Mais le livre n'est en ce temps que la manifestation accidentelle de l'intelligence de la femme. Sa pensée, sa force et sa pénétration d'esprit, sa finesse d'observation, sa vivacité d'idée et de _____ (compréhension/interprétation), éclatent à tout instant sous une forme tout autre, dans le jet instantané de la parole. (Jules de Goncourt)

4) La connaissance trop littérale des écritures est un obstacle à _____ (la compréhension/l'interprétation) des textes: on finit par ne plus s'interroger du tout sur le sens des paroles qu'on cite. (GREEN)

5) Il n'est pas un seul mot qui ait pour deux individus la même _____ (compréhension/interprétation), la même extension ni la même puissance d'émotivité. (JOUHANDEAU)

6) Observer, prendre des notes, les rassembler systématiquement, toute cette froide _____ (compréhension/interprétation) par l'extérieur nous mène moins loin que ne feraient cinq minutes d'amour. Nous ne pénétrons le secret des âmes que dans l'ivresse de partager leurs passions mêmes. (BARRES)

7) La juste définition de l'art se trouvera donc entre la traduction littérale et la paraphrase éloquente, et nous dirons: l'art est _____ (la compréhension/l'interprétation) de la nature. (Ch. BLANC)

8) La grâce le plus souvent facile des disciples de Vinci, leurs compositions trop lourdement chargées sont fréquemment de mauvaises _____ (compréhensions/ interprétations) ou copies du Maître. (GILLES DE LA TOURETTE)

9) Qu'est devenu l'esprit de tolérance? Que reste-t-il de la noble _____ (compréhension/ interprétation) d'humanité qui fit la gloire de nos penseurs? La liberté de penser nous fait peur. Les revendications de justice nous épouvantent. (CLEMENCEAU)

10) La mécanique et l'astronomie nous permettent, grâce à l'observation et à _____ (la compréhension/l'interprétation) des phénomènes terrestres et célestes, d'accéder à une conception de plus en plus précise du temps... (DANJON)

11) Il n'est pas toujours facile de distinguer la part réservée au pouvoir législatif et celle qui revient au pouvoir judiciaire dans _____ (la compréhension/l'interprétation) des lois... (COURNOT)

12) Il a _____ (la compréhension/l'interprétation) du cœur, il sait pénétrer toute chose par l'intérieur. (J. RIVIÈRE)

13) Des divergences peuvent se manifester entre les _____ (compréhensions/ interprétations) poétiques d'un poème, entre les impressions et les significations ou plutôt entre les résonances que provoquent, chez l'un ou chez l'autre, l'action de l'ouvrage. (VALÉRY)

14) À force de penser à _____ (la compréhension/l'interprétation) des Écritures et de croire qu'il en avait le don spécial, Du Guet s'était fait des illusions. (SAINTE-BEUVE)

15) Un autre, qui offre aux conduites les plus contradictoires une inépuisable indulgence, qu'il nomme _____ (compréhension/interprétation), et qui n'est que l'impuissance à juger et à prendre parti. (MOUNIER)

16) Il y montrait une largeur de vues, un désir _____ (de compréhension/ d'interprétation), une qualité d'esprit, qui donnaient aussitôt à l'entretien un tour inhabituel. (R. MARTIN DU GARD)

rapport/relation

rapport n.m. *Lien ou relation entre deux ou plusieurs choses.*（关系，联系）

1) étudier les rapports entre deux événements（研究两个事件之间的关系）
2) Ils ont des rapports de parenté.（他们有亲戚关系。）
3) Y a-t-il un rapport entre notre dispute et son départ?
   （我们的争吵和他的出走之间有什么关系吗？）

常与之搭配使用的动词：entretenir, établir, nouer, reprendre, des rapports unissent, cessent, reprennent, se nouent, se renouent, lient 等。

常与之搭配使用的形容词：étroits, étendus, tendres, tendus, intimes, familiers, constants, suivis 等。

relationr n. f. *Lien existant entre deux choses, entre des personnes.*（关系，联系）

1) relation de cause à effet（因果关系）
2) Il y a une relation entre le climat d'un pays et sa végétation.
   （一个地方的气候与植被有关系。）
3) Il a noué avec ses voisins des relations d'amitié.（他和邻居们建立了友好关系。）

常与之搭配使用的动词：entretenir, établir, nouer, reprendre; des relations unissent, cessent, reprennent, se nouent, se renouent, lient 等。

常与之搭配使用的形容词：étroites étendues tendres tendues, intimes, familières, constantes, suivies 等。

辨析：rapport 比 relation 使用范围更广，可指人、物间的各种各样的关系；而 relation 一词则着重强调人、物间的相互依存的关系。使用时，特别要注意习惯搭配，常可相互替代使用。

Exercices 练习

Des mots entre parenthèses, choisissez celui qui convient pour compléter les phrases.

1) L'art de la conversation est le génie propre des femmes de ce temps. Elles y font entrer tout leur esprit, tous leurs charmes, ce désir de plaire qui donne l'âme au savoir-vivre et à la politesse, ce jugement prompt et délicat qui embrasse d'un seul coup d'œil

toutes les convenances, par _____ (rapport/relation) au rang, à l'âge, aux opinions, au degré d'amour-propre de chacun. (Jules de Goncourt)

2) Chacun des trois gouvernements examinera séparément, dans un proche avenir, le rétablissement de _____ (rapports/relations) diplomatiques avec les quatre pays susmentionnés. (Charte Nations Unies)

3) Par l'empressement des démarches, par l'étendue des _____ (rapports/relations), par l'adresse, la passion, l'opiniâtreté des sollicitations, la femme arrive à remplir de ses créatures les services de l'État. (Jules de Goncourt)

4) Ainsi, l'éloge du gouvernement y tenait moins de place; la religion et l'agriculture en occupaient davantage. On y voyait _____ (le rapport/la relation) de l'une et de l'autre, et comment elles avaient concouru toujours à la civilisation. (FLAUBERT)

5) Le Proconsul (行省总督) découvrirait ses _____ (rapports/relations) avec les Parisiens! (Jules de Goncourt)

6) La relation de père à fils renvoie à tout un système de _____ (rapports/relations) intersubjectifs.

7) Madame De La Vallée-Chourie venait seulement de faire du bruit à propos des _____ (rapports/relations) adultères de son mari avec la grosse belle Madame De Châteaubedeau. (Jules de Goncourt)

8) Si fâcheux que fussent les _____ (rapports/relations) qu'on lui avait faits touchant la conduite du page(年轻侍从)rebelle(不顺从的), le marquis ne put s'empêcher de rire en face de ce qui restait du garnement(调皮鬼,淘气包), enroulé sur une chaise. (Jules de Goncourt)

9) Je préfère y voir la jeune héritière en sa pleine beauté, c'est-à-dire de vingt à trente ans, plutôt que de l'y suivre à l'âge ingrat; d'autant plus qu'elle ne va pas tarder à avoir une fille qui sera beaucoup plus intéressante qu'elle sous _____ (le rapport/la relation) de l'esprit. (Jules de Goncourt)

10) J'ai cru devoir venir vous instruire moi-même des seuls _____ (rapports/relations) sous lesquels je connais M. de Favras. (Le Moniteur)

11) Les faits de l'homme commandent les _____ (rapports/relations) de la pensée avec ses objets, le développement des groupes humains commande le développement de la terre et du ciel. (NIZAN)

12) On ne peut en aucune manière considérer comme clos le chapitre de l'étude des _____ (rapports/relations) dose-effet.

13) C'est vraisemblablement par là que s'établissent les _____ (rapports/relations) sympathiques entre les yeux et le nez, entre la vue et l'odorat. (CABANIS)

14) Dans une proposition, il y a deux choses, les termes et leur _____ (rapport/relation).

15) Les opinions de Werner, sous _____ (le rapport/la relation) de l'amour et de la religion, ne doivent pas être légèrement examinées. (STAËL)

16) Je connais une veuve bien fine, capable sous _____ (tous rapports/toutes relations), travaillante, bonne cuisinière. (GUEVREMONT)

17) Yvonne: De toute façon, cette petite est beaucoup trop jeune.
    Georges: Elle a trois ans de plus que Michel. Hier tu la trouvais trop vieille.
    Yvonne: Elle est trop jeune ... par _____ (rapport/relation) à moi. (COCTEAU)

第100组

révéler/déceler

révéler v.tr. 1. *Faire connaître ce qui était ignoré, inconnu, caché ou secret.*（泄露，暴露，披露）

1) Il n'a pas révélé ses intentions.（他没有表明意图。）
2) S'il est pris, il se fera hacher avant de dire un mot et de révéler notre secret.（如果他被抓，他就会在泄露任何秘密以前让人先砍断他的脖子。）
3) Veux-tu que je te révèle un secret?（你想要我向你泄露一个秘密吗？）

2. *Laisser apparaître clairement.*（显露出，表现出）

1) Les documents révèlent que le soi-disant complot n'existe pas.
   （资料显示所谓的阴谋并不存在。）
2) Les analyses ne révèlent rien de grave chez le patient.
   （化验结果表明病人的病情并不严重。）
3) L'odeur de gaz a révélé une fuite.（这种气味表明气体发生了泄露。）

déceler v.tr. 1. *Parvenir à distinguer des indices.*（识破，察觉）

1) On a décelé des traces d'arsenic dans les cheveux de la victime.
   （人们在受害者的头发中发现了氰化钾。）
2) On peut déceler dans ce livre l'influence de Balzac.
   （我们可以看到本书受巴尔扎克的影响。）
3) On décèle une certaine lassitude dans son attitude.（从他的态度看出他有些厌倦。）

2. *Montrer, révéler.*（暴露，泄露，显示）

1) Le ton de sa voix décelait une certaine inquiétude.（他的声调暴露了他有些担忧。）
2) Cette action décèle son désarroi.（这一行动显示出他的慌乱。）

3) Ces symptômes décèlent une maladie grave. (这些症状显示严重的疾病。)

辨析: révéler 常指有意识地"泄露"; 而 déceler 则指无意识地"泄露", 后三个例句中的这种用法现有过时的倾向。

Exercices 练习

Des mots entre parenthèses, choisissez celui qui convient pour compléter les phrases.

1) Il dressa contre lui une batterie (计谋, 阴谋) cachée, qui _____ (révélait/décelait) la profondeur de son intelligence et la scélératesse (恶毒, 卑劣) de sa vanité. (FLAUBERT)

2) C'est cet autre, le grand tyran des sociétés, Duclos, qui, auprès de Mme d'Épinay, va _____ (révéler/déceler) l'omnipotence (万能, 绝对权力) et toute la profondeur de ce personnage de directeur laïque. (Jules de Goncourt)

3) Tout ce que la société des gens de lettres pouvait attribuer en ce temps de considération sociale, et même de pouvoir sur l'opinion publique, _____ (se révéla/se décela) par un grand et prodigieux exemple, dans cet autre salon, le salon de l'Encyclopédie, le salon de Mme Geoffrin. (Jules de Goncourt)

4) Ce jeune homme, un homme après tout, ne pouvait se défendre aux premières heures d'une sorte de reconnaissance pour cette jeune femme, encore à demi vêtue de ses voiles de jeune fille, qui lui _____ (révélait/décelait) dans le mariage la nouveauté d'un plaisir pudique (有羞耻心的), d'une volupté (快感, 满足) émue, fraîche, inconnue, délicieuse. (Jules de Goncourt)

5) La femme égala l'homme, si elle ne le dépassa, dans ce libertinage (放纵) de la méchanceté galante. Elle _____ (révéla/décela) un type nouveau, où toutes les adresses (灵活, 机智), tous les dons, toutes les finesses, toutes les sortes d'esprit de son sexe, se tournèrent en une sorte de cruauté réfléchie qui donne l'épouvante. (Jules de Goncourt)

6) Phanuel, accablé, restait le menton sur la poitrine. Enfin, il _____ (révéla/décela) ce qu'il avait à dire.

7) On a _____ (révélé/décelé) certaine évolution dans ses écrits de cette époque.

8) Un secret se dévoile peu à peu, et de plus en plus; mais le problème éternellement problématique qu'on appelle mystère _____ (se révèle/se décèle) en une fois. _____ (Se révèle/Se décèle) pour aussitôt se cacher.

9) Le problème de la réalité du corps _____ (se révèle/se décèle) donc être le problème central, de la solution duquel tout dépend. (G. MARCEL)

10) Un couple qui danse _____ (révéle/décèle) son degré d'entente. L'harmonie des gestes du comte et de la comtesse d'Orgel prouvait un accord que donne seul l'amour ou l'habitude. (RADIGUET)

Unité 1

Parmi les quatre propositions, choisissez le synonyme du mot ou du groupe de mots soulignés dans chacune des phrases suivantes.

1) Il m'<u>avoua</u> qu'il était juif, bâtard, et sexuellement maniaque...(S. de Beauvoir) J'<u>avoue</u> tout ce qui s'est fait.
    A. admettre   B. déclarer   C. confesser   D. distinguer
2) Vous pouvez payer la moitié comptant, et <u>le complément</u> en douze mensualités.
    A. le supplément   B. le reste   C. la moitié   D. le quart
3) Ce vieillard <u>baisse</u>.
    A. regarder en bas   B. se mettre plus bas
    C. s'affaiblir tous les jours   D. s'abattre
4) J'y serai demain <u>sans faute</u>.
    A. sans erreur   B. immanquablement C. avec exactitude D. avec précision
5) Cet endroit de son discours m'<u>a frappé</u>.
    A. battre   B. surprendre   C. taper   D. toucher
6) Cette pièce de bois, en tombant, l'<u>a frappé</u> à la tête.
    A. abattre   B. taper   C. tomber   D. percer
7) Ce chagrin <u>a hâté</u> sa mort.
    A. précipiter   B. dépêcher   C. avancer   D. empresser
8) Un fou <u>a précipité</u> sa femme et ses trois enfants du haut de son balcon.
    A. dépêcher   B. empresser   C. pousser   D. tirer
9) Il <u>s'est empressé</u> de raconter la nouvelle à tout son entourage.
    A. se dépêcher   B. se précipiter   C. se pousser   D. s'avancer
10) Je vous <u>informe</u> que votre demande est acceptée.
    A. annoncer   B. parler   C. dire   D. renseigner
11) Nous avons coupé le gâteau en quatre parties <u>égales</u>.
    A. exactes   B. équivalentes   C. pareilles   D. semblables
12) Cela m'est <u>égale</u>.
    A. même   B. indifférent   C. pareil   D. semblable
13) Cette intervention ne restera pas sans <u>effet</u>.
    A. suite   B. finalité   C. réaction   D. contrecoup
14) Le gouvernement pense que l'allocution du chef de l'Etat aura <u>un effet</u> bénéfique.
    A. suite   B. conséquences   C. intention   D. contrecoup

15) Cet homme se montre toujours <u>libéral</u> envers ses amis.
   A. avare　　　　B. large　　　　C. ouvert　　　　D. libre
16) Le Rhin forme une <u>ligne</u> qui sépare la France de l'Allemagne.
   A. profil　　　　B. lignée　　　　C. rangée　　　　D. frontière
17) Les constructeurs essayaient d'améliorer <u>la ligne</u> de la voiture.
   A. le profil　　　B. la lignée　　　C. la rangée　　　D. la frontière
18) La jeune fille a décidé d'<u>abandonner</u> ses études pour commencer à travailler.
   A. quitter　　　　B. continuer　　　C. finir　　　　　D. confier
19) J'<u>ai abandonné</u> le soin de mes affaires à un gérant intelligent et probe(诚实的).
   A. quitter　　　　B. finir　　　　　C. confier　　　　D. interrompre
20) C'est une petite fille très <u>délicate</u>, elle a dû garder le lit tout l'hiver.
   A. difficile　　　B. dédaigneuse　　C. fragile　　　　D. fine

Unité 2

Des mots entre parenthèses, choisissez celui qui convient pour compléter la phrase.

1) —Tu sais comment plaire aux filles? Il faut leur _____(offrir/fournir) des fleurs.
2) —Henri a _____(offert/fourni) un cheval à son fils!
   —Et il va le mettre où? Dans sa salle de bains?
3) Je les ai remerciés pour l'accueil qu'ils ont _____ (offert/fourni) à ma fille.
4) Mais la réponse qu'il _____ (offre/fournit) n'est pas claire.
5) La ville_____ (offre/fournit) aux individus des avantages incontestables.
6) Le Groupement agricole d'exploitation en commun_____ (offre/fournit) à la femme trois possibilités: participer, rester à la maison, ou travailler à l'extérieur.
7) Cinquante mille prêtres répètent les mêmes paroles au jour indiqué par les chefs, et le peuple, qui, après tout, _____ (offre/fournit) les soldats, sera plus touché de la voix de ses prêtres que de tous les petits vers du monde... (Balzac)
8) Il leur _____ (offre/fournit) de telles explications qu'ils se retirèrent sans murmures. (Stendhal)
9) C'est toi qui va _____(m'offrir/me fournir) la lettre anonyme; arme-toi de patience et d'une paire de ciseaux. (Stendhal)
10) —Vous êtes injuste; les visites de Mme de Rênal _____ (offriront/fourniront) des phrases singulières à l'avocat de Paris chargé de mon recours en grâce. (Stendhal)
11) Paris _____(accueille/reçoit) beaucoup de jeunes, et cependant vieillit.
12) On ne peut pas _____ (accueillir/recevoir) des amis après dix heures du soir, parce que le bruit de la conversation risque d'empêcher les voisins de dormir.

13) Je suis heureux _____ (d'accueillir/de recevoir) parmi nous les amis qui sont venus assister au 1er stage organisé par le Département des Affaires d'Europe du Ministère des Affaires étrangères pour les jeunes diplomates européens. (Chirac)
14) Pour_____ (accueillir/recevoir) le Président Chirac et assurer un succès à sa visite en Chine, nous avons fait les préparatifs avec le plus grand soin.
15) Les citoyens auront alors la possibilité _____ (d'accueillir/de recevoir) une bonne éducation, l'enseignement secondaire du deuxième cycle sera pratiquement généralisé, et l'analphabétisme aura disparu.
16) Avec un hiver si _____ (dur/rude), les paysans trouvaient la vie bien _____ (dure/rude)
17) Le pain _____ (dur/rude) n'est pas difficile à digérer.
18) Ayant l'oreille _____ (dure/rude), le vieux monsieur nous demande de répéter ce que nous venons de dire.
19) Ne croyez pas qu'il soit méchant, il n'est que _____ (dur/rude).
20) Malgré ses manières _____ (dures/rudes) il est assez sympathique.

Unité 3

Parmi les quatre propositions, choisissez le mot qui n'exprime pas le même sens du mot ou du groupe de mots soulignés dans chacune des phrases suivantes.

1) Au siècle précédent, le téléphone portable n'était pas, comme aujourd'hui, d'un usage courant.
   A. rare   B. normal   C. quotidien   D. répandu
2) L'épidémie s'étend: elle prend maintenant les proportions d'une véritable catastrophe.
   A. désastre   B. calamité   C. drame   D. malheur
3) Ses résultats en classe sont catastrophiques.
   A. lamentables   B. désastreux   C. frustrés   D. déplorables
4) Nous ignorons la cause de son départ.
   A. le motif   B. la raison   C. le mobile   D. la conséquence
5) Pour pouvoir enfin réussir, il a accentué son effort.
   A. souligner   B. accroître   C. augmenter   D. intensifier
6) Il voulait que nous sortions par ce mauvais temps, avouez que c'est absurde!
   A. stupide   B. mauvais   C. ridicule   D. idiot
7) Tout au long de l'enquête, il a fait preuve de beaucoup de clairvoyance.
   A. lucidité   B. pénétration   C. clarté   D. intelligence
8) Avec ses larges fenêtres, la salle est très claire.
   A. ensoleillée   B. éclairée   C. lumineuse   D. clairvoyante

9) L'eau de ce puits est très claire.
   A. pure   B. propre   C. luisante   D. transparente
10) Ils ont provoqué des incidents pour compliquer encore une affaire déjà ténébreuse.
    A. embrouiller   B. obscurcir   C. entortiller   D. ordonner
11) Il s'est lancé dans des explications très compliquées.
    A. obscur   B. embarassé   C. désorienté   D. confus
12) Il y a dans cette rue une circulation constante.
    A. continuelle   B. incessante   C. permanente   D. persévérante
13) Il change d'avis constamment.
    A. toujours   B. sans arrêt
    C. comme de chemise   D. jamais
14) Si tu continues à nous ennuyer, tu vas t'en repentir.
    A. s'entêter à   B. persister à C. s'obstiner à   D. poursuivre
15) Le mauvais temps a contrarié nos projets.
    A. faire obstacle à   B. entraver   C. contraster avec   D. contrecarrer
16) Il a agi à contresens de ce qu'il fallait faire.
    A. faux sens   B. au rebours   C. à l'envers   D. opposé
17) Il nous a réservé un accueil très cordial.
    A. chaleureux   B. amical   C. proche   D. enthousiaste
18) Ce n'est pas un restaurant de grand renom, mais les repas y sont corrects.
    A. acceptables   B. convenables C. excellents   D. honnêtes
19) Il est parvenu à se défaire de son habitude de fumer.
    A. se débarrasser B. se délivrer C. se corriger   D. prendre
20) Voici deux mois que nous luttons en vain, tout le monde est découragé.
    A. perdre courage B. démoralisé   C. abattu   D. reprendre le moral

Unité 4

Des mots entre parenthèses, choisissez celui qui convient pour compléter la phrase.

1) À Paris, feignant de me restreindre aux *Nuits* de Musset, je m'installai devant le _____ (gros/gras) volume contenant ses œuvres complètes, je lus tout son théâtre, *Rolla, la Confession d'un enfant du siècle*. (Beauvoir)
2) Il fait mauvais, le pavé est fort _____ (gros/gras).
3) Il a le cœur _____ (gros/gras) de l'injustice qu'on lui a faite.
4) Ces terres sont fort _____ (grosses/grasses).
5) L'enveloppe portait bien son nom, et son adresse, d'une _____ (grosse/grasse) écriture paysanne, avec des jambages qui se culbutaient comme des capucins de cartes.

(Zola)

6) L'avenir est _____ (gros/gras) de menaces.
7) Il a eu _____ (gros/gras) cœur de votre départ.
8) Ce bouillon est trop _____ (gros/gras).
9) Les _____ (grosses/grasses) réparations sont à la charge du propriétaire, et les menues à celle du locataire.
10) Ce n'est que de la _____ (grosse/grasse) besogne.
11) Ce sont là de ces _____ (grosses/grasses) vérités qu'il est inutile de démontrer.
12) Il mangea deux ou trois morceaux pour apaiser sa _____ (grosse/grasse) faim.
13) Les jours _____ (gros/gras) sont Les Jours du Carnaval qui sont le dimanche, le lundi et le mardi qui précèdent le carême.
14) Il a prononcé des mots _____ (grossiers/brutaux).
15) C'est un homme _____ (grossier/brutal). Il ne pense qu'à se battre.
16) C'est un _____ (grossier/brutal) personnage.
17) La Bourse de Paris a connu un _____ (grossier/brutal) accès de folie pendant lequel tous les cours se sont effondrés.
18) Ce philosophe avait plusieurs _____ (disciples/élèves), dont le plus célèbre fut l'auteur de cet ouvrage.
19) Le nombre des _____ (disciples/élèves) de cet institut atteint plus de deux mille.
20) J'ai 22 _____ (disciples/élèves) dans cette classe.

Unité 5

Parmi les quatre propositions, choisissez le synonyme du mot ou du groupe de mots soulignés dans chacune des phrases suivantes.

1) Exténué par sa longue marche, il s'assit au bord de la mer pour se délasser un peu.
   A. se reposer   B. se poser   C. s'abandonner   D. se délaisser
2) Le programme de la télévision lui semblait idiot, mais cela le délassait de s'abandonner ainsi à la facilité.
   A. délaisser   B. poser   C. abandonner   D. détendre
3) Depuis quelques mois, le dollar ne cesse de baisser.
   A. mettre bas   B. sous estimer   C. se déprécier   D. mésestimer
4) Ils ont acheté leur maison à un prix intéressant.
   A. drôle   B. avantageux   C. remarquable   D. cher
5) C'est un chanteur qui a gagné la faveur du grand public.
   A. l'enthousiasme   B. l'accueil   C. la popularité   D. la force

6) Il a toujours été <u>ferme</u> avec le règlement.
   A. souple   B. dur   C. bon   D. inflexible

7) Je fais des courses aux halles: c'est une solution plus <u>économique</u>.
   A. parcimonieux   B. gain   C. avantageux   D. intéressant

8) Ayant toujours vécu avec peu d'argent, il se sentait naturellement porté à l'<u>économie</u>.
   A. parcimonie   B. avantage   C. intérêt   D. argent

9) «Marguerite» est le nom <u>vulgaire</u> de plusieurs fleurs des champs.
   A. usuel   B. usager   C. général   D. ordinaire

10) Elle a acheté une robe de <u>vulgaire</u> coton.
    A. usuel   B. usager   C. général   D. simple

11) Ce morceau de viande <u>fait plus de profit</u> que cet autre.
    A. être d'un usage avantageux   B. faire plus de gains
    C. faire plus de bénéfices   C. donner plus d'intérêts

12) Il a consacré beaucoup de temps à cette étude; quel <u>profit</u> en a-t-il tiré?
    A. ordre   B. intérêt   C. avantage   D. utilité

13) Du haut de la tour, c'était un spectacle sans cesse renouvelé qui s'offrait à <u>la vue</u>.
    A. tous   B. la personne C. le spectacle D. le regard

14) Ma mère adressait souvent à son mari des propos aigres et des reproches <u>voilés</u>.
    A. obscurs   B. clairs   C. découverts   D. vus

15) La guerre l'<u>a fort cassé</u>.
    A. briser   B. affaiblir   C. s'affaiblir D. se briser

16) C'est un homme qui commence à <u>se casser</u> depuis quelque temps.
    A. devenir faible B. se briser   C. tomber malade D. briser

17) Je ne supporte pas son <u>détachement</u> devant la souffrance humaine.
    A. différence   B. indifférence C. attachement D. affection

18) Je savais qu'il serait chez lui, et <u>effectivement</u> il y était.
    A. en effet   B. en conséquence C. de plus   D. en plus

19) La mesure prise commence à <u>faire effet</u>.
    A. avoir pour cause   B. avoir pour conséquence
    C. donner son exemple   D. porter ses fruits

20) Il <u>est écrasé</u> de dettes.
    A. être accablé   B. être ruiné   C. se casser   D. s'étouffer

Unité 6

Des mots entre parenthèses, choisissez celui qui convient pour compléter la phrase.

1) Le miroir tombé par terre _____ (se brisa/se cassa) en plusieurs morceaux.

2) La cuisinière _____ (a brisé/a cassé) trois œufs pour en faire une omelette.
3) Ces peuples opprimés n'ont pas tardé à _____ (briser/casser) leurs fers.
4) A cette nouvelle, son cœur _____ (se brisa/se cassa).
5) Vous me _____ (brisez/cassez) la tête en criant ainsi.
6) C'est un de mes amis _____ (familiers/intimes), vous pouvez vous fier à lui.
7) A force de l'observer, je suis arrivé à pénétrer sa pensée _____ (familière/intime).
8) Ne prenez pas ce ton si _____ (familier/intime), vous connaissez à peine votre interlocuteur.
9) Tout m'est _____ (familier/intime) dans ce village où j'ai passé mon enfance.
10) Vous trouverez facilement la porte d' _____ (ouverture/accès) au jardin.
11) Les heures d' _____ (ouverture/accès) sont écrites à l'entrée du magasin.
12) Cet homme _____ (s'adonne/se donne) à la paresse.
13) Cet homme _____ (s'adonne/se donne) à l'art cinématographique, il en est devenu l'esclave.
14) A les entendre parler bêtement, il éprouve _____ (un certain agacement/une certaine agacerie).
15) Il est aisé de voir qu'elle a des intentions sur lui, elle lui fait des _____ (agacements continuels, agaceries continuelles).
16) La corde _____ (s'est rallongée/s'est allongée) après être utilisée une seule fois.
17) Il faut _____ (rallonger/allonger) la couverture, parce que le bébé a poussé.
18) Faute du soutien du peuple, ils furent _____ (impuissants à/incapables de) mener à bien le mouvement.
19) Votre haine sera _____ (impuissante/incapable), tant qu'elle ne sera pas élevée au niveau de la haine de classe.
20) Nous le savons _____ (impuissant/incapable) de malhonnêteté.

Unité 7

Parmi les quatre propositions, choisissez le mot qui n'exprime pas le même sens du mot ou du groupe de mots soulignés dans chacune des phrases suivantes.

1) Il a agi <u>délibérément</u> avec grossièreté.
    A. intentionnellement   B. volontairement   C. exprès   D. ouvertement
2) <u>A côté de</u> ça, il faudra faire attention à la circulation.
    A. en plus   B. par ailleurs   C. de toute façon   D. en outre
3) Il ne peut s'empêcher de mentir, mais, <u>à côté de</u> ça, c'est un garçon très attachant.
    A. néanmoins   B. par ailleurs   C. cependant   D. décidément

4) Sa façon de jouer déconcertait même ses partenaires.
   A. décontenancer   B. désorienter   C. diriger   D. dérouter
5) Son attitude est vraiment déconcertante.
   A. incontrôlable   B. déroutant   C. incompréhensible   D. bizarre
6) Depuis quelques mois, le dollar ne cesse de se déprécier.
   A. se dévaloriser   B. se dévaluer   C. se sous-estimer   D. baisser
7) Le temps parviendra-t-il à effacer son chagrin?
   A. faire disparaître   B. faire oublier   C. éteindre   D. gommer
8) Ce remède m'a apporté un soulagement effectif.
   A. tangible   B. discutable   C. réel   D. indiscutable
9) C'est en se heurtant à l'expérience qu'il a éprouvé combien sa vie d'étudiant a été artificielle.
   A. constater   B. se rendre compte   C. prouver   D. réaliser
10) En te demandant cet effort, il a voulu éprouver ton courage.
    A. mettre à l'épreuve   B. connaître
    C. prendre la mesure de   D. tester
11) L'épidémie ne cesse de s'étendre.
    A. s'agrandir   B. se propager   C. gagner du terrain   D. développer
12) Il faut obéir exactement au règlement.
    A. rigoureusement   B. scrupuleusement   C. à la lettre   D. parfaitement
13) Il a eu bien des tourments avec cette histoire.
    A. tours   B. tracas   C. cauchemars   D. angoisses
14) Ils nous regardait, les yeux ternes.
    A. inexpressifs   B. sans expression   C. éteints   D. sans couleur
15) Ils devaient forcément se rencontrer: leurs routes se croisaient.
    A. fatalement   B. inévitablement   C. bien   D. obligatoirement
16) Cette plante demande une terre grasse.
    A. une terre forte   B. une terre tenace   C. une terre argileuse   D. une terre dure
17) Il est venu s'établir en France.
    A. fixer sa demeure   B. fixer sa résidence   C. s'installer   D. voyager
18) Cette ville conserve quelques restes de son antique splendeur.
    A. Ne pas perdre ce qu'on a   B. ne pas en être dépossédé
    C. ne pas en être privé   D. abandonner
19) Je vais déposer une somme d'argent dans une banque
    A. Mettre en dépôt   B. donner en garde   C. confier   D. donner
20) Ses travaux sur le cancer lui ont donné une notoriété internationale.
    A. renom   B. réputation   C. nom   D. renommée

Unité 8

Choisissez, parmi les propositions données, le mot ou le groupe de mot le plus approprié pour compléter la phrase.

1) L'accident a eu lieu _____ à l'angle de la rue.
   A. juste   B. justement   C. précisément
2) Il va venir. _____ le voici.
   A. Juste   B. Justement   C. Précisément
3) Vous ne répondez pas _____ à la question.
   A. juste   B. justement   C. précisément
4) Ne soyez pas _____ absent; on va reprendre la séance dans 15 minutes.
   A. longtemps   B. longuement   C. long
5) Dans sa lettre, il m'a raconté _____ son aventure en Afrique.
   A. longtemps   B. longuement   C. long
6) Les spectateurs applaudirent _____ la victoire de l'équipe nationale.
   A. longtemps   B. longuement   C. long
7) Le malade était resté si _____ couché qu'il eut des vertiges quand il mit un pied à terre.
   A. longtemps   B. longuement   C. long
8) On se penche sur le blessé pour écouter son coeur: il _____ encore.
   A. vit   B. survit
9) Pour le peu de temps qu'il lui reste à _____, il ne veut se priver d'aucune joie.
   A. vivre   B. survivre
10) Après un tel malheur, aura-t-elle encore la force de _____ ?
    A. vivre   B. survivre
11) Il a échoué de nouveau au (à la) _____ universitaire.
    A. compétition   B. match   C. épreuve   D. concours
12) Cette chaudière n'a pas résisté _____.
    A. à la compétition   B. au match   C. aux épreuves   D. au concours
13) L'Europe était troublée par _____ de ces deux États.
    A. les compétitions   B. les matchs   C. les épreuves   D. les concours
14) L'amitié d'abord, _____ ensuite.
    A. la compétition   B. le match   C. l'épreuve   D. le concours
15) _____ entre les deux partis politiques continuent.
    A. Les compétitions   B. Les matchs C. Les épreuves   D. Les concours
16) _____ de football a eu lieu samedi dernier, vingt mille fanatiques y ont assisté.
    A. La compétition   B. Le test   C. L'épreuve   D. Le concours

17) _____ en France est tempéré, avec des variations locales.
    A. La température   B. L'atmosphère   C. L'ambiance   D. Le climat
18) Les lourdes plantes des pays chauds épaississaient _____ de leur haleine pesante. (Maupassant)
    A. la température   B. l'atmosphère   C. l'ambiance   D. le climat
19) C'est un bon orateur, il sait toujours mettre _____ dans la réunion.
    A. de la température   B. de l'atmosphère
    C. de l'ambiance   D. du climat
20) Si le mouvement surréaliste apparaît fortement lié _____ de l'après-guerre, il est en même temps l'aboutissement de toute une lignée poétique qui remonte à Nerval et Rimbaud, et le produit des découvertes récentes faites sur l'homme (psychanalyse en particulier).
    A. à la température   B. à l'atmosphère   C. à l'ambiance   D. au climat

Unité 9

Choisissez, parmi les propositions données, le mot ou le groupe de mot le plus approprié pour compléter la phrase.

1) Leur parti se désagrège à cause de luttes _____ .
   A. intérieures   B. intestines   C. internes
2) La Chine promet qu'elle ne se mêle jamais aux affaires _____ des autres pays.
   A. intérieures   B. intestines   C. internes
3) On s'efforcera de normaliser leur structure de management, de perfectionner leurs mécanismes de contrôle _____ et leur système de gestion, et de promouvoir les innovations de système.
   A. intérieur   B. intestin   C. interne
4) Cela permet en particulier d'effectuer les quatres opérations et parfois d'autres opérations moins simples comme la comparaison de deux des mots binaires qui constituent le langage _____ de la machine
   A. intérieur   B. intestin   C. interne
5) Dans ces conditions, ces entreprises sont tenues de mener vigoureusement leur réforme _____ aussi bien que leur propre édification.
   A. intérieure   B. intestine   C. interne
6) La critique structuraliste envisage l'oeuvre comme un système de mots obeissant à des lois _____ .
   A. intérieures   B. intestines   C. internes
7) Écrire, ce serait évoquer le monde extérieur ou _____ au moyen des mots.

A. intérieur   B. intestin   C. interne

8) Il but son verre de vodka d'un seul coup, se pencha en arrière, mit la main à la poche _____ de sa veste et la retira pleine de billets de cents francs.

A. intérieure   B. intestine   C. interne

9) Il n'osait lui faire des questions; mais, la _____ si expérimentée, elle avait dû passer, se disait-il, par toutes les épreuves de la souffrance et du plaisir. (Flaubert)

A. discernant   B. distinguant   C. séparant

10) Pour ce qui est des objectifs du plan, on _____ les objectifs projetés de ceux à caractère contraignant.

A. discerne   B. distingue   C. partage

11) Le critique Roland Barthes s'attache à _____ la littérature de consommation du véritable travail sur le langage, en opposant à l' «écrivain» authentique le simple «écrivant».

A. discerner   B. distinguer   C. partager

12) La cause de la discorde. Il n'est pas facile de _____ les raisons de ces divisions, car les causes sont dissimulées et enchevêtrées dans un ensemble assez complexe.

A. discerner   B. distinguer   C. partager

13) Les productions du langage étant très variées, il reste à _____ , parmi elles, celles qui relèvent authentiquement de la littérature.

A. discerner   B. distinguer   C. partager

14) Ses deux cousins se ressemblent tellement qu'on a de la peine à les _____ l'un de l'autre.

A. discerner   B. distinguer   C. partager

15) L'intrigue d'un roman est considérée comme la vérification d'une loi sociale que l'écrivain a cru_____ (par exemple les effets de la misère dans *l'Assommoir*).

A. discerner   B. distinguer   C. partager

16) N'avez-vous pas trouvé le bouquin? Avez-vous bien _____ ? _____ -le, je suis sûr que vous le trouverez.

A. cherché/Recherchez   B. recherché/Cherchez

17) Il écrit dans un style _____.

A. cherché   B. recherché

18) Les soieries de Chine sont très _____ sur le marché mondial.

A. cherchées   B. recherchées

19) On _____ les tableaux de ce peintre du 19ᵉ siècle; ils coûtent très cher.

A. cherche   B. recherche

20) Il _____ son ami pour lui faire part de sa décision.

A. cherche   B. recherche

Unité 10

Parmi les trois propositions, choisissez le mot qui n'exprime pas le même sens que celui du mot ou du groupe de mots soulignés dans chacune des phrases suivantes.

1) Votre devoir <u>contient</u> trop d'erreurs.
   A. tenir   B. comporter   C. comprendre
2) La <u>continuation</u> de la grève du métro paralyse la capitale.
   A. la durée   B. la prolongation   C. la poursuite
3) Il a été procédé à <u>un contrôle</u> des pièces d'identité.
   A. examen   B. vérification   C. regard
4) C'est le moment <u>décisif</u>.
   A. crucial   B. déterminant   C. critique
5) Pensez-vous que vous parviendrez à le <u>corriger</u> de sa jalousie ?
   A. défaire   B. habituer   C. guérir
6) <u>De mon côté</u>, j'essaierai de vous apporter de l'aide.
   A. par ailleurs   B. quant à moi   C. pour ma part
7) Son attitude est <u>indéfendable</u>.
   A. intenable   B. injustifiable   C. insoutenable
8) Pensez-vous que l'arme nucléaire soit vraiment <u>une défense</u> efficace?
   A. protection   B. soutien   C. appui
9) Une odeur nauséabonde <u>se dégageait</u> des égouts.
   A. sortir   B. s'exhaler   C. tirer
10) Elle avait un goût très <u>délicat</u>.
    A. fin   B. bon   C. raffiné
11) L'empire d'Alexandre fut un édifice <u>fondé sur le sable</u>.
    A. devoir rapidement s'effondrer.
    B. ne pas avoir de bases solides
    C. fondé sur le roc
12) Nous <u>déposerons</u> nos bagages à la consigne.
    A. laisser   B. porter   C. mettre
13) Les pluies de cette nuit <u>ont causé</u> des inondations.
    A. déclencher   B. attirer   C. provoquer
14) Cette décision va vous <u>causer</u> des ennuis.
    A. occasionner   B. attirer   C. provoquer
15) Elle n'a pas le temps de <u>s'occuper de</u> cette affaire.
    A. penser à   B. mener   C. veiller à

16) Il a été durement éprouvé par la mort de son fils.
   A. toucher B. atteindre C. émouvoir
17) Partir ou rester, pour moi, c'est équivalent.
   A. c'est la même chose B. cela revient au même C. c'est l'équilibre
18) Nos expériences de la vie sont comparables.
   A. équivalentes B. semblables C. égales
19) Cet élève ne sait pas exploiter ses documents.
   A. développer B. tirer parti de C. utiliser
20) Il a beaucoup de facilités pour écrire.
   A. aptitude B. disposition C. pouvoir

Unité 11

Des mots entre parenthèses, choisissez celui qui convient pour compléter la phrase.

1) Il se croit supérieur à tout le monde et parle toujours d'une voix _____ (dédaigneuse/dédaignable).
2) Vous n'êtes pas beaucoup payé mais vous êtes logé gratuitement, ce n'est pas _____ (dédaigneux/dédaignable).
3) C'est une fille _____ (généreuse/large). Elle a le coeur sur la main.
4) Il m'a donné un _____ (généreux/large) pourboire.
5) Cet ensemble met en valeur ses formes _____ (généreuses/larges).
6) Elle portait une robe _____ (généreuse/large).
7) Le directeur nous a fait de _____ (généreuses/larges) concessions.
8) Quand ils partent, ils _____ (emportent/emmènent) toujours leur chien.
9) Quand elle voyage, elle _____ (emporte/emmène) beaucoup trop de bagages.
10) Sous cette tempête, quelques promeneurs sont morts noyés, _____ (emportés/emmenés) par des vagues.
11) Vous n'avez pas beaucoup apprécié ce concert, mais _____ (emporté/emmené) par l'enthousiasme du public, vous avez applaudi.
12) La dernière fois qu'il m'a _____ (emportée/emmenée) au restaurant, il est arrivé avec une heure de retard.
13) Les ouvriers _____ (soupçonnent/doutent) que le patron soit sincère.
14) Il a raison de _____ (soupçonner/douter de) la bonne volonté des capitalistes.
15) Je suis _____ (désireux/désirable) que cette édition de « l'Otage » vous satisfasse. (Gide)
16) Il s'était aperçu qu'à beaucoup d'hommes Odette semblait une femme ravissante et _____ (désireuse/désirable). (Proust)

17) Bien avant de vous rencontrer, j'étais _____ (désireux/désirable) de faire votre connaissance.

18) C'est une femme superbe que tous les hommes trouvent _____ (désireuse/désirable).

19) — Oh! c'est, dit Claude Vignon, la femme la plus intelligente et la plus _____ (désireuse/désirable) que j'aie vue.

20) En disant cela, Crevel, des mains de qui la baronne avait retiré ses mains, s'était remis en position. Il tenait ses entournures et battait son torse de ses deux mains, comme par deux ailes, en croyant se rendre _____ (désireux/désirable) et charmant. (Balzac)

Unité 12

Parmi les quatre propositions, choisissez le synonyme du mot ou du groupe de mots soulignés dans chacune des phrases suivantes.

1) Voulez-vous nous indiquer la date précise de cette opération ?
   A. exacte   B. claire   C. juste   D. correcte

2) Il est toujours à l'heure: son exactitude est presque proverbiale!
   A. justesse   B. ponctualité   C. précision   D. rigueur

3) L'exactitude de son raisonnement est indéniable.
   A. justesse   B. ponctualité   C. précision   D. rigueur

4) Cette usine a vidé ses eaux usées dans la rivière.
   A. donner   B. évacuer   C. mettre   D. poser

5) Il ne voulait plus voir personne, convaincu du vide de toute son existence.
   A. néant   B. solitude   C. solidarité   D. sens

6) Son livre de chevet était un dictionnaire de la langue verte.
   A. langue morte   B. argot   C. langue vulgaire D. proverbe

7) Je ne peux plus supporter ce lourd silence!
   A. soutenir   B. porter   C. souffrir   D. tenir

8) Cette association a été créée par un groupe de jeunes peintres.
   A. construite   B. fondée   C. inventée   D. faite

9) Il oublie que nous n'avons pas gardé les vaches ensemble.
   A. ne pas avoir les mêmes origines   B. ne pas être de la même race
   C. ne pas venir d'un même endroit   D. ne pas avoir les mêmes idées

10) Quand chacun fait son métier, les vaches sont bien gardées.
    A. Toutes choses vont bien lorsque chacun ne se mêle pas que de ce qu'il doit.
    B. Toutes choses vont bien lorsque chacun ne se mêle que de ce qu'il doit.
    C. Toutes choses vont bien lorsque chacun se mêle de ce qu'il ne doit pas.
    D. Toutes choses vont bien lorsque chacun ne se mêle pas de ce qu'il doit.

11) Je <u>maintiendrai</u> partout que cela est vrai.

    A. garder   B. soutenir   C. dire   D. parler

12) <u>Il a plus d'esprit qu'il n'est gros.</u>

    A. Il n'a pas beaucoup d'esprit.   B. Il a beaucoup d'esprit.

    C. Il a trop d'esprit.   D. Il est bête.

13) <u>Les gros poissons mangent les petits.</u>

    A. Les puissants oppriment les faibles.

    B. Les riches aiment manger les petits poissons.

    C. Les faibles sont de petits poissons mangeables.

    D. Les puissants sont parfois aussi faibles.

14) <u>La mer est grosse.</u>

    A. Elle es très large.   B. Elle est très grande.

    C. Elle est immense.   D. Elle est très agitée.

15) Au premier coup d'œil, c'était un peu aussi le même homme, <u>gras</u> et d'une physionomie très fine sous un masque empâté. (Sand)

    A. grand   B. beau   C. gros   D. robuste

16) Voilà que votre fils est revenu, il faut <u>tuer le veau gras.</u>

    A. fêter par un copieux repas le retour de quelqu'un

    B. féléciter quelqu'un

    C. accueillir quelqu'un avec enthousiasme

    D. recevoir quelqu'un avec joie

17) Il <u>était,</u> ce jour-là, <u>vêtu comme un oignon.</u>

    A. avoir un vêtement très léger   B. avoir un vêtement très chaud

    C. avoir plusieurs vêtements l'un sur l'autre   D. avoir un vêtement trop lourd

18) <u>Le cas posé,</u> que feriez-vous?

    A. Si cela était   B. Si cela s'était bien déroulé

    C. Si on le disait bien   D. Si vous le voulez bien

19) J'ai reçu votre lettre et j'agirai <u>en conséquence.</u>

    A. avec résultat   B. avec cause   C. sans suite   D. conséquemment.

20) J'ai des choses de la dernière <u>conséquence</u> à lui dire.

    A. suite   B. importance   C. cause   D. résultat

Unité 13

Choisissez, parmi les propositions données, le mot ou le groupe de mots le plus approprié pour compléter la phrase.

1) La prévention de la grippe aviaire virulente ayant été prise en compte avec tout le

sérieux nécessaire, la propagation de l'épidémie ainsi que les éventuelles mutations en grippe humaine ont été effectivement _____.

    A. domptées   B. dominées   C. maîtrisées

2) Il s'agira plus précisément de _____ au plus vite les techniques clés et d'augmenter la capacité d'intégration des systèmes dans des secteurs importants.

    A. dompter   B. dominer   C. maîtriser

3) Ce haut édifice _____ les bâtiments qui s'étendaient à droite, le palais des femmes se dressait au fond des cyprès, — alignés comme deux murailles de bronze.

    A. domptait   B. dominait   C. maîtrisait

4) Pour bien accomplir les activités du gouvernement en 2006, nous continuerons à pratiquer le macro-contrôle, à assurer la continuité et la régularité des mesures macroéconomiques, à _____ correctement l'orientation et l'intensité du macro-contrôle.

    A. dompter   B. dominer   C. maîtriser

5) Le lendemain, à neuf heures du matin, le baron, en attendant sa fille, à laquelle il avait fait dire de venir, se promenait dans l'immense salon inhabité, cherchant des raisons à donner pour vaincre l'entêtement le plus difficile à _____.

    A. dompter   B. dominer   C. maîtriser

6) Les succès que nous avons remportés pendant l'année écoulée doivent être attribués à l'aptitude du Comité central à _____ l'ensemble de la situation, au travail assidu et aux efforts conjugués des cadres et des masses populaires de notre pays tout entier.

    A. dompter   B. dominer   C. maîtriser

7) Cet homme est si difficile à vivre qu'il ne peut _____ un seul de ses amis.

    A. conserver   B. maintenir   C. réserver   D. retenir

8) Cette ville _____ quelques restes de son antique splendeur.

    A. conserve   B. maintient   C. réserve   D. retient

9) _____ bien ce qu'il vous a dit, vous pourrez en tirer profit.

    A. Conservez   B. Maintenez   C. Réservez   D. Retenez

10) Il a de la peine à _____ son sérieux.

    A. conserver   B. maintenir   C. garder   D. retenir

11) Ce n'est pas tout que d'acquérir, il faut savoir _____.

    A. conserver   B. maintenir   C. réserver   D. retenir

12) Que Dieu vous _____ dans cette bonne disposition !

    A. conserve   B. maintienne   C. réserve   D. retienne

13) Voici votre part, _____ -la.

    A. conservez   B. maintenez   C. gardez   D. retenez

14) Elle serait tombée dans la boue si je ne l'avais pas _____.

    A. conservée   B. maintenue   C. gardée   D. retenue

15) La discipline s'est toujours _____ dans cette armée.
    A. conservée   B. maintenue   C. gardée   D. retenue
16) Je ne pourrai pas rentrer avant 7 heures, voulez-vous me _____ quelque chose pour dîner?
    A. conserver   B. maintenir   C. garder   D. retenir
17) Ce vieillard se _____ longtemps.
    A. conservera   B. maintiendra   C. gardera   D. retiendra
18) Malgré les efforts de l'opposition, il se _____ toujours au ministère.
    A. conserve   B. maintient   C. garde   D. retient
19) Ma voix déjà commençait à flancher, elle sonnait _____.
    A. faux   B. faussement
20) Des milliers et des milliers de gens ont été _____ accusés.
    A. faux   B. faussement

Unité 14

Des mots entre parenthèses, choisissez celui qui convient pour compléter la phrase.

1) Les vacances hors saison constituent souvent un séjour _____ (supplémentaire/complémentaire) aux départs de l'été, plutôt qu'une substitution complète.
2) Il fait souvent des heures de travail _____ (supplémentaires/complémentaires).
3) Je vous _____ (reconnais/avoue) que je ne sais rien de ce qui s'est passé.
4) Emma ouvrit la fenêtre, appela Charles, et le pauvre garçon fut contraint _____ (d'avouer/de reconnaître) la parole arrachée par sa mère. (Flaubert)
5) Pierre tourna et retourna le papier, _____ (avoua/reconnut) l'écriture, oui, c'est bien son écriture!
6) Il y a plusieurs niveaux de _____ (langue/langage): argotique, populaire, familier(ère), courant(e), soutenu(e), etc.
7) Deux écrivains qui parlent _____ (la même langue/le même langage) tiennent _____ (différentes langues/différents langages) quand ils ne pensent pas de la même façon.
8) L'Ecole des _____ (Langues orientales /Langages orientaux) de Paris est une institution qui existe depuis longtemps.
9) Mme de Marelle sonna le garçon et demanda _____ (l'addition/la facture/la note).
10) Les marchandises se sont trouvées conformes à _____ (l'addition/la facture/la note).
11) Je n'ai rien à dire sur les services de votre hôtel, mais je vous prie de me donner _____ (l'addition/ la facture/la note) ce soir.
12) Elle se trouve trop _____ (plissée/ridée) et elle va sa faire faire un lifting.
13) Son grand père a la peau toute _____ (plissée/ridée).

14) La haine au cœur et les larmes aux yeux, je regardai fixement le visage _____ (plissé/ridé) de ma pauvre mère succombant sous les coups du patron.

15) Elle s'est fait faire une jupe _____ (plissée/ridée) pour la fête nationale.

16) Dieu _____ (permet/autorise) le mal, il ne _____ (le permet/l'autorise) pas.

17) Son médecin lui _____ (permet/autorise) un peu de vin.

18) Monsieur, vous avez décidé de _____ (diminuer/réduire) le personnel, et vous avez déjà renvoyé les ouvriers les plus âgés?

19) D'après un vétérinaire de Saint-Lô, chez les vaches non protégées des intempéries, la production de lait _____ (diminue/réduit) de 20 à 60%.

20) Le revenu des agriculteurs _____ (diminue/réduit) parce qu'on a des charges foncières.

Unité 15

Des mots entre parenthèses, choisissez celui qui convient pour compléter la phrase.

1) Cet objet m'a _____ (frappé/battu/tapé) l'imagination.

2) Les deux armées se sont _____ (frappées/battues/tapées) jusqu'à la nuit.

3) Cette robe dans la vitrine m'a _____ (frappé/battu/tapé) dans l'œil.

4) — Tu l'as perdue, la pièce? cria la Thénardier, ou bien est-ce que tu veux me la _____ (voler/dérober)?

5) D'autres se glissaient jusqu'aux avant-postes de l'ennemi et venaient sous les tentes _____ (voler/dérober) de la nourriture.

6) Il s'efforçait à bannir de sa pensée toutes les formes, tous les symboles et les appellations des Dieux, afin de mieux saisir l'esprit immuable que les apparences _____ (volaient/dérobaient). (Flaubert)

7) Un mystère _____ (se volait/se dérobait) dans la splendeur de ses plis ; c'était le nuage enveloppant les Dieux, le secret de l'existence universelle, et Salammbô, en se faisant horreur à elle-même, regrettait de ne l'avoir pas soulevé. (Flaubert)

8) "Qui est cet homme? Pensa la Thénardier. Il est pauvre, il n'a pas le sou pour souper, mais il n'a pas _____ (volé/dérobé) l'argent qui était à terre."

9) Il a des _____ (capacités/talents), mais il ne sait pas les faire valoir.

10) Il faisait preuve de _____ (bonnes capacités/bons talents) techniques.

11) Le mariage sera _____ (célébré/fêté) à Monaco, le 21 septembre prochain.

12) — Voilà, comme c'est bientôt la fin de l'année, j'ai pensé que nous pourrions _____ (célébrer/fêter) ça autour d'une bonne table.

13) — Alors, on va _____ (célébrer/fêter) la fête?

14) Les prêtres se penchèrent au bord de la grande dalle, et un chant nouveau éclata, _____ (célébrant/fêtant) les joies de la mort et les renaissances de l'éternité.

15) L'hôte remit le chiffon de papier à son marmiton qui _____ (commença/se mit) à courir dans la direction de la mairie.

16) On _____ (a commencé/s'est mis à) la réunion plus tôt que nous ne l'avions pensé.

17) — On lui propose de _____ (commencer/se mettre/entreprendre) pour six mille francs, de compagnie avec Stidmann, un dessert pour le duc d'Hérouville.

18) Seules 600 des langues _____ (connues/fameuses/célèbres) peuvent être décrites comme «hors de danger», estime Mishael Krauss, linguiste à l'université d'Alaka.

19) Celle-là, par exemple, avait un _____ (connu/fameux/célèbre) toupet, de faire la femme distinguée; oui, distinguée dans le coin aux épluchures! (Zola)

20) Il avait entendu citer de petits cafés des boulevards extérieurs, où se réunissaient des peintres déjà _____ (connus/fameux), des hommes de lettres, même des musiciens, et il se mit à monter vers Montmartre d'un pas lent. (Maupassant)

Unité 16

Choisissez, parmi les propositions données, le mot ou le groupe de mot le plus approprié pour compléter la phrase.

1) Ces locutions auront bien de la peine à _____ dans l'usage.
   A. se créer   B. s'installer   C. s'établir

2) Il n'a pas réussi _____ d'admission universitaire cette année.
   A. à l'examen   B. au concours   C. l'épreuve   D. au contrôle   E. au test

3) Il va passer _____ qui compose une épreuve écrite et une épreuve orale.
   A. un examen   B. un concours   C. une épreuve   D. un contrôle   E. un test

4) Tous les étudiants de français, à la deuxième année de leurs études, sont soumis à _____ spécial qui s'appelle TNFS 4.
   A. un examen   B. un concours   C. un test   D. un contrôle

5) Il a subi _____ psychologique donné par l'hôpital.
   A. un examen   B. un concours   C. un test   D. un contrôle

6) Le professeur dit que nous allons avoir _____ mardi pour savoir si nous avons bien appris la leçon cette semaine.
   A. un examen   B. un concours   C. un test   D. un contrôle

7) La veille _____, il a fait des révisions toute la journée.
   A. de l'examen   B. du concours   C. du test   D. du contrôle

8) D'étape en étape, en l'espace de deux mois toute la vie rurale était sous _____ de l'autorité allemande.(M. Van der Meersch)
   A. l'examen   B. le concours   C. l'épreuve   D. le contrôle

9) Son fils prépare _____ d'entrée dans une école d'ingénieurs.
   A. l'examen   B. le concours   C. l'épreuve   D. le contrôle
10) Il est arrivé premier aux _____ éliminatoires pour participer aux Jeux Olympiques.
   A. examens   B. concours   C. épreuves   D. contrôles
11) La jeune femme avait pour voisine une religieuse qui _____ sans arrêt des prières.
   A. balbutiait   B. bégayait   C. bredouillait
12) Troublée, elle _____ une excuse.
   A. balbutia   B. bégaya   C. bredouilla
13) L'innocent accusé d'espionnage se trouble. Toute son (sa) _____ l'accuse. (Cocteau)
   A. attitude   B. conduite   C. tenue
14) Mon (Ma) _____ est simple, et je suis une ligne très droite. (A. Gide)
   A. attitude   B. conduite   C. tenue
15) Tu n'as pas de _____. Ta mère ne t'a donc pas défendu de fourrer ton doigt dans ton nez?
   A. attitude   B. conduite   C. tenue
16) L'agent répéta son ordre sans _____ la voix.
   A. élever   B. lever   C. soulever
17) En _____ la tête, Crainquebille vit la cordonnière qui venait à lui.
   A. élevant   B. levant   C. soulevant
18) La marchande a _____ le prix de ses poireaux.
   A. élevé   B. levé   C. soulevé
19) Il faut _____ la voiture pour dégager le blessé.
   A. élever   B. lever   C. soulever
20) Le paquet est trop lourd, seule, je ne peux pas le _____.
   A. élever   B. lever   C. soulever

Unité 17

Des mots entre parenthèses, choisissez celui qui convient pour compléter la phrase.

1) Jean Alesi a dû _____ (abandonner/renoncer à) la course, à deux tours de la fin, à cause d'une crevaison.
2) J'ai _____ (abandonné/renoncé à) la façon dont on parle habituellement de la France.
3) Jusqu'à l'âge de 40 ans, Claude Paulin a fait une carrière dans la banque. Et puis soudain, à 40 ans, ce père de 2 enfants démissionne, _____ (abandonne/renonce à) son costume et ses privilèges.
4) Un médecin ne doit jamais _____ (abandonner/renoncer à) ses malades.
5) Avant la Libération, souvent la sécheresse forçait les paysans à _____ (abandonner/re-

noncer à)leurs maisons pour aller mendier ailleurs.

6) Le père Louveau _____ (abandonna/renonça (au)) le vin pour élever l'enfant.

7) Je _____ (n'abandonnerai pas de/ne renoncerai pas à) discuter avec ses gens, même s'ils sont têtus.

8) Il est clair que les enfants de 8 à 12 ans sont, en dehors des heures d'école, de plus en plus _____ (abandonnés/renoncés) à eux-mêmes.

9) Ils ont _____ (déposé/posé) leurs bagages sur le sol.

10) Il est interdit de _____ (déposer/poser) des ordures ici!

11) On m'a donné un _____ (avis/renseignement) faux et je me suis trompé.

12) Il est souvent bon de demander aux autres leur _____ (avis/renseignement) avant de prendre une décision importante.

13) Elle n'est pas _____ (comblée/satisfaite) des progrès qu'elle a réalisés ce semestre.

14) «Je suis _____ (comblée/satisfaite), dit la vieille femme, tous mes enfants sont avec moi.»

15) Ne _____ (tardez/traînez) pas dans les rues après 22 heures.

16) Notre père _____ (tardait/traînait) à rentrer.

17) Son rhumatisme le fait souffrir beaucoup pendant la saison _____ (humide/mouillée).

18) Il n'est pas sain de loger dans une chambre _____ (humide/mouillée).

19) Ayant couru sous la pluie, il est tout _____ (humide/mouillé).

20) Ne sentez-vous pas que l'air est fort _____ (humide/mouillé)?

Unité 18

Des mots entre parenthèses, choisissez celui qui convient pour compléter la phrase.

1) La pêche a toujours été son passe-temps _____ (favorable/favori).

2) Sera-t-il _____ (favorable/favori) au projet que nous lui avons soumis?

3) C'est un homme _____ (seul/unique), il ne voit personne.

4) Il n'a pas prononcé un _____ (seul/unique) mot de la soirée.

5) Il a une _____ (seule/unique) idée: gagner le match.

6) 2 000 euros! C'est une occasion _____ (seule/unique).

7) Je vis très _____ (seule/unique) et souvent je dialogue avec moi même.

8) J'étais _____ (seule/unique) dans le couloir, affrontée à une nuit monotone.

9) Vous avez discuté des avantages et des inconvénients d'une nouvelle méthode et dans votre _____ (résumé/synthèse), vous concluez à l'utilité ou à l'inutilité de cette méthode.

10) Votre ami n'a pas assisté au début du film, vous le lui racontez en quelques mots; grâce à votre _____ (résumé/synthèse), il pourra suivre le film.

11) Le vieil ouvrier, avec sa haute conscience politique, ne _____ (pardonne/excuse) pas à ses jeunes camarades d'oublier d'éteindre les lumières avant de s'en aller du lieu de travail.

12) _____ (Pardonnez/Excusez)-moi d'avoir tant tardé à vous répondre.

13) Tous les malheurs _____ (imaginaires/imaginables) lui sont arrivés.

14) — Autrefois, lui disait Julien, quand j'aurais pu être si heureux pendant nos promenades dans les bois de Vergy, une ambition fougueuse entraînait mon âme dans les pays _____ (imaginaires/imaginables).

15) En sortant de sa conférence, j'étais prête à m'équiper de tous les gadgets possibles et _____ (imaginaires/imaginables).

16) 80% des enfants interrogés déclarent être passionnés par les séries télévisées qui mêlent l'aventure à l'_____ (imaginaire/imaginable).

17) Tu connais Molière? Eh bien, baron, il n'y a rien d'_____ (imaginaire/imaginable) dans ton intitulé.

18) Au lieu de ces sages réflexions, l'âme de Julien, exaltée par ces sons si mâles et si pleins, errait dans les espaces _____ (imaginaires/imaginables).

19) On lui a appliqué tous les remèdes _____ (imaginaires/imaginables).

20) Etendu sur le gazon, et la main sur le coeur, il faut un pardon généreux pour l'adversaire et un mot pour une belle souvent _____ (imaginaire/imaginable), ou bien qui va au bal le jour de votre mort, de peur d'exciter les soupçons.

Unité 19

Des mots entre parenthèses, choisissez celui qui convient pour compléter la phrase.

1) Son frère a pris, au dîner, des champignons _____ (vénéneux/venimeux), et il en est mort.

2) Dans cette forêt vivent beaucoup de serpents _____ (vénéneux/venimeux).

3) Il a reçu une piqûre _____ (vénéneuse/venimeuse) et il est mort.

4) Il est fort méchant, et nous jette souvent des regards _____ (vénéneux/venimeux).

5) Certaines plantes sont _____ (vénéneuses/venimeuses).

6) Ayant une santé _____ (délicate/fine), la fillette a eu mal à l'estomac pour avoir mangé de la viande trop dure.

7) Je demande à réfléchir avant de me prononcer sur cette question _____ (délicate/fine).

8) Ce monsieur à longs favoris a une écriture _____ (délicate/fine)

9) Elle est quand même trop _____ (délicate/fine), un rien la blesse.

10) Il faut avoir l'oreille _____ (délicate/fine) pour faire une telle distinction.

11) Pour des _____ (causes/raisons) de sécurité, l'usage d'appareils électroniques tels que

téléphones portables, ordinateurs, magnétophones est interdit.

12) Le travail est la _____ (cause/raison) de sa réussite.

13) Je ne sais pas les _____ (causes/raisons) qu'il a eues d'entreprendre cette affaire.

14) Ça n'est pas une _____ (cause/raison) pour pleurer.

15) Le Grec n'écouta pas ses _____ (causes/raisons).

16) Il y a des effets dont les _____ (causes/raisons) nous sont inconnues.

17) Il n'y a pas d'effet sans _____ (cause/raison).

18) Il semble que l'indécision de Giraud pour l'achat des machines soit liée au fait que ses enfants veulent quitter la terre: il n'a aucune _____ (cause/raison) profonde de chercher à moderniser son exploitation.

19) Le prochain village est _____ (éloigné/lointain) de 20 kilomètres.

20) Le frère de Monsieur Davranche ne pouvait faire autrement que de s'aventurer dans des régions _____ (éloignées/lointaines) pour tenter de refaire sa fortune.

Unité 20

Des mots entre parenthèses, choisissez celui qui convient pour compléter la phrase.

1) Cet immeuble constitue une des plus belles _____ (créations/créatures) de cet architecte.

2) La malheureuse _____ (création/créature) ne savait plus qui suivre.

3) Cet homme est un grand _____ (aventurier/aventureux), il aime bien les aventures.

4) Cet homme a un esprit fort _____ (aventurier/aventureux) dans ses entreprises.

5) Il est myope, à chaque fois il doit _____ (cligner/clignoter) les yeux pour voir.

6) La lumière trop vive de cette salle a fait _____ (cligner/clignoter) les yeux.

7) Le geste brusque de mon voisin me fait _____ (cligner/clignoter) les yeux.

8) Il doit y avoir un faux contact, car l'ampoule électrique _____ (cligne/clignote).

9) Dans la rue, j'ai rencontré une personne très _____ (compréhensible/compréhensive) qui m'a donné gentiments des renseignements utiles.

10) Je sais bien que vous êtes très _____ (compréhensible/compréhensif), vous savez toujours ce qu'on veut.

11) Le président de l'association a fait hier un discours _____ (compréhensible/compréhensif).

12) Ce dessin dit abstrait est _____ (compréhensible/compréhensif) à première vue.

13) Dix-sept _____ (paires/couples) de chiens bretons, tiquetés de blanc sur fond rouge, inébranlables dans leur créance, forts de poitrine et grands hurleurs.

14) Voilà _____ (une vieille paire/un vieux couple) sans enfants.

15) Il a acheté hier _____ (une paire/un couple) de lunettes noires.

16) Ils forment _____ (une paire/un couple) d'amis.

17) Les remèdes habituels sont _____ (incapables/impuissants).

18) Il restait là, fasciné par la puissance de son regard, _____ (incapable/impuissant) de faire un geste.

19) Ne voulant pas _____ (contrarier/irriter) votre fille, vous lui passez tous ses caprices, ce qui est très mauvais pour son éducation.

20) Bien qu'il soit en retard, vous avez tort aussi de _____ (vous contrarier/vous irriter) contre lui.

Unité 21

Des mots entre parenthèses, choisissez celui qui convient pour compléter la phrase.

1) M. de La Mole s'intéressa à ce caractère singulier. Les autres provinciaux qui arrivent à Paris admirent tout, pensait le marquis; celui-ci hait tout. Ils ont trop d'_____ (affectation/affection), lui n'en a pas assez, et les sots le prennent pour un sot. (Stendhal)

2) Elle ne s'amusa donc pas à ces préparatifs où la tendresse des mères se met en appétit, et son _____ (affectation/affection), dès l'origine, en fut peut-être atténuée de quelque chose. (Flaubert)

3) Madame Bovary reprit le bras de Rodolphe; il continua comme se parlant à lui-même :
— Oui! tant de choses m'ont manqué! toujours seul! Ah! Si j'avais eu un but dans la vie, si j'eusse rencontré une _____ (affectation/affection), si j'avais trouvé quelqu'un... Oh! comme j'aurais dépensé toute l'énergie dont je suis capable, j'aurais surmonté tout, brisé tout! (Flaubert)

4) Accoutumé au naturel parfait qui brillait dans toute la conduite de Mme de Rênal, Julien ne voyait qu'_____ (affectation/affection) dans toutes les femmes de Paris. (Stendhal)

5) Une heure après, un laquais remit une lettre à Julien; c'était tout simplement une déclaration d'amour. Il n'y a pas trop d'_____ (affectation/affection) dans le style, se dit Julien, cherchant par ses remarques littéraires à contenir la joie qui contractait ses joues et le forçait à rire malgré lui. (Stendhal)

6) Et cependant il la regardait singulièrement, d'une façon tendre.
— Est-ce de t'en aller? reprit-elle, de quitter tes _____ (affectations/affections), ta vie? Ah! je comprends... Mais, moi, je n'ai rien au monde! tu es tout pour moi. Aussi je serai tout pour toi, je te serai une famille, une patrie; je te soignerai, je t'aimerai. (Flaubert)

7) Rentré dans son hôtel, il amena, sans dire un mot et par des gestes _____ (impératifs/impérieux), son frère dans son cabinet. Le comte avait reçu de l'empereur Napoléon une magnifique paire de pistolets de la manufacture de Versailles. (Balzac)

8) Ces messieurs, cédant malgré eux au regard _____ (impératif/impérieux) de Julien, lui remirent la mitre de Monseigneur. (Stendhal)

9) Sa douleur était réelle, Julien le voyait et n'en était que plus irrité. Il avait un besoin _____ (impératif/impérieux) de solitude, et comment se la procurer? (Stendhal)

10) Fort bien, reprit le marquis d'un air sérieux et avec un certain ton _____ (impératif/impérieux) et bref, qui donna à penser à Julien, fort bien! Prenez encore vingt-deux chemises. (Stendhal)

11) Vous serez bien payé, dit Julien en s'interrompant et reprenant l'air _____ (impératif/impérieux). (Stendhal)

12) Sa voix est faible, pensa-t-il, mais tout ce caractère _____ (impératif/impérieux) est encore dans son accent. (Stendhal)

13) Ils nous offrent des conditions matérielles souvent peu _____ (attrayantes/attirantes).

14) Comme la fille était fort jolie et _____ (attrayante/attirante), le policier a décidé de garder les clichés(底片) et de les afficher dans son bureau.

15) Aujourd'hui, pour la première fois, tous ces efforts lui paraissaient un peu stériles. Ne venait-il pas de découvrir ce que sa mère ne lui avait jamais appris: le plaisir de rêver au soleil, dans un jardin, non loin d'une _____ (attrayante/attirante) jupe grise?

16) En 1958, alors qu'il triomphe à Paris, _____ (attrayant/attirant) au Théâtre de l'Etoile 200000 spectateurs en cinq mois, on lui propose un contrat pour New York.

17) Je n'aime pas les compliments _____ (banals/ordinaires) qui ne viennent pas du cœur.

18) De condition sociale modeste, ce petit marchand ne fréquente que des gens très _____ (banals/ordinaires).

19) Cosette était assise à sa place _____ (banale/ordinaire) sous la table de la cuisine.

20) La notion, en apparence _____ (banale/ordinaire), de «réalisme», a été sérieusement remise en cause à l'époque moderne, surtout par les «nouveaux romanciers».

Unité 22

Des mots entre parenthèses, choisissez celui qui convient pour compléter la phrase.

1) Chaque fois qu'il lui avait fallu faire une dépense de quelque importance, bien qu'indispensable, elle dormait _____ (fort/fortement) mal la nuit suivante.

2) Elle ouvrait la porte toute grande, causait _____ (fort/fortement), souriait aux passants.

3) Sans attendre les effets de la nouvelle politique que le prochain gouvernement devra conduire pour développer _____ (fort/fortement) l'emploi, j'entends mobiliser les entreprises dans une action sans précédent contre le chômage de longue durée. (Chirac)

4) Il insiste _____ (fort/fortement) sur la nécessité de prendre des mesures urgentes.

5) Les héros de Balzac sont _____ (fort/fortement) individualisés et cependant représenta-

tifs des groupes humains et des tendances les plus typiques de leur époque.

6) Il avait les cheveux coupés droit sur le front, comme un chantre de village, l'air raisonnable et _____ (fort/fortement) embarrassé. (Flaubert)

7) Pour arriver à ses fins, la mère Bovary fut obligée de les évincer tous, et elle déjoua même _____ (fort/fortement) habilement les intrigues d'un charcutier qui était soutenu par les prêtres.

8) Le régime du 1er Empire, très autoritaire et _____ (fort/fortement) centralisé, fait dépendre de l'empereur la nomination des préfets et des maires et même celle des juges.

9) Que tout art suppose une déformation (sous l'effet du tempérament de l'artiste ou de sa vision du monde) dont le produit est le style, subit très _____ (fort/fortement) l'influence des oeuvres antécédentes.

10) Stendhal confie davantage le typique aux _____ (visages/figures) de second plan, tandis que les protagonistes incarnent une humanité selon son cœur.

11) Aucune pensée ne se lisait sur _____ (ce visage /cette figure) triste.

12) Après une bousculade, David agrippa son adversaire de la main gauche et lui expédia son poing droit en _____ (plein visage/pleine figure).

13) Si importantes qu'aient été les _____ (grands visages/grandes figures) du XIXe tels (telles) que Hugo, Balzac ou Zola, ce sont des auteurs moins populaires, voire difficiles d'accès, tels que Flaubert, Rimbaud ou Mallarmé que nos contemporains revendiqueront pour maîtres et pour précurseurs.

14) Mais, de temps en temps, le feu de sa pipe éclairait _____ (son visage/sa figure).

15) Pendant toute la nuit, les ordres avaient été donnés à tous les commissariats, et tous les agents et policiers de France avaient dans l'esprit le nom et _____ (le visage/la figure) d'un homme qui s'était évadé et qu'il fallait arrêté: un condammé à mort.

16) Il avait _____ (le visage fatigué/la figure fatiguée) et, pourtant, quelque chose de dur et de clair dans le regard; pauvre, sans doute, mais orgueilleux sûrement.

17) Le magistrat estimait que le suicide n'avait point _____ (affaibli/atténué) le fait d'avoir fait faillite.

18) Malgré les soins de ses enfants, Mme Jeannin _____ (s'affaiblit/s'atténua) de jour en jour.

19) L'enfant dont la vue est _____ (affaiblie/atténuée) par le mauvais éclairage, porte des lunettes dès l'âge de 12 ans.

20) La République _____ (s'affaiblit/s'atténua) lorsque triomphe le chacun pour soi.

Unité 23

Des mots entre parenthèses, choisissez celui qui convient pour compléter la phrase.

1) L'eau est si froide que mes poumons se vident comme sous l'effet d'un coup de poing en _____ (pleine/remplie) poitrine.

2) Pendant qu'il parlait, une femme venait de sortir de l'armoire, très calme, et s'avançait vers Radek, qui la regardait les yeux _____ (pleins/remplis) d'étonnement.

3) Quand toutes les tasses furent _____ (pleines/remplies), la maîtresse de maison posa la cafetière sur la table.

4) La bouteille n'est pas _____ (pleine/remplie), vous pouvez encore y ajouter quelque chose.

5) David sourit. Sa bouche était gonflée et _____ (pleine/remplie) de sang. Il avait perdu quelques dents.

6) Le journal d'abord essentiellement _____ (plein/rempli) d'informations politiques et culturelles a un contenu de plus en plus diversifié: le fait-divers, surtout criminel, obtient un grand succès auprès du public, de même que le feuilleton, récit découpé en tranches quotidiennes.

7) Vous avez peut-être entendu parler des «virus» qu'attrapent les ordinateurs quand on les laisse dans une pièce _____ (pleine/remplie) de courant d'air.

8) L'accusé a 43 ans, des taches de rousseur enfantines, et des milliards _____ (plein/rempli) les poches.

9) Le style de cet écrivain _____ (se discerne/se distingue) par la clarté et la pureté.

10) Ce styliste sait _____ (discerner/distinguer) les nuances les plus subtiles de ces synonymes.

11) Ce n'est pas moi qui _____ (décide du/détermine le) marché des cuirs, vous le savez bien!

12) La loi de finances initiale: elle _____ (décide/détermine) la nature et le montant des dépenses et des recettes. Elle est votée avant le début de l'année.

13) Il y a deux ans, on a _____ (décidé/déterminé) d'aller chez mon frère en Bretagne.

14) Comme on le voit, ces deux femmes n'en faisaient qu'une; toutes les actions de Valérie, même les plus étourdies, ses plaisirs, ses bouderies, _____ (se décidaient/se déterminaient) après de mûres délibérations entre elles.

15) Si vous aviez travaillé avec acharnement, on aurait constaté un net _____ (développement/progrès) dans vos résultats.

16) Cette organisation a permis le _____ (développement/progrès) d'un rythme de vie et de travail très particulier.

17) Oui, dit-il en s'animant, nous sommes dans une époque où les peuples doivent tout obte-

nir par le _____ (développement/progrès) légal de leurs libertés, et par le jeu pacifique des institutions constitutionnelles.

18) Ils n'ont qu'un fils pour toute _____ (lignée/ligne).

19) Il était le dernier d'une _____ (lignée/ligne) de paysans.

20) Il est descendu en droite _____ (lignée/ligne) d'une famille noble.

Unité 24

Choisissez, parmi les propositions données, le mot ou le groupe de mot le plus approprié pour compléter la phrase.

1) Quelle _____ idée!
  A. brillante   B. étincellante   C. resplandissante   D. luisante

2) C'est un garçon _____. Il réussira.
  A. brillant   B. étincellant   C. resplandissant   D. luisant

3) Ses cheveux étaient noirs et _____ comme du satin.
  A. brillants   B. étincellants   C. resplandissants   D. luisants

4) Cette femme est une beauté _____.
  A. brillante   B. étincellante   C. resplandissante   D. luisante

5) Ses yeux, _____ de l'éclat particulier à l'or bruni, gardaient les secrets de l'âme.
  A. brillant   B. étincellant   C. resplandissant   D. luisant

6) Au terme d'une _____ carrière dans l'administration, il vient d'être nommé secrétaire d'Etat au ministère de l'Agriculture.
  A. brillante   B. étincellante   C. resplandissante   D. luisante

7) La dame, dont le visage est _____ de bonheur, semble n'avoir que 32 ans.
  A. brillant   B. étincellant   C. resplandissant   D. luisant

8) Paysanne des Vosges, maigre, brune, les cheveux d'un noir _____, les sourcils épais et réunis par un bouquet, les bras longs et forts, les pieds épais, tel est le portrait concis de cette vierge.
  A. brillant   B. étincellant   C. resplandissant   D. luisant

9) Après de brusques orages dans la moitié sud du pays, le soleil reviendra de façon _____.
  A. durable   B. perpétuel   C. éternel

10) Sur sa tombe, il est écrit: «regrets _____».
  A. durables   B. perpétuels   C. éternels

11) Toujours aussi jeune, il vit un printemps _____.
  A. durable   B. perpétuel   C. éternel

12) Il en résulte cette habitude du labeur, cette _____ connaissance des difficultés qui les

maintient en concubinage avec la muse, avec ses forces créatrices.

   A. durable   B. perpétuelle   C. éternelle

13) Il a franchi l'Himalaya et ses neiges _____.

   A. durables   B. perpétuelles   C. éternelles

14) Les hommes devraient être fidèles aux femmes qui les aiment, ne fût-ce qu'à cause des miracles _____ produits par le véritable amour dans le monde sublime appelé le monde spirituel.

   A. durables   B. perpétuels   C. éternels

15) Depuis quelques mois, il s'est remis à _____ du piano, ce qui ne fait pas le bonheur de ses voisins.

   A. l'étude   B. la recherche   C. l'analyse

16) Quand vous distinguez dans une phrase le sujet, le verbe, le complément, vous en faites _____.

   A. l'étude   B. la recherche   C. l'analyse

17) Une personne de votre entourage a disparu? Nous mettrons tout en oeuvre pour vous venir en aide. Et nous vous rappelons que _____ que nous effectuons sont gratuites.

   A. les études   B. les recherches   C. les analyses

18) Bianchon apportait le résultat de _____ du sang faite par le professeur Duval.

   A. l'étude   B. la recherche   C. l'analyse

19) A chaque lueur d'espoir évanouie, à chaque _____ inutile, Adeline tombait dans des mélancolies noires qui désespéraient ses enfants.

   A. étude   B. recherche   C. analyse

20) C'était très technique. Il a évoqué _____ en cours et fait des prévisions étonnantes sur ce que sera la communication au début du troisième millénaire.

   A. les études   B. les recherches   C. les analyses

Unité 25

Parmi les trois propositions, choisissez le synonyme du mot ou du groupe de mots soulignés dans chacune des phrases suivantes.

1) Elle me garde les enfants, mais en échange, je lui rends quelques services.

   A. au contraire   B. par contre   C. en retour

2) En échange de ses services, elle demandait à être logée et nourrie.

   A. Pour prix de   B. Par contre   C. Au retour de

3) Nous devions atteindre les premiers le sommet, mais nous avons échoué.

   A. réussir   B. rater le coup   C. échapper

4) C'est une femme qui a beaucoup d'énergie.
   A. volonté, courage et fermeté
   B. enthousiasme et force
   C. force et chaleur

5) C'est un homme qui a besion de s'occuper.
   A. se charger　　　B. agir　　　C. vivre

6) Il avait espacé ses rendez-vous de manière à ne pas se surmener.
   A. retarder　　　B. annuler　　　C. échelonner

7) C'est un excellent collaborateur que nous estimons beaucoup.
   A. aimer　　　B. apprécier　　　C. respecter

8) Il est à la tête d'une très belle exploitation agricole.
   A. ferme　　　B. immeuble　　　C. bâtiment

9) C'était un petit groupe de jeunes pleins de vie.
   A. vivres　　　B. force　　　C. vitalité

10) Les vitres de l'hôtel tremblaient au passage des camions.
    A. se briser　　　B. se casser　　　C. vibrer

11) Les journalistes rapportaient avec des réserves cette version des faits.
    A. interprétation　　　B. façon　　　C. compréhension

12) Adam mangea du fruit défendu.
    A. interdit　　　B. protégé　　　C. tombé

13) Il a été souvent en danger sans le savoir.
    A. sans en être conscient　B. en être bien conscient　C. prendre conscience de

14) Les événements lui réservaient une fin glorieuse.
    A. abandonner　　　B. laisser　　　C. destiner.

15) C'est un personnage de premier plan.
    A. C'est un personnage très important.
    B. C'est un personnage peu important.
    C. C'est un personnage sans importance.

16) Les deux hommes se battaient à mains nues.
    A. sans porter des gants　B. sans armes　　C. sans mains

17) Ses protestations furent noyées par les sifflets.
    A. étouffer　　　B. baigner　　　C. mettre dans l'eau

18) Cet homme est vraiment un numéro!
    A. une personne singulière
    B. une personne importante
    C. un grand personnage.

19) Il obéissait à sa passion du jeu.
    A. se rendre　　　B. céder　　　C. laisser aller

20) Les motifs de son acte restent obscurs.

    A. noirs   B. gris   C. embrouillé

Unité 26

Choisissez, parmi les propositions données, le mot ou le groupe de mot le plus approprié pour compléter la phrase.

1) A quatre heures et demie, le baron alla droit chez Mme Marneffe; le coeur lui _____ (battait/frappait/tapait) en montant l'escalier comme à un jeune homme.

2) Il aimait la grange et les écuries; il aimait le père Rouault, qui lui _____ (battait/frappait/tapait) dans la main en l'appelant son sauveur

3) Mais je réussirai, dit-il en fermant le poing et en _____ (s'en battant/s'en frappant/s'en tapant) le front.

4) Il était écrasé par l'attente du spectacle. Enfin, on _____ (battit/frappa/tapa) les trois coups. (Rolland)

5) Le général, sans s'interrompre, le _____ (battit/frappa/tapa) sur la tête de son lourd bâton d'ivoire: le Barbare tomba.

6) Et quand je pensais que d'autres, à ce moment-là, étaient avec leurs bonnes petites femmes à les tenir embrassées contre eux, je _____ (battais/frappais/tapais) de grands coups par terre avec mon baton.

7) Elle n'avait pas su non plus éteindre dans ses yeux le bonheur de revoir l'homme qui, le premier, lui avait fait _____ (battre/frapper/taper) le cœur, l'objet de son premier amour.

8) Ils ne sentaient pas les coups des esclaves _____ (battant/frappant/tapant) sur eux pour les refouler.

9) Il prit l'habitude du cabaret, avec la passion des dominos. S'enfermer chaque soir dans un sale appartement public, pour y _____ (battre/frapper/taper) sur des tables de marbre de petits os de mouton marqués de points noirs, lui semblait un acte précieux de sa liberté, qui le rehaussait d'estime vis-à-vis de lui-même.

10) Il tenait ses entournures et _____ (battait/frappait/tapait) son torse de ses deux mains, comme par deux ailes, en croyant se rendre désirable et charmant.

11) — Soyez calmes, mes enfants, la mort regarde à deux fois avant de _____ (battre/frapper/taper) un maire de Paris! dit-il avec un sang-froid comique.

12) Les lames trop molles se tordaient en _____ (battant/frappant/tapant), et pendant qu'ils étaient à les redresser sous leurs talons, les Carthaginois, de droite et de gauche, les massacraient commodément.

13) Prends garde que ce fourbe ne détourne _____ (le sens/la signification) de tes paroles.

14) Dites-moi exactement _____ (le sens/la signification) de ce mot.

15) Je ne comprends pas bien _____ (le sens/la signification) de ce qu'il vient de nous raconter.

16) Etant _____ (douloureux/souffrant) il ne pourra pas prendre part à notre discussion.

17) Mordu par le chien du propriétaire foncier, le petit berger poussa des cris _____ (douloureux/souffrants).

18) Le vieux marchand gardait de cette aventure un _____ (douloureux/souffrant) souvenir.

19) Notre expert français n'a pas pu venir donner cours ce matin, parce qu'il était _____ (douloureux/souffrant).

20) La mort de mon cher fils me rend extrêmement _____ (douloureuse/souffrante).

Unité 27

Des mots entre parenthèses, choisissez celui qui convient pour compléter la phrase.

1) Il lui reste une _____ marge de manœuvre.
   A. étroite   B. serrée   C. restreinte

2) Il passe avec difficulté par la porte _____.
   A. étroite   B. serrée   C. restreinte

3) Julien, qui la tenait _____ avec passion, et résistait à ses efforts pour se dégager, cessa de la presser dans ses bras.
   A. étroite   B. serrée   C. restreinte

4) C'est un charmant village fait _____ ruelles et de places ombragées.
   A. d'étroites   B. de serrées   C. de restreintes

5) Ce journal a un tirage _____.
   A. étroit   B. serré   C. restreint

6) Sa tête, remarquablement _____, portait une pyramide de cheveux du plus beau blond.
   A. étroite   B. serrée   C. restreinte

7) Les dents _____ de rage et les yeux ouverts vers le ciel sillonné par la foudre: je mériterais d'être submergé, si je m'endors pendant la tempête! s'écria Julien.
   A. étroites   B. serrées   C. restreintes

8) Depuis trois ans, j'ai fait valoir mes capitaux, car mes fredaines ont été _____.
   A. étroites   B. serrées   C. restreintes

9) Julien ne pouvait contenir sa joie. Il fut obligé de descendre au jardin. Sa chambre, où il s'était enfermé à clef, lui semblait trop _____ pour y respirer.
   A. étroite   B. serrée   C. restreinte

10) — Messieurs, voici la couverture de la revue: La photo où on voit la princesse en train d'embrasser son jardinier.

— Mais c'était à _____ de son anniversaire!
   A. l'occasion   B. la chance

11) — Qu'est-ce qu'il devient?
    — Ben, il va bien. Il est rentré d'Italie.
    — Il a _____. Toujours en voyage!
    A. de l'occasion   B. de la chance

12) Ce sera pour eux _____ de se faire connaître du grand public international.
    A. l'occasion   B. la chance

13) Il s'agit d'inventer une stratégie d'adaptation qui donne _____ à tous d'y faire face.
    A. une occasion   B. une chance

14) On pensait que les élèves de tous les milieux sociaux auraient les mêmes _____ dans cette discipline(学科).
    A. occasions   B. chances

15) Ça vaut la peine de tenter _____, non?
    A. son occasion   B. sa chance

16) Dans les petites villes de la campagne, il y a une foire par mois. Beaucoup de paysans y vont: _____ de se rencontrer, voir et toucher les marchandises.
    A. occasion   B. chance

17) Ils sont fidèles à mes ordres dans les grandes _____.
    A. occasions   B. chances

18) Ces souliers un peu justes _____.
    A. m'embarrassent   B. me gênent

19) La question _____ l'élève qui ne sait que répondre.
    A. embarrasse   B. gêne

20) Est-ce que la fumée vous _____?
    A. embarrasse,   B. gêne

Unité 28

Des mots entre parenthèses, choisissez celui qui convient pour compléter la phrase.

1) _____(Se courbant/Se penchant) à mon oreille, il m'indiqua tout bas le lieu de notre rendez-vous.

2) Je _____ (me courbe/me penche) pour ramasser l'épingle qui est tombée par terre.

3) Les chaînes trop tendues _____(se courbaient/se penchaient), allaient se rompre; ils ne sentaient pas les coups des esclaves frappant sur eux pour les refouler.

4) Confrontés à _____ (la croissance/l'augmentation) de l'Asie, nous avons, dès 1985, ouvert un bureau à HongKong.

5) _____ (La croissance/L'augmentation) de la vitesse multiplie les accidents.

6) Cette plante est _____ (âpre/âcre).

7) Il y a toujours quelque chose d'_____ (âpre/âcre) dans ses paroles.

8) Ces fleurs dégagent une odeur _____ (âpre/âcre).

9) Ils ont eu une _____ (âpre/âcre) discussion.

10) On sent l'_____ (âpre/âcre) fumée d'un incendie.

11) Elle est _____ (âpre/âcre) au gain.

12) Jean éprouva un sentiment _____ (cruel/douloureux/triste) en entendant les paroles du journaliste.

13) Elle vient de voir mourir sa fille: c'est une perte _____ (cruelle/douloureuse/triste).

14) Je vais vous apprendre une bien _____ (cruelle/douloureuse/triste) nouvelle.

15) Loin d'être abattue par le malheur, elle se montra _____ (brave/courageuse/hardie).

16) Un bon soldat ne doit pas se contenter d'être _____ (brave/courageux/hardi).

17) Ce projet, quoique _____ (brave/courageux/hardi) sera couronné de succès.

18) L'assassin a eu _____ (l'audace/la bravoure/le courage/la hardiesse) de désavouer son crime devant les témoins.

19) Cet _____ (incident/accident) l'a laissé infirme.

20) Les romans policiers comportent une infinité d'_____ (incidents/accidents).

Unité 29

Choisissez, parmi les propositions données, le mot ou le groupe de mot le plus approprié pour compléter la phrase.

1) Mais non, ou je suis fou, ou elle me fait la cour; plus je me montre froid et _____ avec elle, plus elle me recherche. (Stendhal)

    A. respectueux   B. respectable   C. respectif

2) — Mon _____ ami M. Chélan me fit comprendre qu'en épousant M. de Rênal, je lui avais engagé toutes mes affections, même celles que je ne connaissais pas, et que je n'avais jamais éprouvées avant une liaison fatale... (Stendhal)

    A. respectueux   B. respectable   C. respectif

3) Elle suivait machinalement de l'oeil Julien, qui s'était éloigné d'un air _____, mais fier et mécontent. (Stendhal)

    A. respectueux   B. respectable   C. respectif

4) Deux lui parurent adresser la parole à M. de La Mole sur le ton de l'égalité, les autres semblaient plus ou moins _____. (Stendhal)

    A. respectueux   B. respectables   C. respectifs

5) Et il redevint aussitôt _____, caressant, timide. Elle lui donna son bras. Ils s'en retournèrent. (Flaubert)

   A. respectueux   B. respectable   C. respectif

6) Quelque temps après, alors j'étais au désespoir, le _____ M. Chélan vint me voir. (Stendhal)

   A. respectueux   B. respectable   C. respectif

7) Elle se montre un peu trop _____ envers son supérieur.

   A. respectueuse   B. respectable   C. respective

8) Nous eûmes à nous rendre à notre poste _____.

   A. respectueux   B. respectable   C. respectif

9) Je n'ai rien à dire contre ces scrupules qui sont _____.

   A. respectueux   B. respectables   C. respectifs

10) Rita s'efforça de _____ son affolement devant les enfants.

    A. cacher   B. dissimuler

11) Mlle Mathilde essaya en vain de _____ un éclat de rire, ensuite son indiscrétion demanda des détails. (Stendhal)

    A. cacher   B. dissimuler

12) Je ne vous _____ point que je vous envoie au milieu des loups. Soyez tout yeux et tout oreilles. Point de mensonge dans vos réponses. (Stendhal)

    A. cacherai   B. dissimulerai

13) Yves, lui, est trop franc pour _____ quoi que ce soit.

    A. cacher   B. dissimuler

14) Maintenant que je me vois au moment de te perdre, à quoi bon _____? (Stendhal)

    A. cacher   B. dissimuler

15) L'assassin n'avait pas cherché à _____ son crime, il y avait des traces partout.

    A. cacher   B. dissimuler

16) Le coup de foudre est instantané et réciproque. Simone n'étant pas le genre de femme à _____ ses sentiments, elle avertit aussitôt son mari, le cinéaste Yves Allegret, qui lui assenera une paire de claques, avant de s'effacer, en vrai gentleman.

    A. cacher   B. dissimuler

17) Nous ne _____ pas qu'elle passait pour sotte aux yeux de leurs dames, parce que, sans nulle politique à l'égard de son mari, elle laissait échapper les plus belles occasions de se faire acheter de beaux chapeaux de Paris ou de Besançon. (Stendhal)

    A. cacherons   B. dissimulerons

18) Le sept juillet, à deux heures vingt, Radek tout seul, tue les deux femmes, _____ le couteau dans l'armoire et sort.

    A. cache   B. dissimule

19) Le voleur a assassiné le propriétaire de la maison avec un _____.
   A. canif   B. couteau
20) Le gamin a toujours dans sa poche un _____ dont il se sert pour tailler ses crayons.
   A. canif   B. couteau

Unité 30

Des mots entre parenthèses, choisissez celui qui convient pour compléter la phrase.

1) Goûtons en silence cette crème épaisse, Que le seigneur soit remercié pour ses dons! Tant qu'il nous laissera celui-ci, ce sera _____ (signal/signe) qu'il ne nous abandonne pas. (Miomandre)

2) Si le chef d'une ferme, ou la mère, ou la fille, si quelque membre enfin décède en la famille, les ruches qui chantaient aux deux côtés du seuil sont couvertes de noir, en _____ (signal/signe) d'un grand deuil. (Brizeux)

3) Au-dessous de nous s'étendait la plaine émilienne, le pays d'abondance où tous les plaisirs du monde nous faisaient _____ (signal/signe) s'annonçant de proche en proche notre arrivée, et où de grandes joies immobiles nous regardaient venir fixement. (Larbaud)

4) Les méchants sont pris de tremblement et les hommes véridiques courbent la tête, parce qu'ils ont reconnu la présence de Dieu. Mais moi, je n'ai pas besoin de ces (signaux/signes) et de ces prodiges, parce que je suis ici et que je considère ce monde, et mon âme au milieu de ce monde. Ce miracle me suffit, d'être là, et de me connaître moi-même comme inconnaissable. (Psichari)

5) Ce matin comme chaque matin, à cette heure-ci, quelque part dans les tranchées, des milliers de malheureux attendent le _____ (signal/signe) de l'assaut. (Martin du G.)

6) Dans les musées, toujours nous attireront et nous feront _____ (signal/signe) à travers les siècles les œuvres mortes qui nous renseignent sur les démarches vivantes – même basses – d'un créateur, sur le piège qui l'enfermait et qui le prolonge. (Cocteau)

7) Les premiers accords sombres de l'opéra donnèrent le _____ (signal/signe) du commencement du spectacle. (DELéCLUZE)

8) Mer-veilleux! Claudie avait donné le _____ (signal/signe) des applaudissements, ils tapaient dans leurs mains, ils déchaînaient leurs voix, ils se précipitaient vers l'estrade. (BEAUVOIR)

9) J'aurais voulu la consoler, la réconforter, mais je ne trouvais point les mots qu'il fallait sans doute, car, aux premiers que je prononçai, elle me fit un _____ (signal/signe) désolé et je compris qu'il serait plus charitable de me taire. (G Leroux)

10) Des têtes jaillissaient par l'entrebâillement des portes, des têtes qui se balançaient de

gauche à droite et de droite à gauche dans un _____ (signal/signe) négatif. (Simenon)

11) Il n'est pas douteux que mademoiselle votre fille n'ait déjà donné les _____ (signaux/signes) évidents de la vocation religieuse. (Bernanos)

12) Le lion est considéré universellement comme le plus noble, le plus beau, comme le roi des animaux. Son _____ (signal/signe) zodiacal est, astrologiquement, le domicile du soleil, l'astre majeur. (Divin)

13). Nica me fait _____ (signal/signe) qu'elle va monter. Je lui réponds de la main que c'est pas la peine. (Vercel)

14) Des _____ (signaux/signes) funestes apparaissaient qui troublaient mon père: son encrier se renversait sur sa table, ses plumes perdaient leur bec, le verre de sa lampe éclatait chaque soir. (FRANCE)

15) Si, presque tous les grands musiciens, la mort les a saisis en pleine jeunesse, ce fut la rançon de ce privilège: ils demeurent au milieu de nous plus invulnérables que des anges, et d'en bas nous les contemplons avec un humble amour, nous, pauvres écrivains, dont le destin se déploie sous le double _____ (signal/signe) de l'outrage et de l'oubli.(MAURIAC)

16) Une lettre de Maurice! C'est le docteur qui vient de me la remettre. Chaque matin, tous deux s'étaient inquiétés davantage, de ce que le jeune homme ne donnait aucun _____ (signal/signe) d'existence. (ZOLA)

17) Ce matin, dès le réveil, j'ai plaisir à me voir dans la glace. Bon _____ (signal/signe). Les mauvais jours, je m'y regarde tout de même; mais je m'y parais odieux. (GIDE)

18) C'est un très mauvais _____ (signal/signe) lorsque chacun agit et d'abord pense par imitation; lorsque règne l'opinion aux cent bouches, qui n'est que du bruit, sans aucune pensée. (ALAIN)

19) Le pavillon fut amené à mi-mât. C'était un _____ (signal/signe) de détresse, et l'on pouvait espérer que le paquebot américain, l'apercevant, modifierait un instant sa route pour rallier l'embarcation. (VERNE)

20) Les feux rouges des _____ (signaux/signes) du chemin de fer brillaient dans la vitre. La sonnerie d'alarme résonnait, grêle, soutenue. (ROY)

Unité 31

Des mots entre parenthèses, choisissez celui qui convient pour compléter la phrase.

1) C'est lui Victor qui a imaginé de vous _____ (fabriquer/produire) cette soi-disant cousine. (KOCK)

2) Il resta comme ébloui, abasourdi, dans ce salon dont les trois fenêtres donnaient sur un jardin féerique, un de ces jardins _____ (fabriqués/produits) en un mois avec des ter-

rains rapportés, avec des fleurs transplantées, et dont les gazons semblent obtenus par des procédés chimiques. (BALZAC)

3) Oui, il m'a honoré d'une visite, hier, et je vous avoue, si vous tenez à connaître mon opinion, que l'impression laissée par ce prêtre est plutôt hostile. Il m'a _____ (fabriqué/produit) l'effet d'une jeune paysanne assez mal élevée mais qui ferait, ce qu'on appelle en argot parisien sa «tata». (HUYSMANS)

4) La Joconde _____ (fabrique/produit) à presque tous, les grands esprits aussi bien que la foule, une impression d'inconnu et de charme mystérieux et sardonique. (GILLES DE LA TOURETTE)

5) On sent que la fonte des neiges, le mouvement des eaux et leurs épanchements sur toutes ces montagnes diversement configurées, n'y sauraient, comme dans nos plaines, _____ (fabriquer/produire) de vastes inondations. (DUSAULX)

6) Je veux _____ (fabriquer/produire) une fleur. Les autres se contentent de changer la couleur. Moi, je veux en créer une. (ACHARD)

7) Il se _____ (fabriqua/produisit) à Paris une épouvante dont on n'avait peut-être jamais eu d'exemple; ce fut au point que le gouvernement dut s'en mêler pour y mettre un terme. (FLAMMARION)

8) Louis XIII et Richelieu restèrent dans la capitale, ce qui arrêta un commencement de panique, et aussitôt il se _____ (fabriqua/produisit) un de ces mouvements de patriotisme dont le peuple français est coutumier, mais qu'on avait cessé de voir pendant les guerres civiles. (BAINVILLE)

9) Tout cela c'étaient des plaisanteries de beaux parleurs qui _____ (fabriquaient/produisaient) des mots et qui s'amusaient ensuite à croire que ces mots étaient des choses. (ROLLAND)

10) Reverrai-je sa petite silhouette de gargouille, coiffée jusqu'aux sourcils d'un de ces calots « à la mode », qu'elle _____ (fabriquait/produisait) elle-même? (COLETTE)

11) Déjà, le 14 juillet, d'importantes manifestations s'étaient _____ (fabriquées/produites) dans la banlieue. On y avait, en divers points, déployé le drapeau tricolore, chanté *La Marseillaise*. (DE GAULLE)

12) Vous avez été élevé à mettre vos pieds dans la peau avec laquelle se _____ (fabriquent/produisent) les portefeuilles où nous serrons les billets de commerce. (BALZAC)

13) Nous _____ (fabriquerons/produirons) le nom « ambipropriété » pour désigner cet ensemble. (JOLLEY)

14) Le lait est ramassé par des laiteries industrielles qui _____ (fabriquent/produisent) du beurre, du fromage, du lait en poudre. (WOLKOWITSCH)

15) Abraham Darby aurait vers 1709 employé le premier du coke dans un haut fourneau, essentiellement pour _____ (fabriquer/produire) de la fonte. Le nouveau procédé ne se-

rait devenu vraiment industriel qu'en 1735-1740. (Hist)

16) Malgré cela, je suis convaincu que, si la providence n'eût pas tant tardé à lui accorder la fillette qui devrait être née depuis longtemps pour que mon conte fût bien composé, rien de regrettable ne se fût _____ (fabriqué/produit) à défaut de cela. (René Boylesve)

17) Les huit ou dix mille hectares qui _____ (fabriquent/produisent) le raisin de Corinthe ont fait entrer dans le pays, en 1849, plus de six millions de drachmes d'argent anglais. (ABOUT)

18) Je me forge des peines. Il en est tant de réel! Faut-il encore s'en _____ (fabriquer/produire)!!! (NAPOLEON Ier)

19) Leur seul souci des écrivains mondains, c'était le personnage qu'ils se _____ (fabriquaient/produisaient) et la réussite de leur carrière. (BEAUVOIR)

20) Je ne peux pas _____ (fabriquer/produire) du bonheur avec cette heure trop belle, parce que mon amour est mort et que je lui survivrai. (BEAUVOIR)

Unité 32

Des mots entre parenthèses, choisissez celui qui convient pour compléter la phrase.

1) Si l'on prévoyait tout, on ne _____ (découvrirait/inventerait) jamais rien. (Arnoux)

2) L'évolution dans la technique fait chercher et _____ (découvrir/inventer) une ressource naturelle. (Perroux)

3) Ces gens-là ne purent s'empêcher de rire du cérémonial _____ (découvert/inventé) par M. le comte de Ségur pour le mariage de Napoléon avec Marie-Louise d'Autriche. (STENDHAL)

4) Si M. Lanson a le droit de _____ (découvrir/inventer) l'Amérique, j'ai le droit de découvrir Corneille et Polyeucte. (Péguy)

5) Ce sont des choses qui ne _____ (se découvrent/s'inventent) pas. Cela est sûrement vrai.

6) Nous venons _____ (de découvrir/d'inventer) un caractère plus élevé de l'art, qui devient ainsi une œuvre de l'intelligence et non plus seulement de la main. (Taine)

7) Avec une valeur factitive. Elle _____ (découvre/invente), dans les détails mêmes du monde, des marques de création et de changement. (Boutroux)

8) Ainsi j'étais déjà arrivé à cette conclusion que nous ne sommes nullement libres devant l'œuvre d'art, que nous ne la faisons pas à notre gré, mais que, pré-existant à nous, nous devons, à la fois parce qu'elle est nécessaire et cachée, et comme nous ferions pour une loi de la nature, la _____ (découvrir/inventer). (Proust)

9) Tous les deux ou trois ans, ou plutôt tous les six mois, on _____ (découvre/invente) un auteur plus ou moins ancien. (Boscho)

10) Elle avait pour cercle ordinaire et journalier, le cercle étroit de la famille, trois ou quatre parents, à peu près autant d'amis, quelques _____ (rapports/relations) de voisinage; mais elle n'y était pas exclusivement et rigoureusement enfermée. (Jules de Goncourt)

11) Ne perdez pas votre temps à nouer des _____ (rapports/relations) mondaines ou politiques. (RODIN)

12) Nicolas avait appris à connaître tous les habitués de la maison, discernant à merveille les vrais amis des _____ (rapports/relations) banaux (banales). (GYP.)

13) Lier deux termes et construire _____ (un rapport/une relation) ce n'est point précisément croire, mais juger.

14) Le Mexique fut le premier à nationaliser les sociétés anglo-américaines en 1938 malgré le blocus décidé aussitôt par celles-ci et la rupture des _____ (rapports/relations) diplomatiques de la part de la Grande-Bretagne. (LESOURD)

15) Goethe a été en _____ (rapports personnels /relations personnelles) avec la plupart des physiciens et des naturalistes de son temps, et il a partagé beaucoup de leurs vues essentielles. (BEGUIN)

16) Je traversais, par _____ (rapport/relation) à elle, une crise non pas de véritable amour, mais de vanité blessée et de sexualité morbide. (BOURGET)

17) J'ai coupé _____ (tout rapport/toute relation) de subordination entre nos troupes et le commandement britannique. (DE GAULLE)

18) Assez gênés l'un et l'autre, mon interlocuteur s'étant aperçu qu'il n'appartenait pas à mon genre de _____ (rapports/relations). (FARGUE)

19) Il faut instaurer un système de _____ (rapports/relations) maître-élèves très différent.

20) Savons-nous cette fois ce que c'est qu'un point défini ainsi par sa position relative par _____ (rapport/relation) à nous. (H. POINCARE)

Corrigés

第 1 组
1) de nouveau   2) à nouveau   3) de nouveau   4) à nouveau   5) De nouveau
6) de nouveau/(à nouveau)   7) à nouveau   8) de nouveau   9) à nouveau   10) à nouveau

第 2 组
1) activités   2) action   3) actions   4) actions   5) activités   6) l'action   7) activités
8) l'action   9) action   10) activité   11) action   12) action   13) action   14) l'action   15) activité
16) activité   17) activité   18) activités   19) activité   20) activité

第 3 组
1) amenez   2) a apporté   3) Amenez   4) a été amené   5) amène   6) apporte   7) amène
8) a apporté   9) a apporté   10) amène   11) apporter   12) amènent   13) a apporté
14) apporterai   15) a amené   16) amener   17) amenèrent   18) apporté   19) avait amenée
20) ne l'apporte pas   21) amenez

第 4 组
1) admirable   2) admiratif   3) admiratifs   4) admiratif   5) admirable   6) admiratif
7) admirable   8) admiratif   9) admiratif   10) admirable   11) admiratif   12) admirable
13) admiratifs   14) admirable   15) admirable

第 5 组
1) à cause du   2) A cause de   3) A cause de   4) grâce à   5) à cause de   6) à cause de
7) à cause de   8) grâce à   9) à cause de   10) grâce aux   11) grâce à   12) Grâce à

第 6 组
1) est paru   2) ne paraît   3) parut   4) apparut   5) paraître   6) paraître(apparaître)   7) apparut
8) paraître   9) paraître   10) apparurent/(parurent)   11) m'est apparu   12) paraissent
13) paraît   14) parut   15) apparut   16) est apparue   17) paraît   18) apparaît/(paraît)

第 7 组
1) se hâte   2) se hâtèrent   3) se hâtaient/(se précipiter)   4) se précipita   5) se hâter
6) Hâte-toi   7) se hâter   8) se précipitent   9) se précipite   10) se hâta
11) se précipiter   12) se précipitèrent   13) se hâte   14) se précipiter   15) précipité

233

第8组

1) perfectionner 2) s'améliore 3) améliorer 4) ont amélioré 5) s'est beaucoup amélioré
6) améliorer/(perfectionner) 7) perfectionner 8) a perfectionné 9) améliorées
10) perfectionne/(améliore) 11) la perfectionner 12) amélioré 13) Perfectionnez
14) perfectionne 15) ont beaucoup amélioré

第9组

1) mon ancienne 2) son ancienne 3) vieux 4) anciennes 5) Vieux 6) ancien 7) du vieux
8) anciennes 9) ancien 10) vieux 11) anciens 12) ancien 13) ancien 14) vieux
15) l'ancien 16) vieille 17) l'ancien 18) vieil

第10组

1) avait annoncé/(avait informé) 2) avait annoncé 3) a informé 4) informe 5) annonce
6) a annoncé 7) informa 8) informe 9) annoncer 10) s'informe 11) annonce
12) annoncer 13) Informez-moi 14) s'annonce 15) a informé 16) a annoncé
17) nous sommes informés 18) informer 19) m'informe 20) annonce

第11组

1) a appris 2) a étudié 3) apprendrais 4) apprit 5) apprendre 6) apprendre 7) étudier
8) s'apprend 9) étudiée 10) étudié 11) apprendre 12) apprendra 13) étudiait 14) étudiait
15) apprit 16) étudié 17) apprendrai 18) s'apprennent 19) appris 20) apprend

第12组

1) se rompre 2) interrompit 3) s'interrompit 4) s'est rompu 5) interrompit 6) rompre
7) s'interrompit 8) interrompit 9) a rompu 10) interrompit 11) m'interrompez
12) s'interrompit 13) rompre 14) rompit 15) m' interrompre 16) d'interrompre
17) s'interrompit 18) a rompu 19) s'étaient rompues 20) ont rompu 21) se rompre
22) a rompu

第13组

1) parviendra (arrivera) 2) atteindre/(parvenir à) 3) avait déjà atteint les 4) parvenir
5) atteindre 6) parvenir 7) arriva 8) atteint 9) était parvenu 10) atteint 11) atteindre
12) atteindre 13) arrivera 14) arriver 15) arrive 16) parvenir 17) atteindre
18) arrive 19) parvenir (arriver) 20) atteindre 21) atteindra

第14组

1) augmenté 2) augmenter 3) augmentera 4) se multiplient/(se développent) 5) avait accru
6) a augmenté 7) augmentée 8) multiplier 9) ont accru 10) se développa 11) accrue
12) développent 13) s'augmentait

14) se développèrent   15) augmente   16) se multipliant   17) multipliait   18) augmentaient
19) Multipliez   20) se développe   21) développe   22) se multiplie/(se développe)

第15组

1) devant   2) devant   3) devant   4) avant   5) devant   6) avant   7) avant   8) avant   9) Devant
10) avant   11) devant   12) devant   13) avant   14) devant   15) avant   16) devant   17) avant
18) avant   19) devant   20) avant   21) avant   22) avant

第16组

1) jouir   2) a bénéficié   3) jouir   4) bénéficié   5) bénéficié   6) jouit   7) a joui/(a bénéficié)
8) jouir   9) jouissent   10) bénéficié   11) a joui   12) bénéficie   13) jouir   14) bénéficier

第17组

1) baisse   2) Abaissez/(Baissez)   3) baissé   4) se baisser   5) se baisse/(s'abaisse)   6) s'abaisse
7) abaissée   8) s'abaissait   9) s'abaisser   10) baisser   11) s'abaisse   12) s'abaissa   13) baissa
14) baissait   15) s'abaissant   16) s'abaissait   17) baissait   18) s'abaissa   19) s'abaissaient
20) baissa

第18组

1) intérêt   2) l'avantage   3) profit   4) profit   5) intérêt   6) profits   7) profit   8) le profit
9) intérêt   10) intérêt   11) profit   12) avantages   13) profit   14) avantages
15) avantages   16) l'avantage   17) avantage   18) de l'avantage

第19组

1) Le caractère   2) cette double caractéristique   3) Le caractère manuel   4) caractère clos
5) les caractéristiques   6) le caractère/(la caractéristique)   7) son caractère   8) le vrai caractère
9) les caractéristiques   10) caractère violent   11) une caractéristique bien connue   12) caractères
13) un caractère officiel   14) caractères   15) caractère   16) caractères gravés   17) caractères
18) la caractéristique commune   19) la caractéristique   20) La caractéristique
21) les caractéristiques essentielles

第20组

1) provoquent (causent)   2) entraîne   3) causerons   4) provoque/(entraîne)   5) ont provoqué
6) entraîna   7) causer   8) causait   9) causé   10) l'entraîna   11) provoqué   12) l'entraîna
13) avait entraînée   14) avaient provoquée   15) entraîner   16) entraîne   17) ont provoqué
18) entraîne   19) l'entraînait   20) entraîna

第21组

1) casse   2) s'est cassé   3) ne se cassera jamais   4) se brisait   5) ont cassé   6) casser

7) a cassé 8) avons brisé 9) se casse/(se brise) 10) brise 11) brisa/(cassa) 12) s'est cassé
13) se briser 14) se briser 15) casse 16) cassa

第22组

1) se sont chargés 2) t'occupe pas 3) te charger (t'occuper)
4) se sont occupés (se sont chargés) 5) s'est occupée/(s'est chargée) 6) s'occupa
7) est chargé 8) s'être occupée 9) te charges /(t'occupes) 10) s'occuper

第23组

1) choisi 2) choisir 3) sélectionne 4) choisit 5) choisir 6) sélectionnés 7) choisir
8) sélectionnés 9) sélectionnent 10) choisit 11) une sélection 12) sélectionné
13) sélectionner 14) choisir 15) sélectionner

第24组

1) la circulation 2) Le transport 3) circulation 4) Le transport 5) la circulation
6) la circulation 7) la circulation 8) transports 9) La circulation 10) les transport directs
11) Le transport 12) le transport 13) circulation 14) les transports 15) circulation

第25组

1) Comme 2) parce qu' 3) Comme 4) Puisque 5) parce que 6) Puisqu' 7) car
8) parce que 9) Puisque 10) car 11) puisque 12) car 13) car 14) parce que 15) Puisqu'
16) parce que 17) Puisque 18) Comme 19) car 20) car

第26组

1) complet 2) complète/(totale) 3) complet 4) totale 5) entière 6) entière 7) entier
8) totale 9) totale 10) complète 11) total 12) L'entière 13) complet/(total) 14) totale
15) entière/(complète/totale) 16) entier 17) entière 18) complet 19) totale 20) entier

第27组

1) compliquée 2) complexe 3) compliqué/(complexe) 4) complexe
5) compliquées/(complexes) 6) complexes 7) complexes 8) complexe 9) compliquées
10) compliquées 11) complexes 12) complexe 13) compliquée 14) compliquées
15) complexe

第28组

1) comparée 2) comparable 3) comparables 4) comparative 5) comparative 6) comparable
7) comparable 8) comparables 9) comparée 10) comparative 11) comparable 12) comparée
13) comparable 14) comparable 15) comparée

第29组
1) la concurrence 2) rivalité 3) concurrence 4) rivalité 5) concurrence 6) concurrence
7) rivalité 8) rivalité 9) concurrence 10) rivalité 11) rivalité 12) rivalité 13) rivalités

第30组
1) connu 2) sais 3) connaître 4) reconnut 5) reconnut 6) reconnut 7) savoir 8) savoir
9) connu 10) connaissait 11) savait/(connaissait) 12) connu 13) reconnaître 14) savaient
15) savait 16) sait 17) Connaissez 18) savoir 19) Savez 20) sait

第31组
1) indispensable 2) nécessaire 3) nécessaire 4) nécessaire 5) nécessaire
6) nécessaire 7) indispensable 8) indispensable 9) indispensable 10) indispensables

第32组
1) proposé 2) conseilleriez 3) proposant 4) proposent 5) proposés 6) proposées
7) conseilla/(proposa) 8) proposé 9) conseille 10) proposa/(conseilla) 11) se propose
12) propose 13) conseillé

第33组
1) construit/(créé) 2) fondées 3) construite 4) s'établit 5) construit 6) construite 7) créer
8) fondé/(créé)/(établi) 9) créer 10) fondés 11) construire 12) se construire 13) fonde

第34组
1) contente/(heureuse) 2) heureuse 3) Joyeux 4) heureux 5) joyeux 6) satisfaisants
7) satisfait 8) heureux 9) heureuse 10) heureux 11) heureux 12) joyeux 13) satisfaisant
14) content

第35组
1) précis 2) juste 3) juste 4) correcte (précise) 5) correct 6) juste/(exact) 7) corrects
8) juste 9) précis 10) exacts 11) précise 12) exact 13) correct 14) juste

第36组
1) couper 2) découpe 3) coupe 4) coupe 5) se découpent 6) découpée 7) coupa
8) s'est coupé 9) découpaient 10) est coupé 11) découpait 12) couper 13) se découpaient
14) coupent 15) coupe 16) couper 17) coupent 18) se découpaient 19) se couper
20) s'est coupé

第37组
1) bref/(court) 2) courte 3) courts 4) concis 5) bref 6) courte 7) court 8) brève/(courte)

9) courts　10) brève　11) courte　12) courte　13) courte　14) brève/(courte)　15) concises
16) concis　17) brève, concis

第38组

1) crier　2) s'écria　3) criant　4) crier　5) crier　6) s'écria　7) criant　8) criant　9) s'écria
10) s'écria　11) criant　12) s'écria　13) cria　14) crier　15) se sont écriés

第39组

1) danger　2) le risque　3) menaces　4) danger　5) menaces　6) aucun risque　7) risques
8) danger　9) une menace　10) risque　11) risques　12) du danger　13) ses risques
14) Le danger　15) au risque

第40组

1) demande　2) interrogeait/(questionnait)　3) demander　4) questionner　5) demandes
6) questionna/(l'interrogea)　7) l'interrogeait　8) demandé　9) interroge　10) Interrogé

第41组

1) demander　2) demander　3) demande　4) réclamer　5) réclamer/(demander)
6) demander/(réclamer)　7) réclamer　8) exigeait/(demandait)
9) exigeait/(demandait)/(réclamait)　10) exige/(demande)

第42组

1) protégés　2) défendue　3) défendait/(protégeait)　4) protégée　5) protéger　6) défendre
7) protéger　8) protégeait　9) défendit　10) protéger　11) protéger
12) défendait...contre les.../(protégeait...des...)

第43组

1) détruit　2) démolir　3) démolies/(détruites)　4) détruit　5) détruit　6) détruit　7) démolis
8) démolir　9) démolissaient　10) démoli

第44组

1) divisée　2) répartir　3) partage　4) se diviser　5) partage　6) divisés/(répartis)
7) partageaient/(divisaient)　8) partageait　9) réparti　10) répartis　11) partagée　12) partager
13) divise　14) divisée　15) réparties

第45组

1) s'éclaircit　2) s'éclairer　3) s'éclaircit　4) s'éclaira　5) éclairent　6) éclaircirent
7) s'éclairaient　8) s'éclaircit　9) éclaircir　10) éclairait　11) éclairait　12) éclairci
13) éclaircir　14) éclaire　15) éclairée

第46组
1) écoutais   2) Écoutez, entendez, entends   3) écoutez   4) entendu   5) écoutent
6) entendre   7) entendait   8) entendre   9) Ecoutez   10) écouter

第47组
1) emploie   2) l'utilises   3) emploient   4) utilisé   5) emploie
6) dont on se sert   7) qu'elle emploie/(dont elle se sert)/(qu'elle utilise)
8) utilisé/(employé)   9) qu'emploie/(dont se sert)/(qu'utilise)   10) se servait d'

第48组
1) en réalité/(en fait)   2) En effet   3) en réalité/(en fait)   4) En effet   5) en fait   6) en effet
7) en effet   8) en effet   9) en fait   10) en fait   11) en fait   12) en effet   13) en fait

第49组
1) un sondage, sondages   2) enquête   3) Un récent sondage   4) un sondage   5) aucune enquête
6) l'enquête   7) une enquête   8) L'enquête   9) Le sondage   10) une enquête immédiate
11) un sondage   12) les sondages

第50组
1) un Etat   2) du pays   3) ce pays   4) d'Etat   5) d'Etat   6) à la patrie   7) du pays
8) sa patrie (pays)   9) le pays   10) ma patrie

第51组
1) étonnons   2) surpris   3) m'étonnerait   4) surpris   5) m'étonnes   6) surpris/(étonné)
7) surpris   8) s'étonne   9) étonne   10 surpris   11) m'étonne   12) surprendre   13) t'étonne
14) surpris/(étonné)   15) surpris   16) m'étonner   17) le surprendre   18) s'étonner
19) surprendre   20) surprendre

第52组
1) de changements   2) évolution   3) une évolution   4) le changement   5) L'évolution
6) Le changement   7) évolutions sociales   8) évolutions   9) évolutions
10) Quel changement   11) du changement   12) ce changement   13) ce changement

第53组
1) dramatiser   2) s'exagérer   3) l'exagère   4) l'exagère   5) t'exagères
6) exagérez   7) dramatisée/(exagérée)   8) d'exagérer   9) exagère   10) exagérer

第54组
1) examiner   2) examinerait   3) de vérifier   4) examine   5) l'examiner   6) vérifier

7) d'examiner 8) j'examine 9) vérifier 10) l'examinait
11) vérifier 12) de vérifier 13) vérifie

第55组

1) expliqué 2) exprima (expliqua) 3) expliquer 4) exprimait 5) s'expliquer
6) s'exprima 7) expliquait 8) expliqua 9) expliquait 10) exprimaient

第56组

1) fatiguée，fatigant 2) épuisé 3) fatiguée 4) épuisé 5) fatigant
6) fatigante 7) épuisée 8) épuisé 9) épuisés 10) fatigants

第57组

1) fuir 2) se fuyaient 3) fuient 4) s'échappa 5) fuit 6) s'échappait 7) fuir
8) s'échapper 9) fuir 10 fuis) 11) nous échappons 12) s'enfuit 13) échappa
14) s'enfuit 15) fuir

第58组

1) garder 2) conserver 3) gardait 4) se maintenir 5) gardait 6) conserve 7) garda
8) maintenir 9) gardais 10) conserver 11) conservait 12) conserver 13) conserver
14) maintenait 15) maintenait 16) maintient 17) conserve

第59组

1) ma grosse 2) grasses 3) gros 4) gras 5) gros 6) grasse 7) obèse 8) grosses
9) grosse 10) gros

第60组

1) sont logés 2) se loger 3) j'habite 4) n'habiteront 5) habiter 6) logeait 7) loger
8) habitant 9) habitez 10) habitions

第61组

1) mouillé 2) mouillée/(humide) 3) mouillés 4) humide 5) humide
6) mouillés 7) humide 8) mouillés 9) humides 10) mouillé

第62组

1) tiens 2) N'insistez 3) tiens 4) insistez 5) insister 6) je tiens 7) insista 8) tenir
9) se tenir 10) insista 11) tenait 12) insisté 13) tenir

第63组

1) instruisez 2) enseigne 3) instruire 4) enseigné 5) enseigne 6) éduquer 7) éduquer

8) éduqué 9) instruit 10) enseigner 11) enseignait 12) instruire 13) instruits
14) éduquer/(instruire)

第64组
1) intérieures 2) intérieure 3) interne 4) interne 5) intérieure 6) intérieure 7) interne
8) internes 9) internes 10) intérieures

第65组
1) ce jour 2) jours 3) Cette journée 4) le jour suivant 5) jours 6) toute la journée
7) Le jour 8) ses journées 9) sa première journée 10) jours

第66组
1) un langage 2) la langue latine, le vain langage 3) un langage muet 4) la langue
5) ce langage/(cette langue) 6) un étrange langage 7) une langue étrangère
8) la langue 9) langue 10) langue, langue allemande 11) du langage enfantin
12) un tout autre langage 13) le langage

第67组
1) maigres 2) mince 3) maigre 4) minces 5) maigre 6) mince 7) mince 8) maigre
9) maigres 10) mince

第68组
1) malin 2) malin 3) rusée 4) malin 5) malicieux 6) rusé 7) rusée 8) rusé 9) malin
10) malin

第69组
1) méprisables 2) méprisant 3) méprisant 4) méprisable 5) méprisant
6) méprisantes 7) méprisable 8) méprisable 9) méprisable 10) méprisants

第70组
1) trempée 2) Mouillez 3) mouiller, tremper 4) mouiller 5) trempait
6) a mouillé 7) tremper 8) trempent 9) mouiller 10) avaient trempé

第71组
1) signal 2) signe 3) signe 4) signe 5) signal 6) signe 7) signe 8) signal 9) signe
10) signe 11) signe 12) signal 13) signal 14) signe 15) signal 16) signe 17) signal
18) signe 19) signe 20) signe 21) signe 22) signal 23) signal

第72组

1) nouvelles 2) nouvelle 3) neuf 4) nouvelle 5) nouvelles 6) neuf, nouvel 7) nouvelles
8) neuf 9) neuf 10) nouveau 11) nouvelle 12) neufs 13) nouveau

第73组

1) acquérir 2) obtenir 3) acquis 4) aquis 5) obtenir 6) acquérir 7) obtenir 8) acquérir
9) obtenu 10) acquis 11) acquérir

第74组

1) certaines organisations 2) organismes 3) organisation 4) organisme/(organisation)
5) organisations 6) cet organisme (cette organisation) 7) organisation 8) organisme
9) Organisation 10) organismes

第75组

1) original 2) originale 3) originaire 4) original 5) originaire
6) original 7) originaire 8) originaire 9) originales 10) original

第76组

1) ce grossier personnage 2) personnalité très active 3) personnages
4) un personnage/(une personnalité) 5) certains personnages 6) personnages
7) la personnalité 8) du grossier personnage 9) personnalité 10) personnalités

第77组

1) poser 2) déposer 3) poser 4) déposer 5) poser 6) se poser 7) déposer 8) déposerai
9) poser 10) poser

第78组

1) pressé 2) occupé 3) pressé 4) occupée 5) pressé 6) occupés 7) pressé 8) pressée
9) occupée 10) pressé

第79组

1) prochain 2) prochain 3) suivantes 4) prochaine 5) La prochaine 6) prochain, suivants
7) La prochaine 8) prochain 9) suivante 10) suivant

第80组

1) produits 2) produits 3) la production 4) un produit 5) produits
6) produits 7) La production 8) production 9) une production 10) produits

第81组
1) projets 2) plan 3) projet 4) plans 5) projets 6) plan 7) projet 8) projet 9) projet 10) programmes 11) projet 12) plan

第82组
1) progression 2) une progression 3) une progression 4) une progression 5) nouveaux progrès substantiels 6) sa progression 7) du progrès 8) le progrès social 9) une progression 10) le progrès 11) la progression 12) un grand progrès 13) progrès

第83组
1) le résultat 2) L'une des conséquences 3) Les résultats commerciaux 4) résultats 5) un effet régulateur 6) conséquences 7) Les résultats 8) conséquences 9) plein effet 10) l'effet 11) aucun résultat 12) l'effet 13) effets 14) Les conséquences 15) le même résultat

第84组
1) spécialisée 2) spéciales 3) spécial 4) spéciale 5) spéciales 6) spécialisées 7) spéciales 8) spéciale 9) spéciales 10) spécialisés 11) spéciale 12) spéciales

第85组
1) sur 2) au dessus 3) sur 4) sur le 5) au dessus de 6) sur le 7) au dessus de 8) sur 9) sur 10) Au dessus de 11) au dessus de 12) au dessus de 13) au dessus de 14) sur 15) Sur 16) au dessus de 17) au dessus d 18) au dessus de

第86组
1) d'un ton 2) d'une voix douce et grave 3) un ton nouveau 4) une voix sèche 5) Sa voix dénaturée 6) le ton 7) tons 8) la voix 9) voix basse 10) une voix forte

第87组
1) avez eu tort 2) se trompe 3) se soient trompés 4) ne se trompait pas(=voyait juste); n'avait pas tort(=avait raison) 5) s'est trompé 6) aurais eu joliment tort 7) se trompait 8) avait grand tort 9) se trompait 10) avez tort 11) se trompait

第88组
1) vague 2) obscur 3) flou 4) obscur 5) vague 6) vague 7) la vague 8) vague 9) obscurs 10) obscure 11) vagues 12) obscures 13) obscure 14) vague 15) obscur

第89组

1) voit   2) vus   3) voyait   4) voyait   5) regardés   6) se regarder   7) vu   8) regarde   9) voit   10) voit

第90组

1) vrai   2) authentique   3) authentique   4) vrai   5) vrais   6) véritable   7) véritable   8) véritable   9) vraie   10) vrai   11) vrai   12) véritable   13) véritable   14) véritable   15) véritable   16) réel   17) véritables   18) véritable   19) véritable   20) réelle   21) réel

第91组

1) empoisonner   2) empoisonner   3) empoisonné   4) empoisonné   5) empoisonner   6) empoisonnerait   7) intoxiquées   8) empoisonné   9) empoisonne   10) intoxiqué

第92组

1) source   2) ressource   3) sources   4) ressource   5) ressources   6) ressource   7) source   8) source   9) ressource   10) source   11) source   12) source   13) ressources   14) source   15) source   16) source   17) ressource   18) sources

第93组

1) sévère   2) sévères   3) exigeants   4) Exigeante   5) exigeante   6) exigeant   7) sévère   8) exigeant   9) sévère   10) exigeante

第94组

1) occasion   2) occasion   3) les chances   4) occasions   5) occasions   6) occasions   7) chance   8) chance   9) occasion   10) chance   11) l'occasion   12) l'occasion   13) chance   14) l'occasion   15) l'occasion   16) l'occasion   17) la chance   18) occasions

第95组

1) produire   2) fabriquait   3) produit   4) fabriquer   5) produisent   6) se fabriquent   7) fabriquaient   8) produisit   9) produisait   10) fabrique, fabrique   11) s'était produit   12) produit   13) «produise»   14) produit   15) fabriquer   16) produisait   17) produit   18) produire   19) produit   20) produites   21) produit   22) produites   23) produisit   24) fabrique

第96组

1) découvrir   2) découvrit   3) n'invente   4) inventer/(découvrir)   5) découvrir   6) découvre   7) inventa   8) inventant   9) se découvre   10) inventer   11) inventer

12) me découvre 13) découvrant 14) inventer 15) découvrir 16) découvrit
17) inventé 18) découvrir 19) je découvris 20) découvrir 21) découvrit

第97组

1) ta faute 2) sa faute 3) Erreur ! erreur 4) la faute 5) erreur 6) la faute 7) faute
8) erreurs 9) ma faute 10) d'erreur 11) ma faute 12) Faute 13) erreur 14) faute 15) erreur
16) faute 17) erreur 18) d'erreurs 19) faute 20) faute 21) fautes 22) la faute
23) faute 24) faute

第98组

1) sa compréhension 2) l'interprétation 3) compréhension 4) la compréhension
5) compréhension 6) compréhension 7) l'interprétation 8) interprétations
9) compréhension 10) l'interprétation 11) l'interprétation 12) la compréhension
13) interprétations 14) l'interprétation 15) compréhension 16) de compréhension

第99组

1) rapport 2) relations 3) relations 4) le rapport 5) relations 6) rapports 7) relations
8) rapports 9) le rapport 10) rapports 11) relations 12) relations 13) rapports
14) rapport 15) le rapport 16) tous rapports 17) rapport

第100组

1) décelait 2) révéler 3) se révéla 4) révélait 5) révéla 6) révéla 7) décelé
8) se révèle , Se révèle 9) se révèle 10) révèle

Corrigés

Unité 1
1) A 2) B 3) C 4) B 5) D 6) B 7) C 8) C 9) A 10) D
11) B 12) B 13) A 14) B 15) B 16) D 17) A 18) A 19) C 20) C

Unité 2
1) offrir 2) offert 3) offert 4) fournit 5) offre 6) offre 7) fournit 8) fournit
9) me fournir 10) fourniront 11) accueille 12) recevoir 13) d'accueillir 14) accueillir
15) de recevoir 16) rude (dur), dure, (rude) 17) dur 18) dure 19) rude 20) rudes

Unité 3
1) A 2) D 3) C 4) D 5) A 6) B 7) C 8) D 9) C 10) D 11) C 12) D 13) D
14) D 15) C 16) A 17) C 18) C 19) D 20) D

Unité 4
1) gros 2) gras 3) gros 4) grasses 5) grosse 6) gros 7) gros 8) gras 9) grosses
10) grosse 11) grosses 12) grosse 13) gras 14) grossiers 15) brutal
16) grossier 17) brutal 18) disciples (élèves) 19) élèves 20) élèves

Unité 5
1) A 2) D 3) C 4) B 5) C 6) D 7) C 8) A 9) A 10) D
11) A 12) C 13) D 14) A 15) B 16) A 17) B 18) A 19) D 20) A

Unité 6
1) se brisa 2) a cassé 3) briser 4) se brisa 5) cassez 6) intimes 7) intime 8) familier
9) familier 10) accès 11) ouverture 12) s'adonne 13) se donne 14) un certain agacement
15) agaceries continuelles 16) s'est allongée 17) rallonger 18) inca pables de
19) impuissante 20) incapable

Unité 7
1) D 2) C 3) D 4) C 5) A 6) C 7) D 8) B 9) C 10) B
11) A 12) D 13) A 14) D 15) C 16) D 17) D 18) D 19) D 20) C

Unité 8
1) A 2) B 3) C 4) A 5) B 6) B 7) A 8) A 9) A 10) B
11) D 12) C 13) A 14) A 15) A 16) A 17) D 18) B 19) C 20) D

Unité 9
1) B 2) A 3) C 4) A 5) C 6) C 7) A 8) A 9) A 10) B
11) B 12) A 13) B 14) B 15) A 16) A 17) B 18) B 19) B 20) A

Unité 10
1) A 2) A 3) C 4) C 5) B 6) A 7) A 8) B 9) C 10) B
11) C 12) B 13) B 14) C 15) B 16) C 17) C 18) C 19) A 20) C

Unité 11
1) dédaigneuse 2) dédaignable 3) généreuse 4) généreux 5) généreuses 6) large 7) larges
8) emmènent 9) emporte 10) emportés 11) emporté 12) emmenée 13) doutent
14) douter de 15) désireux 16) désirable 17) désireux 18) désirable 19) désirable
20) désirable

Unité 12
1) A 2) B 3) A 4) B 5) A 6) B 7) C 8) B 9) A 10) B
11) B 12) B 13) A 14) D 15) C 16) A 17) C 18) A 19) D 20) B

Unité 13
1) C 2) C 3) B 4) C 5) A 6) C 7) A 8) A 9) D 10) C
11) A 12) B 13) C 14) D 15) B 16) C 17) B 18) B 19) A 20) B

Unité 14
1) complémentaire 2) supplémentaires 3) avoue 4) d'avouer 5) reconnut 6) langue
7) la même langue, différents langages 8) Langues orientales 9) l'addition 10) la facture
11) la note 12) ridée 13) ridée 14) ridé 15) plissée 16) permet, l'autorise 17) permet
18) réduire 19) diminue 20) diminue

Unité 15
1) frappé 2) battues 3) tapé 4) voler 5) voler 6) dérobaient 7) se dérobait 8) volé
9) talents 10) bonnes capacités 11) célébré 12) fêter 13) fêter 14) célébrant 15) se mit
16) a commencé 17) entreprendre 18) connues 19) fameux 20) connus

Unité 16
1) C 2) B 3) A 4) C 5) C 6) D 7) A 8) D 9) B 10) C

11) C 12) A 13) A 14) B 15) C 16) A 17) B 18) A 19) C 20) C

Unité 17

1) abandonner 2) renoncé à 3) abandonne 4) abandonner 5) abandonner
6) renonça à, abandonné 7) ne renoncerai pas à 8) abandonnés 9) déposé (posé)
10) déposer 11) renseignement 12) avis 13) satisfaite 14) comblée (satisfaite) 15) traînez
16) tardait 17) humide 18) humide 19) mouillé 20) humide

Unité 18

1) favori 2) favorable 3) seul 4) seul 5) seule 6) unique 7) seule 8) seule 9) synthèse
10) résumé 11) pardonne 12) Excusez 13) imaginables 14) imaginaires 15) imaginables
16) imaginaire 17) imaginaire 18) imaginaires 19) imaginables 20) imaginaire

Unité 19

1) vénéneux 2) venimeux 3) venimeuse 4) venimeux 5) vénéneuses 6) délicate
7) délicate 8) fine 9) délicate 10) fine 11) raisons 12) cause 13) raisons 14) raison
15) raisons 16) causes 17) cause 18) raison 19) éloigné 20) lointaines

Unité 20

1) créations 2) créature 3) aventurier 4) aventureux 5) cligner 6) clignoter (cligner)
7) cligner 8) clignote 9) compréhensive 10) compréhensif 11) compréhensible
12) compréhensible 13) couples (paires) 14) un vieux couple 15) une paire 16) un couple
17) impuissants 18) incapable 19) contrarier 20) vous irriter

Unité 21

1) affectation 2) affection 3) affection 4) affectation 5) affectation 6) affections
7) impératifs 8) impérieux 9) impérieux 10) impératif 11) impérieux 12) impérieux
13) attrayantes 14) attirante 15) attrayante 16) attirant 17) banals 18) ordinaires
19) ordinaire 20) banale

Unité 22

1) fort 2) fort 3) fortement 4) fortement 5) fortement 6) fort 7) fort 8) fortement
9) fortement 10) figures 11) ce visage 12) pleine figure 13) grandes figures
14) son visage 15) le visage 16) le visage fatigué 17) atténué 18) s'affaiblit 19) affaiblie
20) s'affaiblit

Unité 23

1) pleine 2) remplis 3) remplies 4) pleine 5) pleine 6) rempli 7) pleine 8) plein
9) se distingue 10) discerner 11) décide du 12) détermine 13) décidé 14) se décidaient

15) progrès   16) développement   17) développement   18) lignée   19) lignée   20) ligne

Unité 24
1) A   2) A   3) D   4) C   5) A   6) A   7) C   8) D   9) A   10) C
11) C   12) B   13) C   14) B   15) A   16) C   17) B   18) C   19) B   20) B

Unité 25
1) C   2) A   3) B   4) A   5) B   6) C   7) B   8) A   9) C   10) C
11) A   12) A   13) A   14) C   15) A   16) B   17) A   18) A   19) B   20) C

Unité 26
1) battait   2) tapait   3) s'en frappant   4) frappa   5) frappa   6) tapais   7) battre   8) frappant
9) taper   10) battait   11) frapper   12) frappant   13) le sens   14) le sens (la signification)
15) le sens (la signification)   16) souffrant   17) douloureux   18) souffrant   20) douloureuse

Unité 27
1) A   2) A   3) B   4) A   5) C   6) A   7) B   8) C   9) A   10) A
11) B   12) A   13) B   14) B   15) B   16) A   17) A   18) B   19) A   20) B

Unité 28
1) Se penchant   2) me penche   3) se courbaient   4) la croissance   5) 'augmentation   6) âcre
7) âpre   8) âcre   9) âpre   10) âcre   11) âpre   12) douloureux   13) cruelle (douloureuse)
14) triste   15) courageuse   16) brave (courageux)   17) hardi   18) l'audace   19) accident
20) incidents

Unité 29
1) A   2) B   3) A   4) A   5) A   6) B   7) A   8) C   9) B   10) A
11) B   12) B   13) A   14) B   15) A   16) B   17) B   18) A   19) B   20) A

Unité 30
1) signe   2) signe   3) signe   4) signes   5) signal   6) signe   7) signal   8) signal   9) signe
10) signe   11) signes   12) signe   13) signe   14) signes   15) signe   16) signe   17) signe
18) signe   19) signal   20) signaux

Unité 31
1) fabriquer   2) fabriqués   3) produit   4) produit   5) produire   6) fabriquer   7) produisit
8) produisit   9) fabriquaient   10) fabriquait   11) produites   12) fabriquent   13) fabriquerons
14) fabriquent   15) fabriquer   16) produit   17) produisent   18) fabriquer   19) fabriquaient
20) fabriquer

Unité 32

1) découvrirait 2) découvrir 3) inventé 4) découvrir 5) s'inventent 6) de découvrir 7) découvre 8) découvrir 9) découvre 10) relations 11) relations 12) relations 13) un rapport 14) relations 15) relations personnelles 16) rapport 17) toute relation 18) relations 19) relations 20) rapport